中文社会科学索引（CSSCI）来源集刊

语言学研究

Linguistic Research

第二十五辑

北京大学外国语学院外国语言学及应用语言学研究所 编

高等教育出版社·北京

图书在版编目（CIP）数据

语言学研究．第二十五辑 / 北京大学外国语学院外国语言学及应用语言学研究所编．-- 北京 ：高等教育出版社，2018.12
ISBN 978-7-04-050943-4

Ⅰ．①语… Ⅱ．①北… Ⅲ．①语言学一文集 Ⅳ．①H0-53

中国版本图书馆CIP数据核字(2018)第288852号

YUYANXUE YANJIU

策划编辑 贾巍巍　　责任编辑 王代军　　封面设计 赵 阳　　版式设计 魏 亮
插图绘制 邓 超　　责任校对 张 凯　　责任印制 赵义民

出版发行 高等教育出版社
社　　址 北京市西城区德外大街4号
邮政编码 100120
印　　刷 北京中科印刷有限公司
开　　本 787mm×1092mm 1/16
印　　张 15.5
字　　数 324千字
购书热线 010-58581118
咨询电话 400-810-0598

网　　址 http://www.hep.edu.cn
http://www.hep.com.cn
网上订购 http://www.hepmall.com.cn
http://www.hepmall.com
http://www.hepmall.cn
版　　次 2018年12月第1版
印　　次 2018年12月第1次印刷
定　　价 42.00元

物 料 号 50943-00

主　　办：北京大学外国语学院外国语言学及应用语言学研究所
编辑部地址：北京大学外国语学院新楼450
邮　　编：100871
电　　话：010–62752364
Email：ling_research@126.com

目　录

生成语法前沿

（特约栏目主持：程工）

语言学理论研究

语言应用研究

经典译文

书评

语言学沙龙

Contents

Translations of Classics

Book Reviews

Linguistic Circle

生成语法前沿

“生成语法前沿”栏目主持人语

浙江大学　程　工*

自20世纪90年代进入最简方案以来，生成语法依然在国际语言学界保持着主导地位，引领着语言学科的发展。本专栏旨在向国内学界同仁介绍其最新的发展和趋势。

最简方案是语言学研究历史上首个以接口需求驱动和限制句法推导的理论。其核心主张是“强式极简假说”（Strong Minimalist Thesis），把人类语言器官视为对接口条件的最优实现。因此，所有的语言原则都是为了决定语言表达式能否在接口层面以最经济的方式得到诠释。在强式极简假说指导下，新的分析应运而生。潘俊楠介绍的标签理论是其中最新的成果之一。他追根溯源，以生成语言学几大理论阶段的发展为基础，梳理了标签理论的“前世今生”，对读者了解这一理论的脉络极有帮助。难能可贵的是，考虑到本专栏的目的，该文还探索了标签理论对汉语研究带来的新启发。

最简方案另一个重大变化是它更加关注语言器官的起源、设计与演化，将生物语言学研究向纵深推进，使之成为一种能够使用自然主义方法研究人类语言的范式。毛眺源介绍了生物语言学的动因、发展历史，以及学界最新的研究动态与成果。他既展现了生物学与理论语言学的结合对探索语言的生物基础和语言演化的特殊价值，也揭示了两种研究潜在的互动关系。

在最简方案的总体框架之中，活跃着一些富有特色、各有侧重的分析体系。其中影响较大的是句法制图理论和句法构词理论，二者一个探索结构树的顶端，另一个细究其末端，从不同方向为厘清语言的架构做出了有益的贡献。蔡维天的论文在较高理论层面分析了制图理论的本质，探讨了制图理论的“繁”（精细的功能结构层级）与最简方案的“简”之间的关系，进一步介绍了制图理论的主要技术细节和代表性研究。此外，通过自己以往的研究，作者用汉语事实阐述了制图理论的相关要点，并且极有说服力地证明，汉语的语言现象可为理论的推进提供特殊的视角。

胡旭辉和程工的论文属于句法构词理论，两者都采用了建构主义的研究取向

---

* 作者简介：程工，浙江大学外语学院教授、博士生导师。研究方向：语言结构比较。Email: chenggong@zju.edu.cn。通信地址：310058杭州市西湖区浙江大学紫金港校区东5-405室。

（constructivist approach）。胡旭辉以Borer创立的外骨架模式为基础，讨论了事件结构中的终结性问题，通过修正版的外骨架模式阐明建构主义理论下句法运算与词汇语义以及语境信息的关系。他不仅介绍了外骨架模式的基本要点，也着重分析了最简方案下的概念－意向接口条件对句法理论产生的影响。程工则以分布式形态学为基本框架，重新审视了语法研究中的两个重要概念——词与语素，指出在分布式形态学的视角下，语素是句法运算的原子单位，是句法操作的最小成分；词则是句法推导的最小成品，词的组合与诠释机制与短语相同。

由于篇幅限制，本专栏无法全方位覆盖生成语法的前沿发展，展示其发人深省的洞察力。尽管如此，我们希望，本专栏可以帮助读者更好地了解生成语言学当前的发展和趋势，特别是其核心概念与核心议题，为中国语言学的发展提供一些视角和启迪。

最简方案下的标签理论

法兰西大学学院、法国国家科研中心、巴黎第七大学

潘俊楠*

［提　要］　标签理论是最简方案的重要议题之一。本文旨在对标签理论的理论背景以及加标算法的应用做一个简单的介绍。句法标签不仅满足语言官能与语义接口上的要求，同时在句法内部操作上也起到重要作用。本文以陈述句加标的核心操作为例来说明不同语言对同一句法结构加标方法的异同。文中也会探讨汉语结合标签理论方面的研究性问题和可行的策略。

［关键词］　最简方案；标签理论；加标算法；句法结构

❶ 理论背景

“句法标签”是指句法学里对于各种不同语法成分的标识系统，例如N、VP、PP等。这套系统直接承袭于结构主义语言学里对语法类别的标识。在生成语法的原则参数时代，标签就已经广泛应用于句法推导。最为人熟知的X-杠标模型也大规模地使用句法标签，如X°、X'、X''(=XP) 等等。最近几年生成语言学界讨论了很多与“句法标签”相关的问题，而这些问题的实质也就是语法系统如何辨别一个短语（即句法投射）的句法类别。那么在最简方案的模型下，句法标签到底是不是必需的呢？

最简方案建立在“强式极简假说”（Strong Minimalist Thesis）的基础上。“极简”的含义是“语言官能”（Language Faculty）存在的意义仅是将人脑里“音”所在的发

*　作者简介：潘俊楠（Victor Junnan Pan），博士、法兰西大学学院（IUF）青年院士、法国国家科研中心（CNRS）研究员、巴黎第七大学副教授、语言科学博士生导师。研究方向：生成句法学、形式语言学。Email：victor.pan@univ-paris-diderot.fr。通讯地址：Laboratoire de Linguistique Formelle – UMR 7110 CNRS & Université Paris-Diderot, Case Postale 7031 – 5, rue Thomas Mann, 75205 Paris Cedex 13, FRANCE。

本文以笔者2017年在香港中文大学语言学及现代语言系讲授的“高级句法之最简方案”系列课程里关于“标签理论”的英文版讲义为蓝本。这里特别感谢潘海华、邓慧兰、李行德诸位教授在课堂和课后提出宝贵意见。本文部分内容也在中国语言学书院组织的“《句法结构》与生成语言学60年”——2017当代语言学前沿学术研讨会上宣读，得到了程工、胡建华、张洪明、顾刚、宁春岩、张敏、李京廉、杨小璐等各位教授的赐教。文中的部分细节分析得益于笔者与巴黎诸位同事的讨论，这里特别感谢Caterina Donati、Carlo Cecchetto、Alain Rouveret三位教授。

音感知系统（亦称作感知运动系统）和“意”所在的概念意向系统（亦称作思维系统）这两个独立于语言官能外部的器官连接起来。语言官能内部的语音形式负责与其外部的发音感知官能互动；同理，逻辑形式则与概念意向机制交互。语言官能所产生的表达式要能同时为这两个器官所读懂，这个要求也叫做语言官能的“易读性原则”（legibility conditions）。因此语言官能内部的所有成分和层次都要为满足“易读性”服务。换言之，那些仅为方便语言官能内部句法推导而产生的标识系统并不满足易读性原则，也不符合极简假说，因此不能存在于最简方案的模型下。基于这样的理论考量，最简方案摒弃了传统的X-杠标模型而采用“无标短语结构”（Bare Phrase Structure）。这种结构要求句法推导过程中只能出现词库中已经存在的词，而不能引入新的元素，如V'、NP、下标、语迹以及各种纯语义上的算子，如λ、ι等。这个原则被称作“包容性原则”（Inclusiveness Condition）。Collins（2002）认为任何句法标签或者语法类别的标识都违反了“包容性原则”，因此它们在最简方案框架下没有地位。再者，从2000年至今的最简方案采用的是“推导式”（derivational approach），而标签系统则更适用于原则参数和早期最简方案时代的“表征式”（representational approach）。

另一种观点则认为即使在最简方案的框架下，句法标签仍然是必要的；唯一的区别在于它们仅仅存在于逻辑形式上，其目的是满足概念意向系统里语义解读的需要。Chomsky（2013; 2015）认为一个名词短语和一个动词短语在语义接口上的解读必然不同。以谓词和论元为例，语义上需要知道的除这两者之间的关系外，还有与它们和其他成分所组成的句法结构相关的一些信息。而能够提供这部分信息的恰恰就只有句法标签。因此当一个语法成分在经过句法运算后到达语义接口时，其句法标签必须确定。由此可见，句法标签仍是为满足语言官能外部其他认知器官的需求而存在的，并不违反易读性原则和极简假说。

❷ 加标算法

标签系统除了在外部界面起作用，在语言官能内部的句法运算中是否也会起到某些作用呢？ Chomsky（2008; 2013）给出的答案是否定的，他认为标签只在接口起作用。Chomsky进一步指出最理想的状况是语言运算完全不需要借助于任何句法标签系统；显然目前看来这一点很难做到。相反，最不经济的情况则是需要单独的规则专门来确定句法成分的标签。句法推导是靠合并（Merge）的操作完成的。合并的两个语法成分构成一个无序的集合，而这个集合本身无法保证其在语义接口能获得正确解读。这样看来，标签不但是句法成分的组成部分，同时也是句法成分参与运算推导的先决条件，因而只能在推导过程中一步一步地产生。例如，α与β合并之后产生一个新的句法成分γ=｛γ, ｛α, β｝｝。那么γ的句法标签只能来自于构成γ两个成分本身，即要么是α,要么是β。我们所关注的问题就是到底由二者中的哪一个来决定它们合并后所产生的新成分的标签。如果由α加标，那么集合的标签就是｛α, ｛α, β｝｝；

反之，如果由β加标，那么集合的标签就是{β, {α, β}}。Chomsky对如何加标提出了一个具体的算法。

[1] 加标算法（第一版：Chomsky, 2008）

（I）在集合 {H, α}里，如果H 是一个词汇项（即中心语），那么H 就是该集合的标签；

（II）如果α经过移动与β内合并而形成集合{α, β}, 那么该集合的标签就是β。

以外合并为例，动宾关系的短语是以动词为中心语的投射，因此该短语的标签由动词来决定。如“吃”和“三个苹果”合并之后，由于动词是一个词汇项（即中心语），而其内论元（Internal Argument, IA）“三个苹果”是一个短语（即XP），因此合并之后的短语还是VP：{VP, {V-吃, DP-三个苹果}}。内合并则一般由移动到达的目的地所在的成分加标。例如英文的主语（如外论元）（External Argument, EA）从[Spec, *v*P]位移到[Spec, TP]上，这种情况下由目的地的T来加标，因此经过内合并形成的结构仍为TP，即{TP, {EA, TP}}。①

然而Donati（2006）指出，条件（II）所描述的情况并非总是成立。比如例[2a]里，疑问词what首先移到[Spec, CP]上，而移动之后形成的新结构α的标签界定要取决于选择α这个结构的句法成分。如果是动词wonder来选择，α就必须由C来加标成为CP，因为wonder必须要选择一个间接问句作为其补足成分。反之，如果是由动词read来选择，α就必须由what来加标成为DP。在这种情况下，DP里面则包含的是以what为先行词的自由关系从句。

[2] a. [$_{\alpha}$[$_{D}$ what][$_{CP}$ C [$_{TP}$ you wrote ~~what~~]]]

b. I wonder [$_{\alpha=CP}$[$_{D}$ what][$_{CP}$**C**[$_{TP}$ you wrote ~~what~~]]]. (间接问句)

（我想知道你写了什么。）

c. I read [$_{\alpha=DP}$[$_{D}$**what**][$_{CP}$ C [TP you wrote ~~what~~]]]. (自由关系从句)

（我读了你所写的（东西）。）

例[2]就再次证明由合并产生的{α, β}是一个对称的集合，也就是说<α, β> =<β, α>。重要的是α或者β都有可能成为这个集合的标签。同时，例[2]也描述了加标算法里的两个条件彼此冲突的情况：条件（I）迫使what来加标，而条件（II）则迫使CP来加标。进一步看，根据条件（I）的要求，what能为α加标是因为what是一个词汇项，即中心语；然而如果我们用一个DP短语来取代what的话，那么这个DP就不能为α加标了，这是因为DP不再是一个词汇项，也就不是一个中心语，所以例[3]里的结构不合法。

① 需要注意的是加标算法里的条件（II）只适用于内合并；而条件（I）则同时适用于外合并和内合并。

[3] * I read [$_{\alpha=???}$[$_{DP}$ what book][$_{CP}$ C [$_{TP}$ you wrote ~~what~~]]].

因此例[2]强有力地证明了句法标签对语言官能的内部运算也会起到重要作用。

❸ 实例操作

加标算法里没有直接给出两个短语成分通过外合并或者内合并组成新的结构的加标方法，即{XP, YP}；而语言事实里有很多情况都是两个短语直接合并成新的成分。Chomsky（2013; 2015）的主要篇幅就是在讨论如何对不同结构里的{XP, YP}加标。其实加标算法的条件（II）早在X-杠标模型下就存在了，而现在的问题是在无标短语结构模型下的句法推导无法预测整个结构框架，所以也就无法预测条件（II）所描述的情况。为了解决这个问题，Chomsky在（2013）一文中提议取消条件（II）而加入新的条件。

[4] 加标算法(第二版：Chomsky, 2013)
一个句法成分的标签要么是词汇项，要么是能够通过最小搜索而探测到的这个成分最显著的语法特征。

如果一个句法成分由一个词汇项（即中心语）和一个短语合并而来，那么这个句法成分的标签由这个词汇项决定。若一个句法成分由两个短语合并而来，即{XP, YP}，那么这两个短语都不能决定这个句法成分的标签，因为二者都不是词汇项。遇到这种情况，一般有两种解决方法。一是对这个句法成分内部结构进行修改，想办法打破{XP, YP}的对称格局，从而使之能获得标签。例如可以将XP和YP其中一个从这个句法成分中移走，而剩下的部分就可以加标了。另一种方法就是找出XP和YP的共同特征，用这个特征对{XP, YP}加标。下面我们分别举例来说明这两种情况。

最常见的陈述句式对于加标理论来说已经是个挑战了。例如，[5]中的结构就不能获得标签。这里IA代表内论元，EA代表外论元。

[5] T[$_{\beta}$ (EA) [$_{v*P}$ v* [$_{VP}$ V IA]]]

步骤一：动词和内论元合并。动词是中心语，因此可以把合并之后的结构标为VP，如[6]所示。

[6] [$_{VP}$ V IA]

步骤二：及物轻动词*v**与VP合并。由于*v**是中心语，它可以将合并之后的结构标为*v**P。动词V随后移向*v**，如例[7]所示。[①]

[7]　$[_{v^*P}$ *v**-V$[_{VP}$~~V~~ IA]]

步骤三：外论元EA与*v**P合并形成β={XP, YP}的格式。这里XP就是外论元，一般是一个DP短语；YP就是*v**P。如例[8]所示，β所代表的这种格式无法直接获得标签。

[8]　$[_{\beta}$ EA $[_{v^*P}$ *v**-V$[_{VP}$~~V~~ IA]]]

解决的办法是打破{XP, YP}的格式使之能获得标签。这里有两种解决方法，一种是把外论元EA从β里移走；另一种则是把内论元IA移走。

解决方法一：移出外论元EA

步骤四：T与*v**P合并，由于T是中心语，合并之后的成分可以标为TP。[②]

[9]　$[_{TP}$ T $[_{\beta=v^*P}$ (~~EA~~) $[_{v^*P}$ *v**-V $[_{V}$~~V~~ IA]]]]

步骤五：当外论元EA移向[Spec, TP]以后，加标算法就会忽略[Spec, *v**P]上外论元的拷贝，因此β就会被*v**加标成为*v**P。

[10]　[EA $[_{TP}$ T $[_{\beta=v^*P}$ (~~EA~~) $[_{v^*P}$ *v**-V $[_{V}$~~V~~ IA]]]]

这一步对于Chomsky来说至关重要。在最简方案里，外论元最终移向[Spec, TP]完全是为了满足T的EPP特征。然而EPP的随意性常年受到生成句法学者诟病，这是因为一直以来我们并没有找到EPP存在的理据。Chomsky在其著作里一直坚持使用EPP，也在力图寻找EPP存在的证据。步骤四中外论元由于加标的原因移到[Spec, TP]则为T的EPP特征的来源提供了理论上的解释：满足EPP特征的位移是由于加标的需要而迫使产生的。至此，β的加标问题得以解决。

---

① 在最简方案下，轻动词*v*不需含有任何特殊的语义，动词则无一例外地要从V移到*v*。这种移动完成之后动词不获得任何特殊的语义。这一点与原则参数框架下的含有丰富语义的轻动词概念很不一样。

② 在最简方案下，T是一个普遍存在于各种语言中的语法类别。即使对于像汉语这样没有显性时态标识的语言，T也是存在的。其理由就是任何句子都不能独立于时态而获得正确的解读。本身有时态歧义的句子，每次在一个具体的语境下只能获得一种特定时态的解读，这就能证明任何句子不管是否有显性表现都带有T。这一点和格的表现很像，即使汉语里很难观察到形态上的格，但作为普遍语法的一部分，格无一例外地存在于自然语言中。

步骤六：T与β=v*P外合并。由于T是中心语，因此合并之后的成分可以标为TP，即TP={T, v*P}。

[11] [$_{TP}$ T [$_{\beta=v*P}$ (~~EA~~) [$_{v*P}$ v*-V [$_{V}$ ~~V~~ IA]]]]

步骤七：外论元EA从[Spec, v*P]移到[Spec, TP]，这样又产生了α={XP, YP}的格式。这里XP是外论元DP, YP就是TP，因此α又不能获得标签，如例[12]所示。

[12] [$_{\alpha}$ EA [$_{TP}$ T [$_{\beta=v*P}$ (~~EA~~) [$_{v*P}$ v*-V [$_{V}$ ~~V~~ IA]]]]]

首先假设例[12]中的结构是英语，我们知道英文里表时态的T较弱，其形态变化很有限，因此主语是不允许零代词pro的。附着在T上的EPP要求T的Spec位置必须填满，所以英语必须要有显性的主语。这一点与原则参数模型下的空语类原则（ECP）在英文里的作用暗合。ECP要求主语的语迹要被先行词管辖，因而主语不能从孤岛结构中移出。Chomsky在这里一再强调如何统一EPP和ECP。这两个原则在例[12]里起到的作用是高度一致的：EPP要求T的Spec上一定要有一个显性的主语，ECP则确保这个主语必须要保留在[Spec, TP]上，不能移走。由于英文中T的形态特征很弱，不足以给α加标，我们只能寻求外论元EA与T共同的语法特征来给α加标。英语主谓在ϕ-特征上具有一致性，因此ϕ可以被看作是二者的共同特征，故α可标为<ϕ, ϕ>。

[13] 英语：[$_{\alpha=\langle\phi,\phi\rangle}$EA [$_{TP}$ T [$_{\beta=v*P}$ (~~EA~~) [$_{v*P}$ v*-V [$_{V}$ ~~V~~ IA]]]]]

原则参数理论框架下陈述句统一被标记为TP, 而在最简方案的标签理论下，英语陈述句标为<ϕ, ϕ>。与英语相比，意大利语里T的形态变化非常丰富，直接从T就能判断出主语的ϕ-特征，因而意大利语允许pro出现在主语位置。换言之，意大利语的T并不携带EPP特征。另一方面，主语可以任意地从[Spec, TP]移走，这就表明意大利语并不遵循ECP原则。这样我们又观察到了EPP与ECP的高度一致：二者在意大利语里都不起作用。T并不要求其Spec的位置上一定有主语，主语既可以不出现也可以被移走。意大利语的T本身已经带有很强的特征，能够独立地加标，因此在例[14]里α被T标为TP。

[14] 意大利语：[$_{\alpha=TP}$ (EA/pro) [$_{TP}$ T [$_{\beta=v*P}$ (~~EA~~) [$_{v*P}$ v*-V [$_{V}$ ~~V~~ IA]]]]]

在这个问题上，Chomsky再次证明EPP的存在与否直接与标签理论相关，并且标签理论可以把EPP和ECP统一起来。

再看汉语的情况。汉语的时态T没有显性的形态特征，可以说比英语的T更弱，然而汉语却又偏偏能够允许pro出现在主语的位置上，如例[15a]所示。并且ECP也可以违反，如例[15b]中，“张三”从一个由主语从句构成的强势孤岛里移出，而句子并不呈现出孤岛效应。

[15] a. *pro*吃过了！

b. 张三啊，[*pro*今年拿到了诺贝尔奖]使大家都很惊讶。

在汉语里，一方面T很弱，单独不能加标；另一方面，T又似乎不强制主语出现，因此EPP也不是必需的。即使主语出现了，也可以移走，所以ECP也不具强制性。那么，如何对汉语的陈述句加标呢？目前为止，这还是一个有待研究的课题。汉语里与主语相关的问题由来已久，与T相关的问题也是争论不休。我们也许可以从下面几个方面来考虑。首先，说汉语的主谓结构也像英文一样被加标成$<\phi, \phi>$并不可行，因为ϕ-特征在汉语里并没有显性体现。如果承认汉语确实有如印欧语一般的主谓关系的话，就需要找出维持这个主谓关系的纽带，也就是二者的共同特征。只有找出这个特征才能对主谓结构加标。其次，必须承认汉语的T很弱，这也是为什么在原则参数模型下有学者认为汉语根本就没有T的原因。因此，T似乎不太能单独地把主谓结构加标为TP。第三，有证据显示汉语其实是一个话题显著的语言。处于句首的名词短语往往都可以理解为广义的话题（见Li & Thompson, 1976）。按照这个观点，如果把汉语的主语分析为话题成分，那么加标的问题就有可能在一定程度上得以解决。例如：

[16] 张三喝了咖啡。

步骤一：T与v*P合并时，由于T是中心语，T可以把合并的成分标为TP。然后外论元“张三”与TP内合并，形成不能获得标签的结构α={XP, YP}。

[17] $[_{\alpha}$ 张三 $[_{TP}$ T $[_{\beta=v^*P}$ ~~张三~~ $[_{v^*P}$ v^*- 喝了 $[_{V}$ ~~喝了~~ 咖啡]]]]]

步骤二：话题结构中心语Top与α合并，Top可以把合并之后的结构标为TopP。然后处在[Spec, TP]上的主语“张三”就移到[Spec, TopP]上满足Top所携带的EPP。这样，α里就只剩TP了，因此α也就可以标为TP。

[18] $[_{\gamma}$ 张三 $[_{TopP}$ Top $[_{\alpha=TP}$ ~~张三~~ $[_{TP}$ T $[_{\beta=v^*P}$ ~~张三~~ $[_{v^*P}$ v^*- 喝了 $[_{V}$ ~~喝了~~ 咖啡]]]]]]]

步骤三：主语“张三”移到[Spec, TopP]与TopP内合并，形成的结构 γ={XP, YP}仍然无法获得标签。可是“张三”带有明显的话题特征，话题中心语Top必然也带有明显的话题特征，因此我们可以用二者这个共同的特征来给γ加标，变成γ=<Top, Top>。

[19] [$_{\gamma=\langle Top,\ Top\rangle}$ 张三 [$_{TopP}$ Top [$_{\alpha=TP}$ ~~张三~~[$_{TP}$ T [$_{\beta=v*P}$ ~~张三~~[$_{v*P}$ v*-喝了 [$_{V}$ ~~喝了~~ 咖啡]]]]]]]

遇到如例[20]这样的既有话题又有主语的句子，那么可行的办法是把主语看作是次话题，把整句话看作是双话题句。

[20] a. 这棵树叶子掉光了。

b. [$_{\delta=\langle Top,\ Top\rangle}$ 这棵树 [$_{TopP2}$ Top2[$_{\gamma=\langle Top,\ Top\rangle}$ 叶子 [$_{TopP1}$ Top1[$_{\alpha=TP}$ ~~叶子~~[$_{TP}$ T [$_{\beta=v*P}$ ~~叶子~~[$_{v*P}$ v*- 掉光了 [$_{V}$ ~~掉光了~~]]]]]]]]]

至于这样的看法是否符合前人学者对于汉语话题句的句法语义分析，我们还得找寻更加令人信服的论据，如Xu 和 Langendoen（1985）、宁春岩（Ning, 1993）、刘丹青和徐烈炯（1998）、徐烈炯（Xu, 2001）、潘海华和胡建华（Pan & Hu,2002; Hu & Pan 2009）、潘俊楠（Pan, 2015; 2016）等。另一方面，汉语的主语经常是以零形式出现的，很多情况下并没有严格的显性主语，例如下例中的“是”字句。

[21] ∅不是[他不喜欢你]，而∅是[他必须要好好工作]。

这样的现象似乎也再次说明汉语中T并不一定携带EPP特征。汉语里与标签理论相关的问题还有很多，不管采取何种解决方法，未来的研究任务都很艰巨。

回到之前对例[8]里的结构如何加标的讨论。除上面说明的第一种解决方法外，另一种解决办法则是将内论元移走，让外论元留在原来的结构中。

解决方法二：移出内论元IA

[22] IA, ... T [$_{\beta=v*P}$ EA [$_{v*P}$ v*- V [$_{V}$ ~~V IA~~]]]

如例[22]所示，内论元移动到β外面。读者可以想象这个移动有可能是话题化移动，也有可能是含有宾语前置的各类句式等。内论元移走之后，β里就只剩外论元和动词v*了，因此v*可以将β标为v*P。接下来的步骤就是如何对TP加标，这里就不再赘述。

类似地，一个包含长距离WH位移的问句也由疑问词和最高的中心语C共同的特征Q来加标。

[23] [$_{\alpha=\langle Q,\ Q\rangle}$Which book [$_{CP}$ C-do [you think [$_{\beta=CP}$~~which book~~[$_{CP}$ C [your son likes reading ~~which book~~]]]]]]

当疑问短语which book移到中间的[Spec, CP]时，β= [$_{\beta}$ XP（= *which book*）, YP（=CP）] 其实并不能获得标签。这是因为中间的C不总带有疑问特征Q。因此为了能使β获得标签，疑问短语就必须移走。移动之后，β里面只剩下CP，因此β也自然就标为CP。这个例子也为WH位移必须要分步进行（即在每一个中间CP进行短暂停留）提供了理据。WH短语必须要从中间的CP移出也是由于加标问题。句子最上端的C语段又形成了α= [$_{\alpha}$ XP（= *which book*）, YP（=CP）] 的格式，同样也无法获得标签。然而句子最上端的中心语C具有疑问特征Q，正好疑问短语也携带Q特征，因此α可以用这二者的共同特征来加标为<Q, Q>。汉语则显然没有英文的这个问题。由于疑问短语不前置，中间的C和句子最上面的C都不会遇到无法获得标签的问题。如例[24]所示，α和β都可标为CP。

[24] [$_{\alpha=CP}$C[你认为[$_{\beta=CP}$C [你孩子最喜欢读什么书]]]]

❹ 结语

加标算法为目前句法前沿课题之一，加之与“特征继承假说”（Feature Inheritance Hypothesis）和“语段理论”的交互作用，其变化相当复杂。很多句法结构的加标问题都还悬而未决，我们这里就不一一列举，感兴趣的读者可以参看陆志军和何晓炜（2017）的介绍。目前也存在与Chomsky不同的方法来处理加标的问题。其中比较著名的是Cecchetto 和 Donati 二位学者合著的文献（2010; 2011; 2015）、Rizzi（2015; 2016）以及Bošković（2018）等。正是因为标签理论还不成熟，这也为我们的研究提供了新的思路。一方面我们可以看看汉语里是否有一些目前还无法解释的句法操作其实是由于加标的需要而造成的，如杨大然和陈晓扣（2016）。另一方面，我们可以运用丰富的汉语事实去进一步验证和完善标签理论。

参考文献

- Bošković, Z. 2018. On movement out of moved elements, labels, and phases. *Linguistic Inquiry* 49(2): 247-282.
- Cecchetto, C. & Donati, C. 2010. On labeling: Principle C and head movement. *Syntax* 13(3): 241-278.
- Cecchetto, C. & Donati, C. 2015. *(Re)labeling*. Cambridge, Mass.: MIT Press.
- Chomsky, N. 2008. On phases. In R. Freidin, C. Otero & M. Zubizarreta (eds.), *Foundational Issues in Linguistic Theory: Essays in Honor of Jean-Roger Vergnaud.* Cambridge: MIT Press. 133-166.

- Chomsky, N. 2013. Problems of projection. *Lingua* 130: 33-49.
- Chomsky, No. 2015. Problems of projection: Extensions. In E. Domenico, C. Hamann & S. Matteini (eds.), *Structures, Strategies and Beyond: Studies in Honour of Adriana Belletti*. Amsterdam/Philadelphia: John Benjamins Publishing Company. 3-16.
- Collins, C. 2002. Eliminating labels. In Samuel David Epsein & T. Daniel Seely (eds.), *Derivation and Explanation in the Minimalist Program*. Oxford: Blackwell Publishing. 42-64.
- Donati, C. & Cecchetto, C. 2011. Relabeling heads: A unified account for relativization structures. *Linguistic Inquiry* 42: 519-560.
- Donati. 2006. On *wh*-head movement. In L.L.-S. Cheng & N. Corver (eds.), *Wh-Movement: Moving on*. Cambridge, MA: MIT Press. 21-46.
- Hu, Jianhua & Pan, Haihua（胡建华、潘海华）. 2009. Decomposing the aboutness condition for Chinese topic constructions. *The Linguistic Review* 26（9）: 371-384.
- Li, C. N. & S. A. Thompson. 1976. Subject and topic: A new typology of language. In C. N. Li (ed.), *Subject and Topic*. New York: Academic Press. 457-489.
- Ning, Chunyan（宁春岩）. 1993. *The Overt Syntax of Relativization and Topicalization in Chinese*. Doctoral Dissertation, University of California（Irvine）.
- Pan, Haihua & Hu, Jianhua（潘海华、胡建华）. 2002. Representing topic-comment structures in Chinese. In I. Lee, Y. Kim, K. Choi, & M. Lee（eds.）, *Proceedings of the 16th Pacific Asia Conference on Language, Information and Computation*. 382-390.
- Pan, V. Junnan（潘俊楠）. 2015. Mandarin peripheral construals at syntax-discourse interface. *The Linguistic Review*32（4）: 819-868.
- Pan, V. Junnan（潘俊楠）. 2016. *Resumptivity in Mandarin Chinese: A Minimalist Account*. Berlin: De Gruyter Mouton.
- Rizzi L. 2015. Notes on labeling and subject positions. In E. Di Domenico, C. Hamann & S. Matteini (eds.), *Structures, Strategies and Beyond: Studies in Honour of Adriana Belletti*. Amsterdam/Philadelphia: John Benjamins Publishing Company. 17-46.
- Rizzi L. 2016. Labeling, maximality and the head-phrase distinction. *The Linguistic Review* 33(1): 103-127.
- Xu, Liejiong（徐烈炯）. 2001. The topic-prominence parameter. In Haihua Pan（ed.）, *Studies in Chinese Linguistics II*, Hong Kong: The Linguistic Society of Hong Kong. 209-234.
- Xu, Liejiong（徐烈炯）& D. T. Langendoen. 1985. Topic structures in Chinese. *Language* 61（1）: 1-27.
- 陆志军、何晓炜，2017，Chomsky标符理论及其原则解释力分析。《外国语》（2）: 2-10。
- 徐烈炯、刘丹青，1998，《话题的结构与功能》。上海：上海教育出版社。

❑ 杨大然、陈晓扣，2016，生成语法框架下领主属宾句的派生过程新探。《现代外语》(3):314-325。

Labeling in the Minimalist Program

Abstract: Labeling is one of the important topics in the Minimalist Program. This article provides the reader with a brief overview of the theoretical background and the basic application of the Labeling Algorithm. Labels not only satisfy the requirement of the interface between the Language Faculty and the semantic component, they also play an essential role in the syntactic derivation. With a demonstration of a step-by-step derivation of simple sentences, this paper shows that different languages can adopt different labeling strategies to derive the same syntactic structure. The author also discusses research questions related to Labeling applied to Chinese and their possible solutions.

Key words: Minimalist Program; Labeling; Labeling Algorithm; syntactic structure

（责任编辑：胡旭辉）

论语言的生物属性及语言演化

麻省理工学院　毛眺源*

[提　要]　对语言（官能）生物属性及其演化的探究是Chomsky（2007）为新时代“生物语言学”（biolinguistics）研究规划的任务，具有重要的理论与现实意义，但怎样有效推进此类研究仍在不断完善之中。本文以简述生物语言学发展历史为起点，从众多研究成果中挑选两个紧扣语言生物属性与演化的重要方面，梳理不同理论时期，尤其是当前最简方案生物语言学对此类重要问题的思考。本文力图展现生物学研究怎样与语言研究有机结合，探索人类语言的生物基础及演化动因，展示此类研究成果的应用价值。

[关键词]　语言（官能）；对比生物学；神经科学；基因学；演化；语言习得

❶ 引言

生物语言学即采用生物学等研究中的方法或手段将语言官能（the Faculty of Language）当作生物体进行研究，也就是研究人类语言的生物属性。这一跨学科的研究范式可以追溯至20世纪50年代末期，当时Chomsky、Lenneberg以及Salvador Luria（诺贝尔生理学或医学奖获得者、分子遗传学家）等语言学家和生物学家首度合作，探究语言的生物学基础。尔后，Lenneberg（1967）出版现代生物语言学研究的奠基之作——《语言的生物基础》；麻省理工学院在1974年首次召开由会议组织者Massimo Piattelli-Palmarini称作“生物语言学”的国际会议。这些首创成就引领了20世纪90年代专业协会的成立与专业刊物*Biolinguistics*的创办（2006），也标志着生物语言学这一跨学科研究范式进入新的发展阶段。

在这一研究范式下，对人类语言生物属性的探究主要从对比分析人类语言与其他生物交际系统之间的差异展开，如鸟鸣、蜜蜂交流以及猿类的信号系统。基本的假设是，尽管人类语言表面上与其他动物的交际系统有类似之处，但人类所获得内在语言知识以及相应的语言行为在数个关键方面与其他动物交际系统有明显的差

*　作者简介：毛眺源，麻省理工学院语言学与哲学系博士后。研究兴趣：句法学、语言习得、语义语用接口、生物语言学。Email:tiaomarc2002@163.com。通信地址：MIT Department of Linguistics and Philosophy, 77 Massachusetts Avenue, Cambridge, MA02139.

异。为了解释这些差异，不同学科背景的学者从人类基因天赋、物种的生物性成熟过程以及生物性成熟过程与促成不同物种发展的经历之间的互动出发，进行了长达数十年的探索，如Jacob（1977）、Grodzinsky 等（1985）、Jenkins（2000；2004）、Di Sciullo和Boeckx（2011）、Berwick 和 Chomsky（2016）、Friederici 等（2017）、Chomsky 等（2017），取得了丰硕的成果。

这些着力探索人类语言生物属性或语言演化的研究，从首先对研究目标持有不确定性，初步对人类语言生物属性形成有效的认知，到目前借助生物学（如基因研究）、大脑神经科学以及理论语言学等相关成果继续推动这一跨学科研究向纵深拓展，大大促进了对人类语言本质属性的认识。对探究人类语言研究中的“洪堡特问题”（建构产出意义与声音组配的生成语法）、“柏拉图问题”（解释语言习得；更高目标为超越解释充分）、“达尔文问题”（探索语言官能怎样演化）、“布鲁卡问题”（探寻心智属性如何通过大脑组织结构实现）以及“笛卡尔问题”（如何使用I-语言）（参见 Chomsky，2007：14-15），有着十分重要的意义。据此，有效梳理、剖析以上五个与人类语言生物属性及语言演化相关的研究成果，有助于了解生物语言学研究的现状与问题，以及未来的发展潜力。限于篇幅，本文围绕语言学与生物学交叉研究的成果展开，重点论述两个核心问题：语言（官能）是超越其他进化的能力而涌现出来的，还是由发展条件、生物物理属性决定的，也就是说，构成语言基础的神经与计算构件是人类语言独有还是与其他认知系统共享的；其次，基因在语言官能演化过程中扮演了怎样的角色。

❷ 语言的内在神经生物基础

理性主义者认为，语言官能依存于大脑之中固有的神经生物系统，与外部原始语言数据互动形成个体语言。因此，人类语言具有由神经生物属性决定的内在属性，并非只是文化、一般神经与认知能力综合作用的结果，亦即并非从三者之中涌现出来。这一观点在生物语言学研究中从神经、生物基因的角度得到了充分的论证。

在生物语言研究范式下，人类语言的形式结构，并不接受参考一般心理或行为系统的规则进行阐释（Piattelli-Palmarini，2018）。这就是说，由语言官能生成的结构或者语言官能本身具有独特的属性。Chomsky（2010：46）认为：“研究语言（官能）本质与演化，可以简要总结为在多大程度上‘T假设’（接口+递归=语言）是准确的。”这一观点体现了语言学与生物学研究的共融：形式与功能、单体发育（ontogeny）与种系发育（phylogeny）等生物学所关注的问题在生物语言研究中可以找到相应议题。呈现“T假设”（“强式最简假说”，Chomsky，2001）精髓的当前最简方案框架下的语言官能架构设计就是例证之一（见图1）。

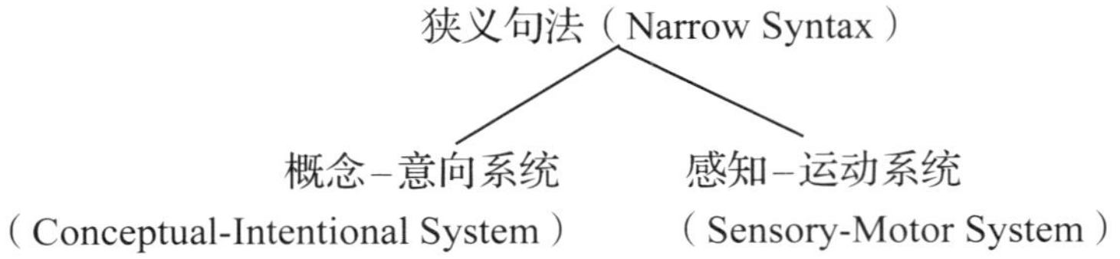

图1 语言架构设计简图

以上模拟复杂语言计算过程的简洁图式自然为生物学家熟识。具体而言，狭义句法产出意义和声音组配的表达式，前者在概念–意向系统中解读（取消逻辑式层面的运算），后者由感知–运动系统处理。虽然狭义句法像生物机制一样，具备有限的计算能力，但一定会生成意义与声音配对的表达式，实现“有限手段的无限运用”，满足生物学上的设计要求。与此同时，如同由约二万五千个基因构成的人类基因组不能、也不必精确编码大脑神经元与神经元之间的联通线路（Cherniaket al., 2004），狭义句法也不必规定具体语言的语序，而完全将语序确定归因于语言团体所允许的生物上的有限可能性（即参数设置的可能形式，Piattelli-Palmarini，个人交流）与发声系统的物理性制约（不能同时说两件事）（Di Sciullo et al.，2010）。如果这一设想言之成理，就可以在阐释语言多样性的过程中达到超越充分解释的理想水平。

除核心狭义句法外，概念–意向系统须满足大脑内在的其他认知功能：释义与推理（参见Chomsky，2005等）；感知–运动系统的设立是为了满足强加在语言产出与感知上的生物性要求。即为满足感知时听觉系统的结构与功能，以及产出表达式时发声器官声道的结构与功能（Di Sciullo et al.，2010）。总之，语言专属的强式最简设计体现了人类生物基因为什么使普遍语法的核心——狭义句法（“狭义语言官能”，Hauser et al.，2002）呈现为目前的状貌，也说明了设立“广义语言官能”（Hauser et al.，2002）在生物学上的考虑。从这个意义上说，由语言的生物属性决定的语言专属构架设计便是最优化的。

尽管不同学者对于词法与句法是否相同有不同的看法（下文详述），在狭义句法运算中，使用递归运算组合原子构件单位产出更大的层级结构，以及使用已经生成的层级结构生成更复杂的层级结构是没有争议的。由此，递归运算可以产出无限的层级结构。在当前最简方案生物语言学研究中，具体实现无限递归组合运算的操作为合并（Merge），这一“可能唯一的普遍语法原则”（Chomsky，2007：20），超越了递归纯粹作为任何有限输出系统（如数学与音乐）的一般属性的特点，将同一层级上的两个姐妹成分组合成一个运算单位，再与其他成分组合更复杂的层级结构。在合并操作过程中，不同原子构件单位携带的特征是不对称的，相互之间形成子集或超集的关系，成为合并打破结构对称、驱动计算的动力。如果运算中的构件单位携带的特征是对称的，就无法为各自携带的句法–形态特征赋值，生成的短语、句子等表达式难以加标（labeling），导致无法辨认。这一过程与当前生物学中的“进化–

发育”（evo-devo）研究是相通的：通过对生物性表达时机等的调节，相同生物基因产出无数不同的生命形态；亦类似生物学中体型呈现（body plan）中的形态切分（morphological segmentation），打破对称，塑造不同的外形（DiSciullo et al., 2010）。

对于合并本身而言，它的出现可能是因为非洲东部原始人群中某一个体经受了基因突变（Hauser et al., 2002；Chomsky, 2016）[不同观点参见Pinker和Jackendoff（2005）]。这一生物性状的改变使某些个体获得相应的优势，获得这些优势的个体从同类中胜出，逐渐将这一属性传播开来。当前脑神经研究为这一设想提供了相应的佐证：“语言（官能）演化可能（至少部分）是自动适应大脑体积绝对增加的结果”（Striedter, 2006：10）。这就是说，生物演化过程中某些微小生物性状的变异可能引发个体大脑神经回路的重组（rewiring），递归合并就此形成，“赋予个体实施复杂思维、计划等内在思维能力”（Chomsky, 2007：22）。在此意义上，思维活动衬托出合并的重要价值。虽然可以想象，“导致合并出现的突变可以发生在人类以外的任何有机体之上，但合并若不与思维相关，则毫无意义可言”（Chomsky, 2014：14）。更为重要的是，Friederici等（2017）证实了布鲁卡区（Broca's area）中后部布罗德曼区（posterior portion Brodmann area, BA44）为实施合并运算时激活的脑区。这就说明合并运算具有坚实的神经基础。

在当前最简方案生物语言学研究范式下，词库也扮演了十分重要的角色（虽有反对词库存在的观点）。词库由功能语类（词项）与实义词项等构成。Chomsky（2001：10）将词项上所组装的特征分为三类：（1）音系特征；（2）语义特征；（3）形式（句法）特征。功能语类与实义词项各自组装本身的特征。前者被认定为决定语言构架的“基因”，这是因为，“基因”中的“DNA”成分为决定语言表型（phenotype）多样性的形式特征（集）。从更微观的层面上看，构成合并运算的原子单位是由特征簇构成的词项。从这个意义上说，就如同世界只存在一种起始于基因（DNA序列）的动物一样，世界上也只存在一种由特征构成的语言（共享形式特征集合）。换句话说，正如人类共享99.9%的基因中的DNA序列一样，人类语言共享一套形式特征集，只是有的语言像基因显示其生物属性一样采用显性表达，有的语言则选择隐性表达。

词项上的“形式特征能够产生句法作用（syntactic effect）”（Chomsky, 2001：11）。语言之间的差异归因于中心语上某一形式特征的有无（Chomsky, 1995），进一步具体化为词项上所组装的形式特征的差异（Chomsky, 2001；2008；2014）。语言的多样性亦是通过选择不同的特征或者特征组合，设置微观词汇参数的过程（“Borer-Chomsky”猜想）。这似乎指出了参数设置的必然逻辑终点（或许还有其他选择），因为这种转变可能涵盖更多的经验事实，走出“以原则为基础所预测的‘参数链化’（parametric cluster）在语言习得中并未完全出现”（Guasti, 2002：151-183）的困境。儿童获得母语至少涉及一次性地从所有语言共享的特征{F}中选择某一特征子集[F]，一次性地将所选择的形式特征置于词库，并建构容纳具体语言词项的词库（Chomsky，2000；2004）。二语、外语习得也可以形式特征为发端，综合本身独有的特点推进（参见毛眺源，2016）。语言的多样性在源头上达到了（超越）充分解释。

这种考量与从生物学角度解释生物形态的多样性有异曲同工之妙，似乎真正在讨论语言形态多样性的过程中达到超越充分解释的水平。Jacob（1977：1165）认为："有机体之间的差异不是源自基因本身生化结构的变化，而在于其复杂调节回路（regulatory circuits）的突变。"这就是说，"调节机制的微小变化可能会引起表型（phenotype）的巨变"（Jenkins，2013：8）。Sherman（2007：1875）也同样认为："许多原生动物具有相同的基因组，但彼此之间表型差异甚大，原因在于它们对发育程序实行了不同组合。"因此，在生物演化发育过程中，调节机制是导致表型差异的关键因素。正是由于这种生物多样性与语言丰富表型之间的一致性，使得当前最简方案生物语言学研究中的原则与参数定义有了以上新的变化，将语言表型的多样性归因于内在因素（形式特征）与外在第三要素原则共同作用的结果。也正是这一原因，McGilvray（2013）认为，语言习得问题的充分解释必须以引入原则与参数模型为前提；自然主义崇尚的简洁方法，须在胜任解读第三要素对语言演化与个体语言发展做出贡献的最简方案框架中实现。只有这样，完成语言研究的基本任务与生物学研究才能真正融为一体，全面实施使用自然主义的方法研究语言。

如上文所述，词库中的运算和句法运算是否存在区别一直是一个很有争议的话题。当前对语言习得与大脑皮层左右分区功能的研究表明，这一问题似乎也可以从潜在的生物基因差异上找到答案。一般而言，所有右利手的大脑左半球侧化为处理句法的区域。这是语言处理的不对称性在生物学上较为常见的证据。但是，Bever（1983；2013）在Luria（1970）等研究失语症的基础上有了新的发现。Luria（1970）等指出，有左利手家庭成员的右利手（混合家庭）比都为右利手家庭（统一家庭）的右利手更多地使用右脑处理语言。Bever（1983；2013）进一步发现，来自混合家庭的右利手读取词汇比句子结构更容易，反之，来自统一家庭的右利手则读取句法比词汇更轻松，这说明在右半脑进行的语言处理可能具体与词库有关。而且，来自混合家庭的右利手的语言学习关键期比来自统一家庭的右利手来得早一些（Ross &Bever，2004），似乎表明来自混合家庭的右利手的语言习得以词汇而非句法推进（Di Sciullo et al.，2010）。fMRI研究与以上发现吻合：来自混合家庭的右利手在处理词汇任务时右半脑激活了更大的范围（Bever，2009）。从以上研究可以得知，句法与词汇处理都有各自的神经与生物基础；当然，不论句法与词库操作是否存在差异，两者都有神经与生物基础。

此外，特殊的神经认知障碍案例研究表明，语言官能独立于其他心理能力。有关儿童语言发展中的"特定型语言障碍"（specific language impairment，SLI）的研究就是很具说服力的相关证据之一。特定型语言障碍一般分为两类：与记忆障碍相关与语言障碍相关。语法方面的特定型语言障碍包括句法、词汇、音系以及语用方面的缺失。患有"语法特定型语言障碍"（Grammatical SLI）（van der Lely, 1999）的儿童的语言发展出现偏误（暂时或持续至7—8岁），并不是一般认知与感知能力出现问题，如一般认知缺陷、一般学习障碍、听力不佳、记忆力差、感官或环境剥夺（deprivation）以及情绪障碍等，而是相关基因的生物性状出现问题，导致明显的句法障碍。例如，Wexler（1998；2010）描述了儿童语言发展中存在的“任意不定阶段”（the optional infinitive stage）：（两岁前）儿童在习得语言过程中大量省略时态标记，使用“根句不定式”（root infinitives），即使外部环境中接触到的语料大都是有定的；随后出现有定动词与不定动词的混用，最后能掌握规则，正确使用有定动词。“任意不定阶段”在多种语言习得中存在，如丹麦语、荷兰语、英语、法罗语、冰岛语、挪威语、瑞典语、法语、爱尔兰语、俄语、巴西语、葡萄牙语和捷克语（由于某些原因，在儿童习得意大利语、西班牙语、加泰罗尼亚语、泰米尔语和波兰语研究中没有发现这一现象）（Piattelli-Palmarini，2018）。这种省略是非常具体的，不是语素或者动词的简化，更不是儿童自己制造的（如用有定代替无定：*She liked to walks.）。此类语法或屈折语素产出上的困难被证明与生物基因有关（Rice et al.，1995；Wexler et al.，2004）。Falcaro 等（2008）进一步阐释了时态标记发展与16号染色体的特定型语言障碍区域联系，称之为“特定型语言障碍基因II”。由此，尽管可能需要谨慎看待存在与无限基因型相关的染色体区域，以上研究也的确说明可能找到与语言处理中某个方面相关的基因区域。从这个意义上说，能够确定与特定型语言障碍相关的基因成分或区域，也就充分证明了内在主义（nativism）有关语言习得的基本观点：人类习得、使用语言是具备坚实的生物基因基础的。生物发育决定的特定型语言障碍随着生物体的发展和语言器官逐渐成熟会逐渐消失。像编码颜色感知与运动控制的基因发生变异会导致某种障碍一样，负责语言的基因或区域发生变异或发育出现异常时，也会导致出现异常的生物性状，产生具体的语言障碍。

❸ 语言演化基础的现代基因学阐释

在探讨基因与语言官能关系的研究中，已经发现与语言官能各模块有各种关联的基因已经过百。这为当前生物语言学研究基于对生物多态性（polymorphisms）的认识，探索正常基因的变异与语言能力特定损伤或语言行为特定障碍的对应关系奠定了基础。生物多态性指同一物种的同一种群中存在两种或多种明显不同的表型，与遗传变异和适应等相关。从这个角度探讨基因在语言演化中的作用，我们就可获知现代基因学研究与语言官能演化之间怎样形成因果式的互动关系。

一直以来，学界很少从比较生物学或动物研究的角度了解语言。这主要是认定语言具有物种专属的特性以及个体之间语言表型具有统一性的缘故。一般而言，基因影响语言的经典研究主要集中在对异常语言表达或失语症研究之上。但自Darwin开始，演化分析的要义在于对比分析与承认个体之间的差异，这就导致近几年来，个体之间的差异与共存演化分析（concomitant evolutionary analysis）被真正当作研究语言生物属性的一个方面（Di Sciullo et al.，2010）。从而，具有不同学科背景的研究者致力于验证基因影响个体“语言器官”的发育及语言产出，以及揭秘个体基因构成的差异与语言能力及产出的关系，或者着力在典型性的语言发展中验证与基因有关的具体变异（如句法有定性、自闭症等与基因遗传的关系），获得了不少成绩与教训。对基因FOXP2和语言之间的关系探究就是典型的例子。

从FOXP2入手分析基因对语言演化的影响遵从从生物学上对复杂、多基因遗传性状的分析方法，开启了一种从基因与功能上精准分析语言的方法。FOXP2对语言的影响，来自发现一个名为KE的英国家族几代人所表现的“发展性言语运动障碍”（developmental verbal dyspraxia）。这种障碍与“孟德尔式点突变”（Mendelian point mutation）相关，患者不能完好发出语音，读出音节和词。这种障碍也影响其他语言与非语言能力，如书面语言和音系工作记忆（Watkins et al.，2002）。尽管对确切的外显语言障碍症状有争议，但研究者们都接受患者无能力协调口腔运动这一事实。原因不是肌力不足或者瘫痪，而是大脑无法指挥相关身体部位做出相应动作。据此，研究者最后确认了问题基因——FOXP2，并完成克隆与测序，使之成为首个被发现影响语言的基因（Hurst et al.，1990；Lai et al.，2001；Devanna et al.，2014）。从而FOXP2成为研究（语言）生物演化中“叉头盒”（Forkhead box—FOX蛋白）转录因子基因系列中的一员，该类基因的蛋白质产品与DNA互动，调节其他的基因（Piattelli-Palmarini & Uriagereka，2011）。

FOXP2的发现似乎打开了了解基因是怎样影响语言个体或整体属性发育、演化的具体“遗传之窗”，似乎提供了一种践行基因学与演化分析使用比较方法、对比分析不同物种的可能，化解了使用比较分析方法研究人类语言的挑战（因为没有其他动物真正拥有人类语言的表型）。但稍后的研究发现，FOXP2基因的蛋白转录本可能并不直接涉及语言的核心运算。例如，有语言障碍的个体亦有控制连续运动的障碍，即不限于句法（Hauser & Bever，2008）。研究其他一般脊柱动物的结果也表明，FOXP2（小写区别于人类）涉及鸣禽（songbirds）对啼声产出、学习与感知（Webb & Zhang，2005），在季节性学习啼声时期FOXP2表达增加；同样，在与学习啼声相关脑区抑制FOXP2导致幼年草雀模仿啼声不准确（Haesler et al.，2007）。这就说明，FOXP2涉及感知–运动系统中运动控制，以及计划较高级的连续动作。据此类推，FOXP2应该与负责产出流利语言的感知–运动系统高度相关。但综合众多相关的研究结果，暂为比较妥当的结论可能是，FOXP2本身还是对学习运动技能而非语言来说是关键的。

Di Sciullo 等（2010）总结了作为最大、最复杂的调节基因之一的FOXP2相对于语言演化的数个关键发现。首先，先前在动物研究中明确按照“一种基因一种行为表型”解释FOXP2的图景，已替换为更为细致的“分子网络系统观”（molecular networks system view）（Fisher & Scharff，2009）（即生物系统中不同水平、不同层面的单位形成相互作用的网络）。其中，处于下游的认知系统受FOXP2的影响。KE家族所表现的词与非词的重复障碍也表明FOXP2基因调节成分与工作记忆之间的联系。此外，上述研究中鸣禽的基因表达说明FOXP2在顺利处理内部结构后，在将复杂层级结构转变为线性结构以及重构中扮演了重要角色。Vernes 等（2008）发现FOXP2可以急剧减少负责人脑皮层发育的CNTNAP2基因（接触蛋白相关蛋白2）的成分（如DNA），以及阐释了这一基因与具有遗传性的无意义词重复之间具有显著的量化关联。立足于此，Piattelli-Palmarini 和 Uriagereka（2011）论证了这一基因区域刚好与患有自闭症儿童的语言延迟有关。

目前，Xu 等（2018）通过分析敲除FOXP2的小鼠，确定FOXP2在颅骨形成或骨重塑中的作用，FOXP2在软骨中的选择性消融破坏了幼犬的发声。综合FOXP2在大脑回路中对运动技能与口语的作用，Xu 等（2018）认为FOXP2能够在与语言和直立行走相关的神经和解剖适应的共同进化中作出贡献。这一发现重新燃起了研究者看待FOXP2与语言演化关系的更为积极的一面：能否将动物与人类（语言）的研究连成一体，通过测试动物模式来发现人类（语言）的特点。显而易见，这种设想是否能够真正成为普遍接受的研究方法还不能确定，因为不断有关于这一复杂基因系统的细节被发现，推动学界不断更新对FOXP2与语言关系的认知。但无论如何，在分析FOXP2以及由FOXP2调节的基因的研究上取得的经验与成就，为形成一种有效的模式展示怎样通过基因研究揭开人类语言的复杂表型奠定了基础，极大地推动了现代（进化）生物语言学的研究。

❹ 结语

生物语言学研究将语言（官能）与生物学研究有效地统一起来。据此，本文以语言官能架构与运算机制分析为起点，按照生物学家熟悉的研究方法将语言官能架构设计、运算机制等与生物学研究进行对比分析，说明人类语言依存的神经生物属性的来源。同时，本文分析了语言演化与基因的互动关系，借助生物学研究手段阐释语言作为具备基因基础的生物现象，说明基因在语言演化中的重要作用，积极回答开篇设定的两个方面的重要问题。但是，有关语言的神经基质（substrate）这一生物语言学研究中的重要方面，本文未能深入触及，留待以后探讨，例如表观遗传学（epigenetics）下语言本质与演化的研究。毋庸多言，任何在对比生物学、基因学、理论语言学等相关方面取得的成果，都将进一步推动学界探讨语言的生物属性，丰富生物语言学研究的内容与夯实生物语言学研究的基础。更具现实意义的是，推动相应研究成果的转化与应用，如治疗自闭症与特定型语言障碍等，这更有利于完善这一跨学科研究范式，充分挖掘这一研究范式的各种价值。

参考文献

❑ Berwick, R. & Chomsky. N. 2016. *Why Only Us*. Cambridge, MA: MIT Press.

- Bever, T. 2009. Remarks on the individual basis for linguistic structures. In M. Piattelli-Palmarini, J. Uriagereka & P. Salaburu (eds.), *Of Minds and Language: A Dialogue with Noam Chomsky in the Basque Country*. Oxford: Oxford University Press. 278-295.
- Bever, T. 1983. Cerebral lateralization, cognitive asymmetry, and human consciousness. In E. Perecman & J. Brown (eds.), *Cognitive Processing in the Right Hemisphere*. New York: Academic Press. 19-39.
- Bever, T. 2013. The biolinguistics of language universals: The next years. In M. Sanz, I. Laka, & M. Tanenhaus (eds.), *Language Down the Garden Path: The Cognitive and Biological Basis of Linguistic Structures*. Oxford: Oxford University Press. 235-405.
- Cherniak, C., Mokhtarzada, Z., Rodriguez-Esteban, R. & Changizi, K. 2004. Global optimization of cerebral cortex layout. *The National Academy of Sciences* 101: 1081-1086.
- Chomsky, N. 1995. *The Minimalist Program*. Cambridge, MA: MIT Press.
- Chomsky, N. 2000. Minimalist inquiries: The framework. In R. Martin, D. Michaels & J. Uriagereka (eds.), *Step by Step: Essays in Syntax in Honor of Howard Lasnik*. Cambridge: MIT Press. 89-155.
- Chomsky, N. 2001. Derivation by phase. In M. Kenstowicz (ed.), *Ken Hale: A Life in Language*. Cambridge: MIT Press. 1-52.
- Chomsky, N. 2004. Beyond explanatory adequacy. In A. Belletti (ed.), *Structures and Beyond*. Oxford: Oxford University Press. 104-131.
- Chomsky, N. 2005. Three factors in the language design. *Linguistic Inquiry* 36:1-22.
- Chomsky, N. 2007. Of minds and language. *Biolinguistics* 1: 9-27.
- Chomsky, N. 2008. On phases. In R. Freidin, C. Otero & M. Zubizarreta (eds.), *Foundational Issues in Linguistic Theory: Essays in Honor of Jean-Roger Vergnaud*. Cambridge: MIT Press.133-166.
- Chomsky, N. 2010. Some simple Evo-Devo theses: How true might they be for language? In R. Larson, V. Déprezand & H. Yamakido (eds.), *The Evolution of Human Language, Biolinguistic Perspective*. New York: CUP. 45-62.
- Chomsky, N. 2014. Minimal recursion: Exploring the prospects. In T. Roeper & M. Speas (eds.), *Recursion: Complexity in Cognition*. New York: Springer. 1-18.
- Chomsky, N. 2016. *What Kind of Creatures of Are We*. New York: Columbia University Press.
- Chomsky, N. 2017. Language architecture and its import for evolution. *Neuroscience and Biobehavioral Reviews* 81: 295-300.
- Devanna, P., Middelbeek, J. & Vernes, S. 2014. FOXP2 drives neuronal differentiation by interacting with retinoic acid signaling pathways. *Front Cell Neurosci* 8: 305.

- Di Sciullo, A. & Boeckx, C. 2011. *The Biolinguistic Enterprise: New Perspectives on the Evolution and Nature of the Human Language Faculty*. Oxford: Oxford University Press.
- Di Sciullo, A., Piattelli-Palmarini, M., Wexler, K., Berwick, R., Boeckx, C., Jenkins, L., Uriagereka, J., Stromswold, K., Cheng, L., Harley, H., Wedel, A., McGilvray, J., van Gelderen, E. & Bever, T. 2010. The biological nature of human language. *Biolinguistics* 4:4-34.
- Falcaro, M., Pickles, A., Newbury, D., Addis, L., Banfield, E., Fisher, S., Monaco, A., Simkin, Z., Conti-Ramsden, G. & the SLI Consortium. 2008. Genetic and phenotypic effects of phonological short term memory and grammatical morphology in specific language impairment. *Genes, Brain and Behavior* 7: 393-402.
- Fisher, E. & Scharff, C. 2009. FOXP2 as a molecular window into speech and language. *Trends in Genetics* 25: 166-177.
- Friederici, A., Chomsky, N., Berwick, R., Moro, A & Bolhuis, J. 2017. Language, mind and brain. *Nature* (Human Behavior) 1: 713-722.
- Grodzinsky, Y., Swinney, D. & Zurif, E. 1985. Agrammatism: Structural characterizations and antecedent processing disruptions. In M.-L. Kean (ed.), *Agrammatism*. New York: Academic Press. 65-81.
- Guasti, T. 2002. *Language Acquisition: The Growth of Grammar*. Cambridge MA: MIT Press.
- Haesler, S., Rochefort, C., Georgi, B., Licznerski, P., Osten, P. & Scharff, C. 2007. Incomplete and inaccurate vocal imitation after knockdown of FOXP2 in songbird basal ganglia nucleus area X. *Public Library of Science Biology* 5: 321.
- Hauser, D., Chomsky, N. & Fitch, W. 2002. The faculty of language: What is it, who has it, and how did it evolve? *Science* 298: 1569-1579.
- Hauser, D. & Bever, T. 2008. A biolinguistic agenda. *Science* 322: 1057– 1059.
- Hurst, A., Baraitser, M., Auger, E., Graham, F. & Norell, S. 1990. An extended family with a dominantly inherited speechdisorder. *Developmental Medicine and Child Neurology* 32: 352-355.
- Jacob, F. 1977. Evolution and tinkering. *Science* 196: 1161-1166.
- Jenkins, L. 2000. *Biolinguistics: Exploring the Biology of Language*. Cambridge: CUP.
- Jenkins, L. (ed.), 2004. *Variation and Universals in Biolinguistics*. Amsterdam:Elsevier.
- Jenkins, L. 2013. Biolinguistics: A historical perspective. In C. Boeckx & K. Grohmann (eds.), *The Cambridge Handbook of Biolinguistics*. New York: CUP, 4-11.
- Lai, L., Fisher, S., Hurst, J., Vargha-Khadem, F. & Monaco, A. 2001. A forkhead-domain gene is mutated in a severe speech and language disorder. *Nature* 413: 519-523.
- Lenneberg, E. 1967. *Biological Foundations of Language*. New York: JohnWiley.

- Luria, A. 1970. *Traumatic Aphasia: Its Syndromes, Psychology and Treatment* [transl. from Russian; Moscow: Academy of Medical Sciences, 1947]. The Hague: Mouton.
- McGilvray, J. 2013. The philosophical foundations of biolinguistics. In C. Boeckx & K. Grohmann (eds.), *The Cambridge Handbook of Biolinguistics*. New York: CUP, 22-46.
- Piattelli-Palmarini, M. & Uriagereka, J. 2011. A geneticist's dream, a linguist's nightmare: The case of FOXP2. In A. Di Sciullo & C. Boeckx(eds.), *The Biolinguistic Enterprise: New Perspectives on the Evolution and Nature of the Human Language Faculty*. Oxford: Oxford University Press. 100-125.
- Piattelli-Palmarini, M. 2018. Specific language impairment (handout). Tucson: The University of Arizona.
- Pinker, S. & Jackendoff, R. 2005. The faculty of language: What's special about it? *Cognition* 95: 201-236.
- Rice, M., Wexler, K. & Cleave, P. 1995. Specific language impairment as a period of extended optional infinitives. *Journal of Speech and Hearing Research* 38: 850-863.
- Ross, D. & Bever, T. 2004. The time course for language acquisition in biologically distinct populations: Evidence from deaf individuals. *Brain and Language* 89: 115-121.
- Sherman, Y. 2007. Universal genome in the origin of metazoan. *Cell Cycle* 6.15:1873-1877.
- Striedter, G. 2006. Precis of principles of brain evolution. *Behavioral and Brain Sciences* 29:1-36.
- van der Lely, J. 1999. Learning from Grammatical SLI: A Response to J. Tomblin and J. B. Pandich. *Trends in Cognitive Sciences* 3: 286-288.
- Vernes, S., Newbury, D., Abrahams, B., Winchester, L., Nicod, J., Groszer, M., Alarcón, M., Oliver, P., Davies, K., Geschwind, D., Monaco, A. & Fisher, S. 2008. A functional genetic link between distinct developmental language disorders. *The New England Journal of Medicine* 359: 2337-2345.
- Watkins, K., Dronkers, D. & Vargha-Khadem, F. 2002. Behavioural analysis of an inherited speech and language disorder: Comparison with acquired aphasia. *Brain* 125: 452-464.
- Webb, D. M., & Zhang, J. 2005. FOXP2 in song-learning birds and vocal-learning mammals. *Journal of Heredity* 96: 212-216.
- Wexler, K. 1998. Very early parameter setting and the unique checking constraint: A new explanation of the optional infinitive stage. *Lingua* 106: 23-79.
- Wexler, K., Schaeffer, J. & Bol, G. 2004. Verbal syntax and morphology in Dutch normal and SLI children: How developmental data can play an important role in morpho-logical theory. *Syntax* 7: 148-198.

❑ Wexler, K. 2010. Grammatical computation in the Optional Infinitive Stage. In T. Roeper & J. de Villiers (eds.), *The Handbook of Generative Approaches to Language Acquisition*. Dodrecht: Springer. 53-118.

❑ Xu, S., Liu, P., Chen, Y., Chen, Y., Zhang, W., Zhao, H, Cao, Y., Wang, F., Jiang, N., Lin, S., Li, B., Zhang, Z., Wei, Z., Fan, Y., Jin, Y., He, L., Zhou, R., Dekker, J., Tucker, H., Fisher, S., Yao, Z., Liu, Q., Xia, X., & Guo, X. 2018. FOXP2 regulates anatomical features that may be relevant for vocal behaviors and bipedal locomotion. *PNAS*: 1-6.

❑ 毛眺源，2016，中国英语学习者导句语类(C)习得研究。北京外国语大学博士论文。

The Biological Nature and Evolution of Human Language

Abstract: The exploration of the biological nature and the evolution of the Faculty of Language is the task that Chomsky (2007) set for the biolinguistic investigation in the new century. This task is endowed with important theoretical and practical significance, but how to effectively advance the task is still under improvement. This paper, with the brief review of biolinguistic history as a departure, selects from numerous relevant research achievements two essential aspects that are closely related to the biological nature and evolution of the Faculty of Language, and sorts out the careful consideration on the two aspects in different theoretical periods of the Generative Grammar, especially in the current Minimalist Program of the biolinguistic paradigm. The motive underlying this move is to demonstrate how to integrate biological and linguistic researches, exploring the biological nature and evolutionary motivation of the human language and making clear the application values of the achievements of the biolinguistic research.

Key words: language (faculty); comparative biology; neuroscience; genetics; evolution; language acquisition

（责任编辑：胡旭辉）

制图理论和汉语语法

台湾清华大学　蔡维天*

［提　要］　自生成语法开山立派以来，语法特征和句法结构之间的关系即属核心议题之一。在历经半个世纪的酝酿淬炼之后，学界对这个课题也有了更为细致精准的看法：特征跟中心语属一对一的关系，其投射更遵循严格的层系安排，由低到高，由实而虚，通过界面运作渐次编码构词、句法、语义以至语用、认知等外延因素，为语言使用的软件层面撑起了棱角分明的硬件骨架。这条思路我们称之为制图理论，该理论近年来不但致力于打通语言通性、个性的任督二脉，也提供了会通形式和功能语法研究的新契机。

［关键词］　制图理论；汉语语法；比较句法；微言主义；左缘结构；句法—语用界面

❶ 何谓制图理论？

一般提到制图学（cartography），大家都会想起大航海时代的卓越成就，甚至联想起当年郑和下西洋的一些制图证据（Menzies, 2008）。不过，本文所谈的是一种语法学上的新方法，主张在微言主义（Minimalism，另译最简方案）的基础上为自然语言的句法结构制作出一套图谱，在语言的通性和个性之间搭建起一座牢固可靠的桥梁，并为内延语言（I-language）和外延语言（E-language）这两个纠结共生的关系做初步梳理（Chomsky, 1986）。这样一条思路Rizzi（1997）将其命名为“制图理论（Cartographic Approach）”，并指出这是语法学上一个重要的研究方向与任务，而非既定的理论框架。换句话说，任何认同上述理念的人都可以来参与此项颇具前瞻性的建设工程，尤其是来自语言类型学和语用学的启发更是扮演了推波助澜的角色。

就方法论而言，制图理论比对许多跨语言的证据来为语法特征（grammatical features）和中心语间的对应关系制作精确而详尽的层系图谱，进而渐次呈现出句法、语义以至语用部门之间的映射（mapping）关系。在此指导原则下，最具代表性的研究莫过于Cinque（1999）对状语分布所作的跨语言分析：

* 作者简介：蔡维天，美国麻省理工学院语言学博士、台湾清华大学语言学研究所及中文系教授。研究方向含括语法理论、句法-语义界面研究、汉语句法、南岛语句法。Email: wttsai@mx.nthu.edu.tw。通信地址：30019 台湾新竹市清华大学语言学研究所。

[1] 状语的普遍层系(择要节录):①

[*frankly***Mood**$_{\text{(speech act)}}$ [*fortunately***Mood**$_{\text{(evaluative)}}$ [*allegedly***Mod**$_{\text{(evidential)}}$ [*probably***Mod**$_{\text{(epistemic)}}$ [*once***Tense**$_{\text{(past)}}$ [*again***Asp**$_{\text{(repetitive)}}$ [*often***Asp**$_{\text{(frequentative)}}$ [*willingly***Mod**$_{\text{(volitional)}}$ [*quickly***Asp**$_{\text{(celerative/motion-manner)}}$ [*soon***Asp**$_{\text{(proximative)}}$ [*briefly***Asp**$_{\text{(durative)}}$ [*completely***Asp**$_{\text{(completive)}}$... **Verb**]]]]]]]]]]]]

另一方面，Rizzi（1997; 2001）也承袭了管辖约束理论（GB; Government & Binding theory）的传统，持续对句子上层的功能投影（functional projections）作更为细致的分解，亦即将标句词组（CP; complementizer phrase）进一步拆解如下，通称为左缘结构（left periphery）：

[2] 左缘结构：②

FORCE (TOP*) INT (TOP*) FOC (TOP*) FIN IP

事实上，前述图谱也隐含了两项革新：其一是将信息结构（information structure）中的核心理念如话题（topic）和焦点（focus）正式引入形式句法分析，成为功能投影的一部分。其二是把语用学中念力（illocutionary force）和疑问语气（interrogative mood）等概念也巧妙融入了句子左缘高层的层系结构。如此一来，我们不但得以在语言官能（language faculty）和语言使用（language use）间的鸿沟上搭起桥梁，同时也借此开发一款多样且强大的工具箱，开启了生成语法学家跟功能语法学家对话的契机。

上述学说提出后在学界也引起了不小的争议：乍看之下，制图理论似乎与微言主义的精神背道而驰，因为其分析呈现出丰富而多层次的句法结构，而微言主义则致力于简化语法运作，并以高度原则化的系统予以制约（亦请参考Mao & Meng, 2016）。但正如Cinque和Rizzi（2010a）所言，此二者互为表里，实为普遍语法一体之两面：这是因为简约的合并（merge）与递归（recursion）机制原本就会衍生复杂的语法结构，重点在于语法的设计与运作须符合经济性（economy）及一致性（uniformity）（Chomsky, 2001; 2004; 2005）。Chomsky（2001: 2）指出形式语法分析应遵循下列守则：

[3] 一致性原则（Uniformity Principle）：

In the absence of compelling evidence to the contrary, assume language to be uniform, with variety restricted to easily detectable properties of utterances.

---

① 此处Mood指的是编码（encode）语气的中心语；Mod是编码模态性（modality）的中心语；Tense是编码时态的中心语；Asp是编码体貌性（aspectuality）的中心语。

② 此处FORCE指的是编码念力（illocutionary force）的中心语；INT是编码疑问语气（interrogative mood）的中心语；FIN是编码限定性（finiteness）的中心语；TOP是编码话题性（topicality）的中心语；FOC是编码焦点（focus）的中心语；IP即屈折词组（inflectional phrase）。

（如没有足够的反面证据，假定语言具有一致性，跨语言的差异来自于话语中可轻易察觉的语言属性。）

以此为前提，制图理论尤其强调功能词（functional words）在组合与分布上的普遍性，语言间的差异则可由两项参数（parameters）来规范：

其一、中心语是否吸引（abstract）位于其下的另一个中心语？这会造成中心语移位（head movement）的现象。

其二、功能词在特定语言中是显性（overt）还是隐性（covert）？

制图理论的批评者其实不必过于急躁，我们需要先弄清楚微言主义之“微”（或最简方案之“简”）应该在哪个层次上来做评断：如果是谈普遍语法（UG; Universal Grammar），那么其核心特征可能真的很简单，只需满足合并、递归等的基本构建需求即可（Hauser, Chomsky & Fitch, 2002）。但如果我们谈的是形式（form）和概念（concept）的连结，那么我们就必须考虑逻辑形式（LF; Logical Form）上的界面运作，从一个以诠释为本的特征词库中取材，才能真正解释语法的根苗如何在生物、心理层次上的茁壮成长，并脚踏实地全盘处理外在世界中成人语法的丰富性与多样性（Sigurdsson, 2003; 2012）。如此一来，不但话题、焦点、念力、语气等概念以特征之姿进入句法（一如[2]中的左缘结构），就连传统上的语用概念如言语行为（speech act）、说话者态度（speaker's attitude）、观点（point of view）、评注性（evaluativity）、示证性（evidentiality）等也都纳入[1]中状语层系的排行（Speas & Tenny, 2003; Haegeman & Hill, 2013; Si, 2017）。就这层意义而言，制图理论借由描摹句法分布和语义诠释间系统性的对应关系，为语言使用上的各类机制提供了清晰明确的骨干，我们对句法–语用界面运作的理解也因此推进了一大步。

上述争议的本质至此已昭然若揭：如果我们允许个别语言从概念特征的词库中各取所需，那就如同音韵特征“弱水三千，只取一瓢饮”，语言间的差异大可归因于此。但若要贯彻适才提到的一致性原则，那么这个词库在任何时间对任何语言都应该是开放的，不同语言的个性仍由参数来设定：亦即中心语移不移位？功能词是隐是现？前者常与分析性（analyticity）和综合性（syntheticity）的对立有关（Huang, 2015），后者则常跟语法范畴的显著性（prominence）挂钩（Kayne, 2016；蔡维天, 2018）。

❷ 大开大合与三分天下

接下来让我们更具体来谈谈制图理论的实质内容及其在汉语语法研究上的应用。前面提到，这条思路主张进一步裂解X-标杠理论（X'-theory）中虚词层（functional layer）：如众所皆知的，在GB理论时代，屈折词（INFL）便已被分解为时态词（T）、对协词（AGR）、否定词（NEG）、助动词（AUX）等功能范畴（Pollock,

1989），并配合中心语移位分析来解释不同语言和句式中动词分布的差异以及许多看似毫无章法的屈折变化。今图解如下：

[4] 屈折词组裂解学说（Split-IP hypothesis）

$[_{IP}$ ... INFL $[_{VP}$ ...

⇓

$[_{TP}$ ... T(ense) $[_{AgrP}$ ... AGR $[_{NegP}$ ... NEG $[_{AuxP}$ ... AUX $[_{VP}$ ...

制图理论继承了上述传统将裂解标的放在标句词组（CP），我们看到的左缘结构图谱[1]便是一个很好的例子［有时也称为“标句词组裂解学说（Split-CP hypothesis）”］，后续研究也很自然地延伸至限定符组（DP）、介词组（PP）、形容词组（AP）甚至动词组等（参见Cinque 2010；Cinque & Rizzi 2010b；Wu 2015等）。若依此走向将理论推到极端，那么就会得到如[1]、[2]中所呈现的图谱：每一个语法特征都跟一个中心语对应，也都拥有自己的功能投射（functional projection）。

更有趣的是，作为一个典型的分析语（analytic language），汉语的功能词和状语常常是一个萝卜一个坑地向上投射，由低到高，由实而虚，层次分明且一丝不苟。我们可以说正是汉语这种大开大合的性格使它成为制图理论最理想的标的语言，同时也直接印证了许多在其他语言难以直接观察的现象。举例而言，Badan & Del Gobbo（2010）便从汉语出发，指出[2]中在不同位置出现的话题其实都各有其语法特色，其句法图谱需要借由跨语言比对做更为精细的描绘，如下所示：

[5] Aboutness Topic > Hanging Topic> Left Dislocation>*lian*-Focus > IP

蔡维天（2010）、Tsai（2015b）也从比较句法的角度阐明模态词（modals）应就其句法位置的高低分为三层，各有其相应的语义、语用属性。文中提出数项客观测试来检验汉语模态词的句法和语义，结果得出下列的层系排序：

[6] 知识副词>知识助动词>义务副词>义务助动词>能愿助动词

上述观察显示模态词的分布应再细分为三个区块，这跟Rizzi（1997）主张「标句词层—屈折层—词汇层」的三分法不谋而合，如[7]所示（$ModP^{Epi}$: epistemic modal phrase, 知识模态词组；$ModP^{Deo}$: deontic modal phrase, 义务模态词组；$ModP^{Dyn}$: dynamic modal phrase, 能愿模态词组）：

[7]

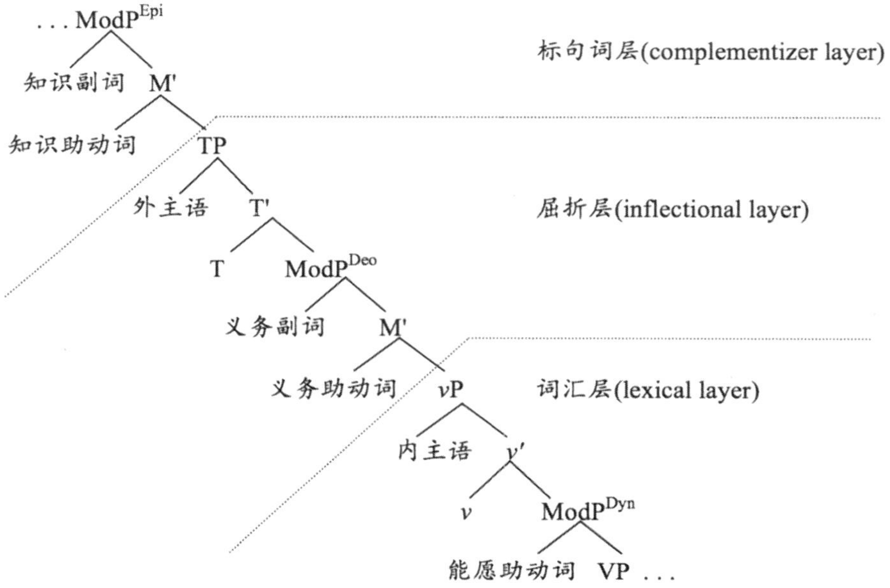

事实上，这个“三分天下”的格局也反映了模态词诠释高度（interpretive height）的普遍性：知识模态词所在的标句词层基本上是言者中心用法（speaker-oriented construals）的地盘，跟对话者对主句命题的认识、态度和观点有密切关连（沈家煊，2001）。相较之下，义务模态词所在的屈折层以外主语为中心（subject-oriented），其模态基准（modal base）源自于所处时空的周遭条件（如伦理、法律、习性、物性等）。最后能愿模态词必须在内主语的范域（scope）之内出现，并受其主体意识（subject agentivity）节制，与所谓控制动词（control verb）的行为非常近似。在我们看来，这种模拟两可、半实半虚的性格正是其位处词汇层的最好明证。

如此一来，我们便可以解释为何汉语允许各类不同的模态词同时出现在一个句子里，英语却因其类型上的综合属性而不允许多重模态句式（蔡维天，2010）（此处习性助动词以「会^{Dyn}」来表示，意愿助动词则以「要^{Dyn}」表示）：

[8] a. 阿Q大概会^{Epi}必须要^{Deo}会^{Dyn}开车。
b. 阿Q大概常常会^{Deo}要^{Dyn}买这个、买那个。

更值得一提的是，汉语模态副词和模态助动词在句子上层有相当整齐的配对表现：前者在模态词组的指示语（SPEC）位置，后者则担任负责查核的中心语。这正体现了上述Cinque状语普遍层系的理念，为制图理论的类型比较研究添了不少底气。

❸ 区域原则与特征查核

制图理论另一个重大的突破在于对区域原则（locality principles）的修订和扩充。Rizzi（1990）提出的“相对性近距原则”是GB理论时代的重大议题之一，如下面公式所示：

[9] 相对性近距原则(Relativized Minimality):
X α-governs Y only if there is no Z such that
(i) Z is a typical potential α-governor for Y,
(ii) Z c-commands Y and does not c-command X.
[X α-管辖Y, 如果没有Z，Z满足如下情况：
（i）Z是Y的典型潜在的α-管辖者
（ii）Z 成分统领Y并且不成分统领X.]

此处的α是一个变项，它可以是论元（argument）、非论元（non-argument）或中心语（head），其实际操作的效应可归结如下：

[10] a. 论元关系（A-dependency）只会被一个中介（intervening）论元所阻挡。
b. 非论元关系（A’-dependency）只会被一个中介非论元所阻挡。
c. 中心语关系（head-dependency）只会被一个中介中心语所阻挡。

而今制图理论在区域限制这个面向上也没有缺席：Rizzi（2004）主张原本以论元/非论元关系为核心的限制应该要转型为以语法特征为核心的限制，依其类别可分为下列四种；其基本理念仍是“同性相斥”：

[11] a. 论元属性(argumental)：
人称(person)、单复数(number)、阴阳性(gender)、格位(case)
b. 量化属性(quantificational)：
疑问特征(Wh)、否定特征(Neg)、度量特征(measure)、焦点(focus)等
c. 修饰语(modifier)：
评注特征(evaluative)、知识特征(epistemic)、否定特征(Neg)、频繁特征(frequentative)、度量特征(measure)、样貌特征(manner)等
d. 话题(topic)

Tsai（2015a）便以此来解释汉语所谓的外蒙受结构中为何[12a]中量化状语如“居然”不会阻挡话题“阿Q”移位，图解如[12b]；而[13a]中的主语“阿Q”却因

“居然”从中作梗而无法受隐性话题算子的约束认可，图解如[13b]：

[12] a. 阿Q，居然给我跑了！
b. [Top] ... [Quan] ... [Top]

[13] a. * 居然给我阿Q跑了！
b. [Quan] ... [Quan] ... [Quan]

又如正反问句（A-not-A questions）常会被一些句子上层的量化副词（如“好像”）所阻断（参见 Ernst, 1994；Law, 2006）。以[14a]为例，这是因为正反词素一定要经隐性移位（LF covert movement）到左缘结构的疑问词组（IntP）查核其量化特征[Quan]；然而这个运作却须越过另一个量化词“好像”，因此违反了前述特征版的相对性近距原则（feature-based Relativized Minimality；参阅 Tsai & Yang, 2015），图解如[14b]：

[14] a. * 阿Q好像吃不吃榴梿?
b. [Quan] ... [Quan] ... [Quan]

❹ 内外有别及虚词边缘地带

制图理论另一个关注焦点是虚词层的区块分布：微言主义的经典分析将句子分为CP和*v*P两个语段（phase）（Chomsky, 2001），与CP语段相对的有前面提到的左缘结构，而与*v*P语段相对的则有轻动词组的边缘地带（*v*P periphery；参见 Belletti, 2005; Tsai, 2015b; Badan & Del Gobbo, 2015等）。蔡维天（2000）指出汉语的疑问状语“怎么”和“怎么样”可以助动词和动词为界标来做制图分析，有下例为证：

[15] a. 阿Q怎么要去县城?!（助动词前表反诘、起因）
b. 阿Q要怎么去县城?（助动词与动词之间表工具、途径）
c. * 阿Q这件事办得怎么?
[16] a. * 阿Q怎么样要去县城?
b. 阿Q要怎么样去县城?（助动词与动词之间表工具、途径）
c. 阿Q这件事办得怎么样?（动词后表整体评估、结果状态）

其句法分布和语义诠释的对应可整理如[17]：

[17]

	外状语 助动词前	内状语 助动词与动词之间	结果补语 动词后
怎么	反诘	工具	*
	起因	途径	
怎么样	*	工具	整体评估
		途径	结果状态

而不同虚词层级的概念则以树图[18]来表达更为清楚（参见Tsai, 2008a; Stepanov & Tsai, 2008；Shlonsky&Soare, 2011）。此处我们可以更进一步跟功能语法及认知语法中的区块做比对会通：标句词层基本上是编码信息结构（information structure）；屈折词层则编码事件结构（event structure）；词汇层压阵编码以实词为核心的论元结构（argument structure）。更有趣的是，此立体图谱与沈家煊（2001）“言域－知域－行域”的三分法暗合，呈现一种本体论（ontological）上的模糊对应：

[18]

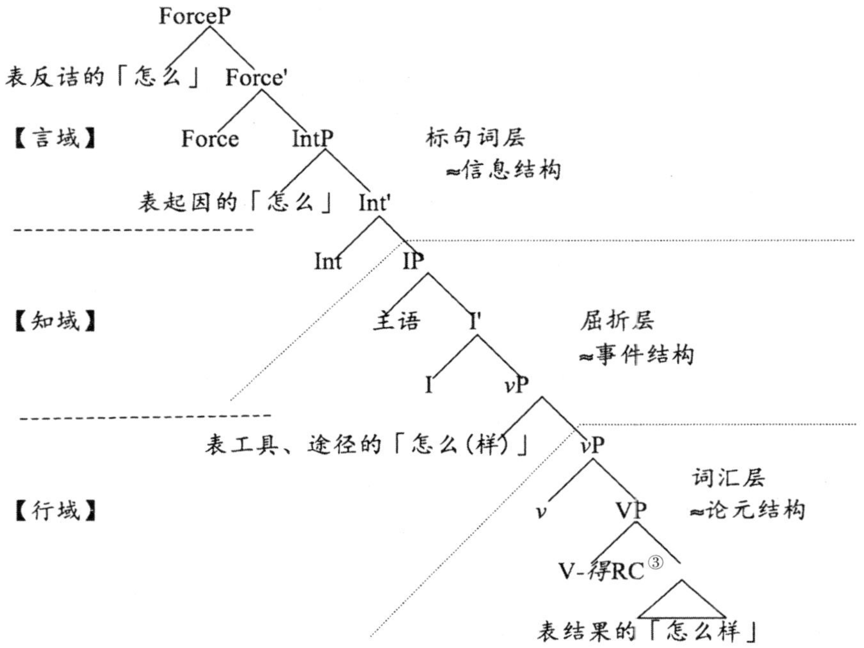

③ RC即结果补语句（resultative complement clause）。

汉语疑问状语的内外之分又让我们开始好奇这是否只是一个孤立的案例，长年探索终于在意想不到之处找到了平行证据：反身状语也有内外之分，有下例为证（蔡维天，2002；2007）：

[19] a. 阿Q自己要去县城，没人逼他。（助动词前表自动自发）
b. 阿Q要自己去县城，不准帮他。（助动词与动词之间表独自）
[20] a. 风大了，门自己会开。（助动词前表自然而然、依自然之理）
b. 门会自己开，有鬼！（助动词与动词之间表不自然的自力）

此处限于篇幅，我们将其分布和诠释的整体对应整理如[21]：

[21]

	外状语 助动词前	内状语 助动词与动词之间
自己	自动自发、无缘无故	独自、亲自、私自
	自然而然	超自然

综而观之，外疑问状语质问主句事件的起因，亦即是什么造成了主句表陈的事件？外反身状语则断言主句事件缺乏外在动因，亦即没有外在事件造成主句表陈的事件。我们可以把这个诠释上的关联称之为使事性（causality）。相较之下，内疑问状语质问主句事件的工具、途径，亦即主句事件的凭借为何？内反身状语则断言主句事件缺乏同伴、帮手，亦即主句事件没有与事者或工具。我们可以把这个诠释上的关联称之为与事性（comitativity）。

此外，我们还从轻动词结构（light verb constructions）找到内外之别的旁证：Tsai（2015b）、蔡维天（2017）指出汉语的轻动词至少应该分成内、外两类：其中一类是Huang（1994; 1997）提到句法和语义的不对称现象（syntax-semantics mismatch）。以[22a]为例，其论元结构似乎乱成一团，但句子依旧合法；其语义诠释类同于[23]中含有显性（lexical）轻动词「让」的结构。

[22] a. 那把刀切得我直冒汗。
b. 那把刀CAUSE我切得直冒汗（隐性外轻动词）
⇒ 那把刀 [[切得]$_k$+CAUSE] 我 t_k 直冒汗
[23] 那把刀让我切得直冒汗。（显性外轻动词）

这是因为在「让」的相应位置上有一个隐性（implicit）轻动词CAUSE，图解如[22b]；它会吸引主要动词「切得」加接（adjoin）至其之上。这类轻动词一般表达事件的致使关系（event causation），我们称其为外轻动词（outer light verb）。

另一类是跟动态动词和对比焦点连用的内轻动词（inner light verb），其语义诠释的范围较广，包括工具、地点、受益者等等。以[24a]为例，其中很可能有一个隐性的轻动词USE，合并在[25]中显性轻动词（lexical light verb）「用」的相应位置，并吸引主要动词「切」上移（参见Lin, 2001；冯胜利，2000；2005；邓思颖 2010），图解如[24b]：

[24] a. 你切那把刀，我切这把刀。

b. 你USE那把刀切，我USE这把刀切 （隐性内轻动词）

⇒ 你[切$_i$+USE]那把刀t_i，我[切$_k$+USE]这把刀t_k

[25] 你用那把刀切，我用这把刀切。 （显性内轻动词）

此处不难看出内、外轻动词跟使事性、与事性的区分也脱不了关系：外状语与外轻动词都和事件之间的致使有关，也都处于补词层及左缘结构，其语义诠释也脱离不了使事关系（causal relationship）。另一方面，内状语与内轻动词则位于词汇层及轻动词组的边缘地带，跟事件论元（event argument）保持一种广义的与事关系（comitative relationship），可以前述英语中*with*的多样用法来理解，亦即包括工具、方法、途径、受益、目的等等（Parsons, 1995；蔡维天，2007）。

最后，我们再来检视一下汉语的焦点分布（Tsai, 2008b）：以时间副词如“明天”“后天”为界，宾语名词组前置的落点若在之前，如[26a]，其诠释为有定（definite），这也正是左缘话题性（topicality）的表现，因此也常被称为焦点话题（focus topic）或对比话题（contrastive topic）；落点若在界标之后，如[26a]，其诠释为无定（indefinite），因此也常被称为对比焦点（contrastive focus）：

[26] a. 我们猪肉明天吃，牛肉后天吃。 （外焦点，有定）

b. 我们明天猪肉吃，牛肉不吃。 （内焦点，无定）

此处我们再度见证到了句法图谱上的内外有别，可综览如[27]（MP: modifier phrase, 修饰词组）：

[27]

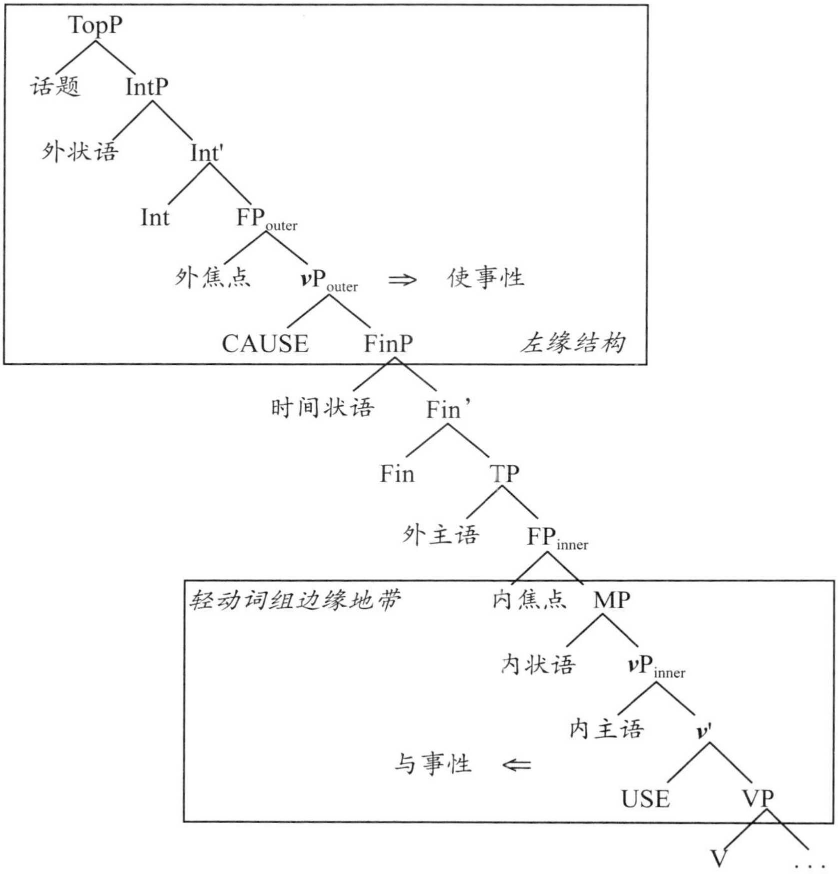

上述观察都在显示汉语的分析性展现在语法结构的各个层次；也正因如此，让我们能看清楚使事性、与事性和标句词层、词汇层之间的对应关系，而边缘地带分析也跟微言主义中CP、*v*P 语段环环相扣。事实上，我们大可从汉语出发，为制图理论竖立起量测的标杆，让因构词、韵律等因素四处漂移的词项各归其所，进而凸显出语言间更深一层的普遍性。

❺ 制图理论的应用及展望

在实战方面，制图理念的优势也在历史语法和文体学上展现无遗（蔡维天，2012）。先看中古汉语中“何以”对上“以何”：

[28] a. 卿何以不汗？ （外状语）
《世说新语，言语》
b. 修善尚不蒙福，为邪欲以何望？ （内状语）
《世说新语，贤媛》

此处“以”已从动词逐渐演化出轻动词（或介词）的用法；若以其为界标，便可发现疑问词“何”出现在前问的是起因，如[28a]；在后出现则问工具、途径如[28b]。再看中古汉语“如何”的内外之别：在句子高处掌控全局时问起因，如[29a]；在动词组边缘地带出现则问工具、途径，如[29b]：

[29] a. 如何当丧，锦被蒙上？ （外状语）
《世说新语，规箴》
b. 和尚，在家如何修？ （内状语）
《六祖坛经》

而更早分化出去的“何如”则进一步发展出反诘用法，犹言“不如”，而没有相应的内状语用法，有[30a,b]为证：

[30] a. 盗杀财主，何如骨肉相残？ （外状语）
《世说新语，政事》
b. 何如且一径直截去，到此处了？ （外状语）
《朱子语类》

更有趣的是，吕叔湘（1985）早已指出“怎”其实源自动词组“作勿（物）”或“作摩（么）”的合音；而现代口语中的“干嘛”其实也就是“做什么”的意思。然而我们一用先前的界标测试就发现它已经稳稳进占左缘结构，只能有外状语的用法，如[31a]和[31b,c]的对立所示：

[31] a. 阿Q干嘛要去县城?! （外状语）
b. * 阿Q要干嘛去县城？ （*内状语）
c. * 阿Q这件事办得干嘛？ （*结果补语）

诸此种种限于篇幅，总结如[32]：

[32]

现代汉语		助动词前	助动词与动词之间	动词后
书面语	如何	反诘、起因	工具、途径	整体评估、结果状态
	何如	*	*	*
通用	怎么	反诘、起因	工具、途径	*
	怎么样	*	工具、途径	整体评估、结果状态
口语	干嘛	反诘、起因	*	*

前述对语法化历程的分析让我们很快就摸清楚了现代汉语状语在各个文体之间的差别及其演化脉络。而这些研究成果也可直接应用在二语习得的教程设计上，起一个画龙点睛的作用，让大家对汉语的虚词层上现象不但知其然，更知其所以然。

在理论建构方面，制图理论在一致性的理念主导下，为语法特征和中心语间的对应关系制作精确而详尽的层系图谱，进而渐次呈现出句法部门和语义、语用之间的映射（mapping）关系。于此脉络之下，汉语大开大合的类型特色提供了许多既扎实又精彩的证据：从状语、情态、焦点、话题的分布研究中，我们注意到句法范畴（syntactic categories）从低到高、由实而虚，越往左缘层次发展虚化程度越高；这也正意味着语法成分只能由低处往高处演化，其语法化路径是不可逆转的。就这层意义而言，我们应以汉语作为量测的标杆，用以检测其他构词、韵律负担较重的语言，如此便能解释许多看似违法的紊乱表象。因此，与其说制图理论非常适合用来分析汉语，倒不如说汉语对未来制图理论的发展会有很大的贡献。

生成语法学派从20世纪60年代发动所谓乔姆斯基革命（Chomskyan revolution）以来，虽然经过多次的分裂、淬炼与脱胎换骨，然其基本的精神与方向屹立不摇，方法论也渐入化境：有识者早该跨出这一大步，不要再拘泥于技术细节的操作，应勇于探索及控制来自演化、接触、心理、生物等诸多因子，从模组界面（modular interface）的角度切实面对语言表层的庞杂与不测，将形式语法研究带入新的纪元。

参考文献

❏ Badan, L. & Del Gobbo, F. 2010. On the syntax of topic and focus in Chinese. In P. Benincà & N. Munaro (eds.), *Mapping the Left Periphery*. New York: Oxford University Press.

❑ Badan, L. & Del Gobbo, F. 2015. The *even*-construction and the low periphery in Mandarin Chinese. In W.-T. D. Tsai (ed.), *The Cartography of Chinese Syntax*. New York: Oxford University Press. 1-32.

❑ Belletti, A. 2005. Extended doubling and the VP periphery. *Probus* 17(1): 1-35.

❑ Chomsky, N. 1986. *Knowledge of Language: Its Nature, Origin, and Use*. New York: Praeger.

❑ Chomsky, N. 2001. Derivation by phase. In M. Kenstowicz (ed.), *Ken Hale: A Life in Language*. Cambridge, MA: MIT Press.1-52.

❑ Chomsky, N. 2004. Beyond explanatory adequacy. In A. Belletti (ed.), *Structures and Beyond: The Cartography of Syntactic Structure*, Vol. 3. Oxford: Oxford University Press. 104-131.

❑ Chomsky, N. 2005. Three factors in language design. *Linguistic Inquiry* 36: 1-22.

❑ Cinque, G. 1999. *Adverbs and Functional Heads*. Oxford: Oxford University Press.

❑ Cinque, G. 2010. *The Syntax of Adjectives: A Comparative Study*. Cambridge, MA: MIT Press.

❑ Cinque, G. & Rizzi, L. 2010a. The cartography of syntactic structures. In B. Heine & H. Narrog (eds.), *Oxford Handbook of Linguistic Analysis*. Oxford: Oxford University Press. 51-65.

❑ Cinque, G. & Rizzi, L. 2010b. *Mapping Spatial PPs. The Cartography of Syntactic Structures,* Vol.6. Oxford: Oxford University Press.

❑ Ernst, T. 1994. Conditions on Chinese A-not-A questions. *Journal of East Asian Linguistics* 3: 241-264.

❑ Haegeman, L. & Hill, V. 2013.The syntacticization of discourse. In R. Folli, C. Sevdali, & R. Truswell (eds.), *Syntax and Its Limits*. Oxford: Oxford University Press. 370-390.

❑ Hauser, M. D., Chomsky, N. & Fitch, W. T. 2002. The faculty of language: What is it, who has it, and how did it evolve? *Science* 298:1569-1579.

❑ Huang, C.-T. J. 1994. Verb movement and some syntax-semantics mismatches in Chinese. *Chinese Languages and Linguistics* 2: 587-613.

❑ Huang, C.-T. J. 1997. On lexical structure and syntactic projection. *Chinese Languages and Linguistics* 3: 45-89.

❑ Huang, C.-T. J. 2015. On syntactic analyticity and parametric theory. In Y.-H. A. Li, A. Simpson, & W.-T. D. Tsai (eds.), *Chinese Syntax in a Cross-linguistic Perspective*. New York: Oxford University Press. 1-48.

❑ Kayne, R. S. 2016. The silence of heads. *Studies in Chinese Linguistics* 37.1: 1-37.

❑ Law, P. 2006. Adverbs in A-not-A questions in Mandarin Chinese. *Journal of East Asian Linguistics* 15: 97-136.

- Lin, T.-H. J. 2001. *Light Verb Syntax and the Theory of Phrase Structure*. PhD Dissertation, University of California, Irvine.
- Mao, T. & Meng, F. 2016. The cartographic project of the generative enterprise: An interview with Guglielmo Cinque. *Language and Linguistics* 17(6): 917-936.
- Menzies, G. 2008. *1421: The Year China Discovered America*. New York: HarperCollins Publishers.
- Parsons, T. 1995. Thematic relations and arguments. *Linguistic Inquiry* 26: 635-62.
- Pollock, J.-Y.1989. Verb movement, Universal Grammar, and the structure of IP. *Linguistic Inquiry* 20: 365-424.
- Rizzi, L. 1990. *Relativized Minimality*. Cambridge, MA: MIT Press.
- Rizzi, L. 1997. The fine structure of the left periphery. In L. Haegeman (ed.), *Elements of Grammar*. Dordrecht: Kluwer. 281-338.
- Rizzi, L. 2001. On the position "int(errogative)" in the left periphery of the clause. In G. Cinque & G. Salvi (eds.), *Current Studies in Italian Syntax: Essays Offered to L. Renzi*. New York: Elsevier. 287-296.
- Rizzi, L. 2004. Locality and the left periphery. In A. Belletti (ed.), *Structures and Beyond: The Cartography of Syntactic Structures*, Vol. 3. New York: Oxford University Press. 223-251.
- Si, F. (ed.) 2017. *Studies in Cartographic Syntax*. Beijing: China Social Sciences Press.
- Shlonsky, U. & Soare, G. 2011. Where's why? *Linguistic Inquiry* 42.4: 651-669.
- Sigurdsson, H. Á. 2003. The silence principle. In L.-O. Delsing, C. Falk & G. Josefsson (eds.), *Grammar in Focus: Festschrift for Christer Platzack*, Vol. 2. Lund: Wallin & Dalholm. 325-334.
- Sigurdsson, H. Á. 2012. Thoughts on cartography and universality. In V. Banchi & C. Chesi (eds.), *Enjoy Linguistics: Papers Offered to Luigi Rizzi on the Occasion of His 60th Birthday*. Siena: CISCL Press. 326-328.
- Speas, P. & Tenny, C. 2003. Configurational properties of point of view roles. In A. M. Di Sciullo (ed.), *Asymmetry in Grammar*. Amsterdam: John Benjamins. 315-344.
- Stepanov, A. & Tsai, W.-T. D. 2008. Cartography and licensing of WH-adjuncts: A cross-linguistic perspective. *Natural Language & Linguistic Theory* 26: 589-638.
- Tsai, W.-T.D. 2008a. Left periphery and *how-why* alternations. *Journal of East Asian Linguistics* 17: 83-115.
- Tsai, W.-T.D. 2008b. Object specificity in Chinese: A view from the *v*P periphery. *The Linguistic Review* 25: 479-502.
- Tsai, W.-T.D. 2015a. A case of V2 in Chinese. *Studies in Chinese Linguistics* 36.2: 59-86.
- Tsai, W.-T.D. 2015b. A tale of two peripheries: Evidence from Chinese adverbials, light verbs, applicatives and object fronting. In W.-T. D. Tsai (ed.), *The Cartography of*

Chinese Syntax. New York: Oxford University Press. 1-32.
- Tsai, W.-T. D. & Yang, C.-Y H. 2015. Inner vs. outer A-not-A questions. Paper presented in the 1st International Workshop on Syntactic Cartography (IWSC-1), Beijing Language and Culture University, China, December 2015.
- Wu, H.-H. Iris. 2015. The fine structure of spatial PPs in Mandarin Chinese. In W.-T. D. Tsai (ed.), *The Cartography of Chinese Syntax*. New York: Oxford University Press. 209-234.
- 蔡维天，2000，为什么问怎么样，怎么样问为什么。《汉学研究》(18卷)：41-59。
- 蔡维天，2002，自己、自性与自然——谈汉语中的反身状语。《中国语文》(289)：357-362。
- 蔡维天，2007，重温“为什么问怎么样，怎么样问为什么”——谈汉语疑问句和反身句中的内、外状语。《中国语文》(3)：195-207。
- 蔡维天，2010，谈汉语模态词其分布与诠释的对应关系。《中国语文》(3)：208-221。
- 蔡维天，2012，如何问何如：一个书面语和口语的比较研究。《语言学论丛》(46辑)：144-161。北京：商务印书馆。
- 蔡维天，2017，及物化、施用结构与轻动词分析。《现代中国语研究》(19)：1-13。
- 蔡维天，2018，汉语的语气显著性和隐性模态范畴。《语言科学》，待刊。
- 邓思颖，2010，《形式汉语句法学》。上海：上海教育出版社。
- 冯胜利，2000，“写毛笔”与韵律促发的动词并入。《语言教学与研究》(1)：25-31。
- 冯胜利，2005，轻动词移位与古今汉语的动宾关系。《语言科学》(1)：3 - 16。
- 吕叔湘，1985，疑问、否定、肯定。《中国语文》(4)：241-250。
- 沈家煊，2001，语言的“主观性”和“主观化”。《外语教学与研究》(4)：268-276。

Cartographic Approach and the Syntax of Chinese

Abstract: From the very beginning of the generative enterprise, the relationship between grammatical features and syntactic structure has been one of the core issues under rigorous investigation. As the theory and the methodology evolve over the years, people now have a better and more precise grasp of the nature of their relations: First, there is a one-to-one correspondence between a feature and a functional head. Second, syntactic projections are arranged according to a universal feature hierarchy from the lexical layer to the functional layer, which encodes morpho-syntactic, semantic, and pragmatic properties of a sentence through the necessity of converging at the LF interface. We call this line of inquiry the Cartographic Approach, where the universality of langue meets with the individuality of particular languages. This in turn provides a rare opportunity for the formalist camp to initiate a discourse with their functionalist counterpart in a productive and meaningful way.

Key words: cartographic approach; Chinese syntax; comparative syntax; Minimalism; left periphery; syntax-pragmatics interface

（责任编辑：胡旭辉）

事件终结性的“词汇–句法”界面研究

——基于生成构式理论的分析

北京大学　胡旭辉*

[提　要]　基于生成语言学框架下的构式理论——Borer (2005b) 的XS模式——本文发展出事件的句法功能结构，并以此为基础，阐释影响事件终结性的句法—词汇语义界面的内在机制。本文认为终结性本质上是句法推导的结果，需要通过某种方式给事件功能结构提供数量赋值；词汇语义和语境信息对终结性的解读产生影响，内在原因在于最简方案下的概念—意向界面要求：句法推导获得的终结性解读在概念—意向界面需要获得句法外的信息支持，包括词汇语义和语境信息。完成和达成动词的语义包含潜在的终点信息，可以实现此类支持；而状态和活动动词无法提供支持，需要进一步的语境信息支持。

[关键词]　事件结构；终结性；句法—词汇界面；生成构式理论

❶ 引言

生成语言学最新的理论发展主要有几大趋势：一是具体理论细节的不断更新以及对具体语言问题的新假设，这体现在主流期刊和专著的各项研究中；二是重大理念的更新，如Chomsky（2005）提出第三因素（third factor）在语言习得中的作用，以及最近的标签算法（labelling algorithm）（Chomsky, 2013），见本专栏潘俊楠的文章。在管辖约束（Government and Binding）阶段（Chomsky, 1981, 1982）的底层结构（Deep Structure）中占据重要地位的论元结构（argument structure），Chomsky

---

*　作者简介：胡旭辉，北京大学外国语学院外国语言学及应用语言学研究所助理教授、研究员。研究方向：句法理论、历史与比较句法、语用学。Email: xhu819@pku.edu.cn。通信地址：100871北京市海淀区颐和园路5号北京大学外国语学院。
本研究得到国家社科基金项目“基于宜兴方言的新构式语法理论研究”（项目批准号：18BYY044）的资助。

本人的最新理论并没有专门的讨论。但是这个论题在分布式形态学（Distributed Morphology）（Halle & Marantz 1993; Marantz, 1997, 2007）以及Borer（2005a, b, 2013）的理论构建中占据了重要地位。Marantz（2013a）将这类研究称为构式取向（constructivist approach）。[①]

本文以构式取向的理论为框架，讨论与论元结构相关的终结性（telicity）问题。对于事件（event）句法映射的关注点往往在于论元实现的句法问题（见Levin & Rappaport Hovav, 2005相关综述）。除了论元实现以外，事件结构的句法映射还涉及很多重要的句法和语义的问题，比如终结性的性质以及相关的词汇语义与句法的界面问题。本文的目的有两个：（1）对下文提到的终结性相关问题做一个初步的统一解释；（2）介绍构式取向理论的基本要点。

❷ 研究问题：终结性与谓词分类

Vendler（1957）依然是学界有关谓词分类的重要研究，大部分有关动词特性的研究都以此为基础（如Verkuyl, 1972, 1993; Dowty, 1991; Levin, 1993; Rothstein, 2004, 2008等）。以Vendler的分类为起点，谓词分为状态动词（state verb）（如“love”）、活动动词（activity verb）（如“kiss”）、完成动词（accomplishment verb）（如“write”）和达成动词（achievement verb）（如“arrive”）。

以如上分类为起点，传统的词汇主义（lexicalist approach）认为四类谓词在句法中各投射四类事件（event），[②]其中状态事件和活动事件都是非终结性的（atelic），而完成和达成事件则是终结性的（telic）。按照这样的分析，终结性和事件结构本身都是动词词汇信息的一部分，当我们从词库中选出一个动词进入句法运算，句法结构中的事件结构（论元结构）和终结性都已经被决定。

尽管谓词分类与终结性有着密切关系，但两者并非精确的一对一关系。首先，活动谓词、完成谓词和达成谓词既可以出现在终结性事件中，也可以出现在非终结性的事件中。以下有关终结性的判断依据是以往研究中普遍采用的时间状语“in...time”：

[1] 活动谓词

a. John ran fast for hours/ *in one hour.（非终结性）
（约翰跑了几小时）

b. John runs around the park every morning, and he always times himself. This morning he ran in half an hour.（终结性）

---

① “constructivist approach”也翻译为“建构主义”的取向，见本专栏程工的论文。

② 很多研究者认为完成事件是一个复杂事件，由两个分事件（即活动事件和达成事件）组合而成（Verkuyl, 1972, 1993; Krifka, 1989, 1992, 1998; Tenny, 1987, 1994; Dowty, 1991）。

（约翰每天早上绕着公园跑步，每次跑步都计时。今天他半小时就跑完了。）

Rothstein (2008)

[2] 完成谓词

a. John drank a glass of water in 5 minutes.（终结性）
（约翰花五分钟喝光了一瓶水。）

b. John drank water for 10 minutes.（非终结性）
（约翰喝水喝了十分钟。）

[3] 达成谓词

a. John broke three vases in 5 minutes.（终结性）
（约翰5分钟内打破了三个花瓶。）

b. John broke vases for hours. (非终结性)
（约翰打破花瓶打了几个小时了。）

以上例子似乎表明，事件终结性与谓词分类并无直接关系。但是另一方面，谓词的类别却又在某种程度上确实和终结性有关联。首先，大部分状态谓词很难获得终结性的解读，比如英文中“be+形容词”的谓语所传达的事件绝对不可以出现在终结性事件中：

[4] * John was smart in five minutes.

其次，一个数量名词（quantity DP）可以立即将一个完成动词所传达的事件转化为终结性事件，但这类转化对于活动动词并不适用。

[5] 完成谓词

a. *John ate apples in 10 minutes

b. John ate two apples in 10 minutes.
（约翰10分钟内吃了两个苹果。）

[6] 活动谓词

a. *John pushed carts in 10 minutes.

b. *John pushed two carts in 10 minutes.

第三，尽管活动动词很难传达终结性事件，但有了充分的语境信息或者词汇信息，也可以传达终结性事件。如[1b]中，有了第一句话的语境信息，则“run”可以出现在终结性事件中。“push”也是如此。以[7]为例，如果我们有如下语境信息，则终结性解读可以获得：

[7] 语境信息：John的工作是将一辆辆的推车推到某工地，推的车越多，收入越多。

Today John pushed two carts in 10 minutes.

（今天，约翰10分钟内推了两辆车。）

基于以上的描述，我们将动词与事件终结性关系的研究问题归纳如下：

a. 终结性的本质究竟是什么？是词汇信息还是语法信息？

b. 谓词种类影响终结性的机制是什么？

c. 语用因素如何介入终结性的解读？

❸ 研究回顾

事件终结性的文献非常丰富（如Filip, 1997; Rothstein, 2004, 2008; Borer, 2005b; Filip & Rothstein, 2005; Thompson, 2006; MacDonald, 2008; Travis, 2010等），限于篇幅我们不能一一列举。目前生成语言学对于事件结构的研究大致可以分为构式主义（constructivist approach）[③]和词汇主义（见Marantz, 2013a）的综述）。本文首先回顾Rothstein（2008）对终结性的定义，之后聚焦于Borer（2005b）的研究。这是因为Borer（2005b）是生成构式理论框架下对终结性最为系统的研究，同时也是本文研究的理论框架。在分析和介绍Borer（2005b）的研究中，我们也将提及词汇主义取向在终结性研究中存在的问题。

3.1 终结性的定义：Rothstein (2008)

大体上来说，研究者们都赞同一个终结性事件的特点是有一个终结点（telo）（Higginbotham, 2000; Ramchand, 2008）。因此终结性的事件也称为有界（bounded）事件（Kiparsky, 1998）。Rothstein（2008）认为终结性事件是一个原子性（atomic）的谓词所表达的，形式化的表征如下：

[8] $\lambda e.\ P(e)\ \&\ MEAS(e) = \langle 1, U \rangle$

根据以上表征，一个终结性（原子性）事件，指的是按照某种计量标准的单位，事件的数量为1。e代表事件（event），P为predicate（谓词）的缩写，MEAS为MEASURE（测量）的缩写，U为UNIT（单位）的缩写。一个终结性事件如果要成立，必须要给U找到一个值。这个值并不固定，需要通过不同的渠道来获得。比如“John ate three apples”所表达的事件中，整个事件是一个原子性单一事件，其衡量的单位是从吃苹果的第一口开始到吃完三个苹果为止的时间段。

③ 本文的“构式取向”特指生成语言学视角下的具有构式取向的论元理论，不包括认知语言学视角下的构式语法（Construction Grammar）（如Goldberg, 1995）。

Rothstein认为，动词要表达终结性事件，必须要经历一个M-ATOM操作，其中M是maximization（最大化）的缩写。具体来说，M-ATOM操作是将一个谓词所表达的最大化的事件抽取出来当作一个原子性的事件，该事件的原子性以某个单位U为标准。M-ATOM在谓词层面的表征如下：

[9]　V→ λe. P（e）& MEAS（e）= <1, U>

Rothstein（2008）的定义比较精准地刻画了终结性的语义特征，我们下文也基本遵循这个定义来理解终结性。但是Rothstein同时采纳词汇主义的取向，认为这样的语义来自于动词本身，而非来自句法操作。

3.2　Borer的XS模式及其对终结性的解释

Marantz（2013a）指出，生成语言学对论元（事件）结构的研究已经从词汇主义转向构式为取向（constructivist approach）的研究。该取向下的理论模式认为论元角色的指派由功能结构（functional structure）决定，动词不带任何论元指派的信息。相关的理论模式有分布式形态学（Distributed Morphology）（Halle & Marantz, 1993; Marantz, 1997, 2007），第一语段句法（First Phase Syntax）（Ramchand, 2008），以及外骨架模式（Exo-Skeletal Model, 简称XS模式）（Borer, 2005a,b, 2013）。在这些理论模式中，只有XS模式系统讨论了事件的功能结构以及终结性的问题，而且终结性在整个理论体系中占据了非常重要的地位。本文有关事件结构的讨论将在多处涉及名词结构，Borer的XS模式中名词与事件结构本质属性一致，因此是平行的两个结构。有鉴于此，我们需要先介绍Borer对名词短语的解读。Borer认为一个完整的名词短语是由以下的功能结构推导而来：

[10]

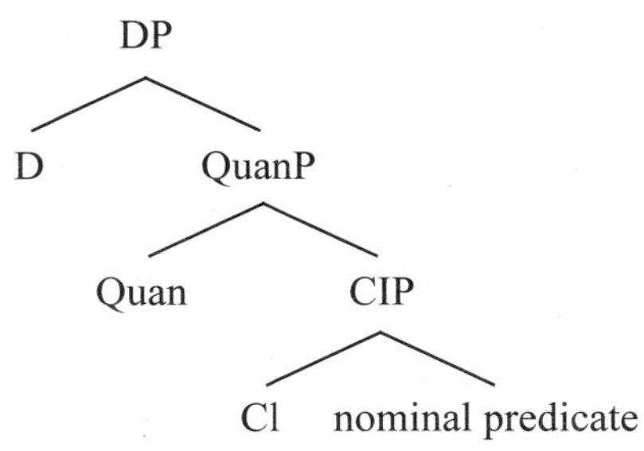

一个词组要指称现实世界中的一个实体，需要将一个谓词首先嵌入［即合并（merge）］到功能结构DP的底层，此谓词被功能核心量词［Classifier（Cl）］选择。Cl核心词的功能是将名词个体化（individuation），也即将谓词描述的性质转换成可

切分的实体。量词词组（ClP）再进一步被数量核心词［Quantity head（Quan）］选择而获得“数”的解读。D具备的是指称功能（deictic function），使功能结构所表达的实体能在现实语境中定位。

与以往研究一样（如Bach, 1986; Zacks & Tversky, 2001; van Lambalgen & Hamm, 2005），Borer也认为事件结构和名词结构内在本质是一样的，事件也需要一个功能结构来表达一个事件实体，此功能结构即事件词组［Event Phrase（EP）］。与DP结构一样，EP也是从谓词开始推导，具体如下：④

[11]

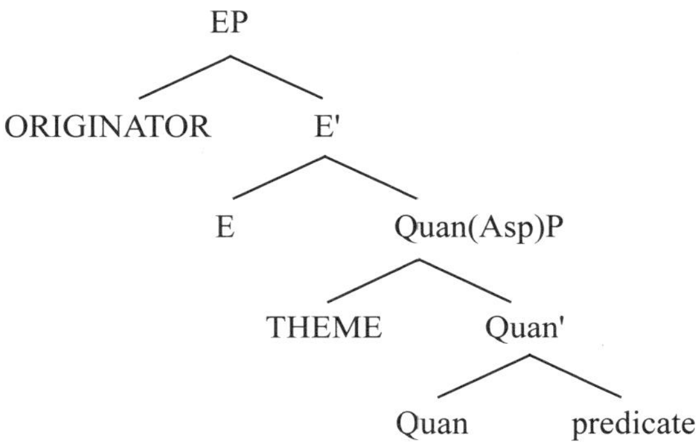

以上结构中，E对应的是DP中的D，也具备指称功能，即将表达的事件定位在具体的时间流中。EP中也具备Quan核心词，为了与DP区分，也称作aspectual head（Asp head）。这个核心词的功能也是提供数量。此外，事件的参与者，包括触发者和主旨分别位于[Spec EP]和[Spec AspP]。按照XS模式，事件之所以有终结性解读，是因为事件结构中带有“数量特征”的Asp核心词获得投射（projection），当该特征获得赋值，则获得终结性解读。⑤ 在名词结构中，“数量特征”可以通过词库中的数量词来赋值，但是在事件结构中，不一定所有语言都有专门的功能词来赋值。Borer指出不同的赋值方式会带来跨语言的差异。在英语中，EP中的数量特征主要通过“标志语”位置（specifier）与核心词位置（head）的一致性关系来赋值。具体来说，当一个具备数量特征的DP（如three apples）作为事件的主旨论元时，该DP具备的“可解性数量特征”（interpretable Quan feature）可以给Quan/Asp赋值，从而获得（终结性）解读。这是“John ate three apples in 10 minutes”（约翰10分钟内吃了三个苹果）这样的句子获得终结性的内在原因。

---

④ Borer（2005b）的EP中还包含TP，但有关事件结构的论述基本不涉及TP层面，因此Borer专著中基本没有讨论TP。本文的研究也与TP没有直接关系，为了方便讨论，我们不将TP呈现在EP中。

⑤ 按照XS模式，非终结性的事件所在的功能结构中，Asp核心词没有投射。

在某些语言中，词库中存在专门的功能词，带有可解的数量特征。比如斯拉夫语言（Slavic languages）有专门的词缀粘附在动词上，可以直接给Quan核心词赋值，而希伯来语则可以通过方位性粘着语（locative clitic）来给Quan核心词赋值。这些不同的赋值方式会带来一系列的句法特征，限于篇幅，我们在此不具体展开，可参考Borer（2005b）。[⑥] 与本文相关的要点是：这些语言中获得终结性的方式都指向一个结论，即终结性本质上是一个句法现象。按照词汇主义的模式，终结性是谓词的词汇信息所带有的信息，而这些事实也表明了词汇主义模式的终结性研究存在的问题（如Rothstein, 2004, 2008）。

尽管XS模式给出了系统的理论论证和语言实际分析，该模式在终结性问题的阐释上还存在几点问题。首先，最为直观的问题是，虽然XS强调DP和EP的内在一致性，但两者的功能结构却存在一个重要的差异：DP结构中具备切割功能的Cl核心词，但EP结构中，谓词直接和Quan核心词合并。这个表面上的差异背后是更为严重的理论问题：之所以DP中需要有Cl核心词，是因为谓词本身只提供性质的描述，并不表达实体，因此需要Cl核心词先将谓词转化为可供切分的实体才能进一步被数量核心词选择。按照此逻辑，EP结构中的谓词也需要先被转化为可供切分的事件实体才能被Quan选择合并，这样的条件在目前XS模式下的EP中并不存在。此外，和本文的研究问题最为直接相关的问题是，XS模式虽然讨论了动词意义，但没有具体讨论动词分类与终结性的具体关系，即第二小节所指出的：动词语义确实和终结性有关，但却并没有一对一的关系。我们认为这也是终结性研究往往采用词汇主义取向的重要原因，毕竟词汇语义确实在解读中起作用。假如采用生成语言学的构式理论，我们需要给出精确的理论模式，既表明产生终结性的内在机制是句法，也能明确指出词汇语义以及语境信息在哪一个层面发生作用。

❹ 一个新的解释[⑦]

4.1 基本假设

本文采纳XS模式的基本精神，对XS模式做出修正，从而提出一个修正版的事件结构的句法表征，并在此基础上分析第二小节中所列出的有待解释的现象。我们的宏观假设是，EP结构与DP结构一样，也有一个具备“切割特征”的Cl核心词。为了与DP结构区分，我们将EP中的Cl核心词标记为Division（Div）核心词。这样，EP结构大致如[12]所示：

⑥ Hu（2016, forthcoming）基于吴方言（宜兴、溧阳、武进方言）语料，指出汉语中至少某些方言在终结性方面与斯拉夫语一致，即都有一个带有数量特征的功能核心词。

⑦ 本节的分析主要基于Hu（2018）第二章的部分内容。

[12]

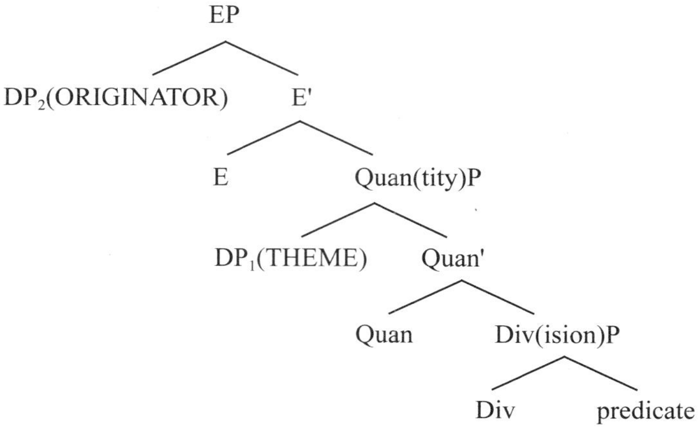

和Div以及Quan核心词相关的主要假设如下：

a. Div核心词有一个不可解的[*u*Div]特征，需要通过某种方式赋值。

b. 给[*u*Div]赋值的可解特征，即[*i*Div]特征，可以具备如下两个值：动态值和静态值。动态值和静态值对应的是DP结构中的可切割和不可切割值。

c. Quan核心词获得的[Quan]赋值最主要的功能是获得一个原子性的实体。

以上第一个假设只是将DP中有关Cl核心词的假设应用到EP结构。这样就解决了我们前文指出的XS模式的第一个理论问题，即DP和EP的非对等性。[*i*Div]特征的静态与动态值并未出现在Borer的XS模式中。对于Borer来说，DP中给Cl赋值的特征只有一个值，即可切割值。Cl并不一定投射：如果是不可数名词，则名词谓语直接与D合并。我们的解决方案是，DP和EP中的Cl/Div核心词的投射是强制性的，其首要功能是将谓词表达的属性转换为实体。除此以外，Cl/Div还具备另外一个功能，表明实体是否具备潜在的边界，具体到事件，即为事件的终点。我们采纳Rothstein（2008）的术语，认为具备边界的事件和物体即为原子性（atomic）的实体。

在EP层面，Div核心词通过赋值获得的[*i*Div]特征也同样将谓词所表达的特质描述转换为实体（抽象的事件实体）；与DP的情况一样，[*i*Div]特征也具备明确实体是否可转化为原子性（即终结性）的两个值，其中动态值表明该事件可以进一步转化为原子性（终结性）事件；静态值表明该事件不具备进一步获得原子性的潜质。按照这样的分析，DP结构与EP结构得以完全的对应：可数名词的功能结构对应的是获得动态值的EP结构，与包含数量词的DP对应的是终结性的EP。

4.2　终结性、动词分类与语境信息

我们已经回答了第二小节中的第一个研究问题：事件的终结性本身是通过合并、赋值驱动的句法推导的结果。接下来我们要回答的两个问题涉及终结性与词汇、语境信息发生联系的内在机制。根据我们的理论框架，终结性之所以与动词语义甚至语境信息有关系，内在的原因在于最简方案中的界面条件（interface conditions）。最简方案（Chomsky, 1995, 2000）的一个核心假设是，人类语言机制是一个最优设计（optimal design），可以满足界面合法条件（interface legibility conditions）。句法运算生成的表征能够被普遍的认知机制所处理，只有这样，才能保证大脑的其他机制可以解读语言机制产生的语言形式，从而能够“将语言用作思维和行动的指令”（Chomsky, 2000:91, 94）。Chomsky（2000）指出，界面合法条件的内容之一是，句法产生的语义必须可以被“概念–意向系统”（Conceptual-Intentional systems, C-I systems）所处理，其中必然包括被长期记忆储存的有关现实世界的知识。根据最简方案的这个核心假设，我们可以归纳出如下的“界面合法条件”。

[13] 界面合法条件
句法运算产生的语义必须与人类现实世界的知识相互兼容。

现实世界的知识包括两类：一类是百科知识，词汇语义即属于此类知识（Marantz, 2007; Borer, 2013）；另外一类是语境信息。词汇语义和语境信息与事件终结性的关系可以归纳如下：

[14] 词汇语义、语境影响终结性的内在机制
a. 在句法运算的层面，所有谓词都可以通过合并进入获得动态[*i*Div]值的EP结构。
b. 当数量核心词Quan的不可解数量特征[*u*Quan]获得赋值推导出终结性解读，谓词语义必须与此解读兼容；当谓词语义不足以兼容终结性解读，需获得语境信息的支持。

以上机制的核心要点是，由句法运算产生的信息，首先必须由特征赋值予以满足，其次必须在界面层面与世界知识兼容。本质上来说，终结性的解读来自与词汇语义无关的句法操作，所以理想状态下，只要[Quan]特征获得赋值，任何动词都应该可以出现在终结性事件中；假如QuanP没有在句法操作中投射，则任何动词都无法带来终结性解读。这和本文第二节的描述一致。在实际语料中，动词与终结性的兼容性存在差异，语用信息也会发生作用，其内在原因即为[14b]。此时的关键点在于，什么样的动词语义或者语境信息可以与终结性解读兼容。终结性的语义特征是原子性，即一个事件在时间流内的终点能够获得表达。因此，无论是词汇语义还是语境信息，关键是需要提供潜在的事件终点。这里我们需要注意的是，词汇或者语境信息提供潜在的终点并不确保终结性解读。这是因为终结性解读首先需要在句法上获得推导，即Quan的数量特征获得赋值。在此情况下词汇语义或者语境信息与此语义要求兼容即可。

完成动词、达成动词的语义都具备和终点相关的词汇语义信息。根据世界知识，

此类动作带有潜在终点（potential culmination point）。因此一旦完成动词所在的EP结构中的[*u*Quan]特征获得赋值，其推导出的终结性就可以获得完成动词语义的支持。相反，如果Quan核心词在EP结构中没有得到投射，则句法推导阻止了终结性语义的出现。我们以下面句子为例：

[15] a. John ate three apples in one hour.
（约翰一小时内吃了三个苹果。）
b. John ate apples for hours/* in an hour.
（约翰吃苹果吃了几个小时）

[15a]中而数量名词“three apples”可以给[*u*Quan]特征赋值，带来终结性的语义。而这个句法推导得到的语义在C-I界面与完成动词“eat”的词汇语义兼容，因为表达“吃”的事件（eating event）具备一个潜在的终点，即食物最后一口被吃完。[15b]中，在[Spec QuanP]位置的DP“apples”不带有可解的数量特征，因此无法给Quan核心词赋值，这是为什么此句无法带有终结性事件的修饰语“in an hour”（一小时内）。

与完成动词不同，达成动词的词汇语义信息是一个瞬间性的动作，并且此类词汇语义包含了潜在终点的信息。

活动动词和完成动词一样，词汇语义表达的是一个有时间延展性的动作。与完成动词不同的是，此类动作并不隐含任何潜在的终点。正是因为如此，即使有数量名词在[Spec QuanP]位置，依然很难表达终结性：

[16] *John pushed three carts in five minutes.

在此情况下，需要求助于语境信息：如果语境信息能够让语言使用者明确事件的终点，则此句依然可以被接受。前文[7]中的语境正是起到了这个作用。此处我们需要强调，语境信息并不能随意影响语法性。语境信息可以介入语法性的机制之一是：在C-I界面，语境信息可以让句法推导获得的语义被世界知识所接受（accessible）。本质上来说，语境信息和词汇信息的介入机制是一致的，都是在C-I界面给句法推导出的语义提供支持。

最后，我们讨论状态谓语。状态动词的特点类似于不可数名词，表达的是同质性的静态状态事件，因此很难获得终点信息，一般情况下，此类动词所提供的[*i*Div]值为静态值，因此这类动词所处的DivP无法与Quan核心词合并。这也解释了为什么一般情况下此类动词只能出现在非终结性句子中。⑧

⑧ 英语中，状态动词如“love”也会出现在终结性事件中，如“John loved Mary in 5 minutes”（约翰五分钟内就爱上了玛丽）。我们认为，此时动词“love”的语义受到压制成为动态动词［即“fall in love with（爱上）”］。有关生成构式理论下的动词语义压制问题，可参考Borer（2005b）、Hu（2018）。

至此，我们已经解答第二小节的另外两个研究问题：动词种类影响终结性的机制是什么？语用因素如何介入终结性的解读？根据本文的分析，词汇意义和语境信息都是对句法推导所获得的解读的语义支持，以确保句法推导的结果在C-I界面层面上能够被兼容。之所以动词种类不能直接决定终结性，是因为终结性本质上是句法推导的结果，因此首先要确保功能结构中的数量特征获得赋值，如果此前提不满足，则完成和达成动词也不能表达终结性事件。

4.3 理论探讨：界面条件与句法研究

学界对生成语言学的一个普遍认识是，该领域的研究往往只关注语法的内在结构，而本文的论述则涉及词汇语义、百科知识、语境信息，似乎偏离了生成语言学的主流。这个议题的讨论也是本文的初衷之一。正如本文以及本专栏其他文章所论及，生成语言学宏观的语言架构中存在句法运算与普遍认知体系的接口，即概念－意向界面（Conceptual-Intentional Interface），而句法运算本身只包含非常有限的内容，主要是合并与特征赋值。乔姆斯基（Chomsky, 2013）最新的标签算法理论，也是基于界面要求，即句法运算的结果需要产生在C-I界面可被解读的标签。从这个角度来看，将词汇语义与语用信息归为句法外的信息，看作是满足界面条件的因素，既是生成构式理论的必然要求，也符合生成语言学最新的理论取向。

与此精神相关的另外一个理论取向是对功能词语义的假设。一般来说，功能词带有句法特征和语义特征，语义特征抽象并且基本是固定的。而Marantz（2013b）以及Wood和Marantz（2017）则指出，在句法运算中，功能词只具备非常抽象且不明确的语义特征，其最终的语义特征需要根据句法环境而定。按照这个假设的基本逻辑，功能词的具体语义也可能受到外部世界知识、语用信息的影响。在目前的句法理论框架下，功能词是句法运算的基石，功能词的语义如果也受界面条件的影响，则会对形态与词组层面的研究都产生重大影响。需要指出的是，虽然这类研究遵循的是生成语言学最新的基本精神，但与之相配套的理论构建尚不完善。从这个角度来看，本文的研究是抛砖引玉，以一个具体的研究假设为基础，展示生成语言学潜在的一个研究领域。笔者期待中国学者在这方面做出开创性的成果，并对诸多汉语语法现象做出新的解读。

5 结语

本文以动词分类与终结性事件的关系为切入点，分析句法、词汇语义与语境信息通过何种机制产生终结性解读。这个机制的核心在于最简方案下的C-I界面条件，即句法推导获得的语义必须与普遍认知系统兼容。为满足此要求，句法推导出的终结性意义需要获得句法外的词汇信息和语境信息的支持。完成和达成动词之所以最容易出现在终结性句子中，是因为此类动词的词汇信息包含事件潜在的终点，可以和句法推导出的终结性解读兼容；动态动词的词汇信息不包含潜在终点的信息，需要额外的语境支持。状态谓词一般表达的是静态意义，因此即使有语境信息也很难与终结性兼容。限于篇幅，本文分析的语料主要集中在英语，有关本文假设的进一步扩展以及对跨语言研究的应用，可参考Hu(forthcoming)。

界面条件与生成构式理论的结合是本文的主要模式。笔者希望，本文的研究不仅仅介绍笔者对终结性的看法，也能够引起国内生成学者对这个模式的兴趣，继而在理论创新和实际语言问题的研究上做出中国学者的贡献。

参考文献

- Bach, E. 1986. The algebra of events. *Linguistics and Philosophy* 9: 5-16.
- Borer, H. 2005a. *Structuring Sense. Volume 1. In Name Only*. Oxford: Oxford University Press.
- Borer, H. 2005b. *Structuring Sense. Volume 2. The Normal Course of Events.* Oxford: Oxford University Press.
- Borer, H. 2013. *Structuring Sense. Volume 3. Taking Form.* Oxford: Oxford University Press.
- Chomsky, N. 1981. *Lectures on Government and Binding: The Pisa Lectures*. Holland: Foris Publications.
- Chomsky, N. 1982. *Some Concepts and Consequences of the Theory of Government and Binding*. Cambridge, MA: MIT Press.
- Chomsky, N. 1995. *The Minimalist Program.* Cambridge, MA: MIT Press.
- Chomsky, N. 2000. Minimalist inquiries: The framework. In D. M. Martin & J. Uriagereka (eds.), *Step by Step: Essays on Minimalist Syntax in Honor of Howard Lasnik*. Cambridge, Mass: MIT Press. 89-155.
- Chomsky, N. 2005. Three factors in language design. *Linguistic Inquiry* 36: 1-22.
- Chomsky, N. 2013. Problems of projection. *Lingua* 130: 33-49.
- Dowty, D. 1991. Thematic proto-roles and argument selection. *Language* 67: 547-619.
- Filip, H. 1997. Integrating telicity, aspect and NP semantics: The role of thematic structure. In J. Toman (ed.), *Formal Approaches to Slavic Linguistics, Volume III. The College Park Meeting 1994.* Ann Arbor Michigan Slavic Publications. 61-96.
- Filip, H. & Rothstein, S. 2005. Telicity as a semantic parameter. In J. Lavine, S. Franks, H. Filip & M. Tesseva-Kurktchieva (eds.), *Formal Approaches to Slavic Linguistics (=FASL) XIV: The Princeton Meeting*. Ann Arbor, MI: University of Michigan Slavic Publications. 139-156.
- Goldberg, A. 1995. *Constructions: A Construction Grammar Approach to Argument Structure*. Chicago: Chicago University Press.

❑ Halle, M. & Marantz, A. 1993. Distributed Morphology and the pieces of inflection. In K. Hale & S. J. Keyser (eds.), *The View from Building 20*. Cambridge, MA: MIT Press. 111-176.

❑ Hu, X. 2016. The syntax of inner aspect and the nature of verbal *le* in Chinese. Handout presented at The 24th Conference of International Association of Chinese Linguistics, BLCU, Beijing, China. July, 2016.

❑ Hu, X. 2018. *Encoding Events: Functional Structure and Variation*. Oxford: Oxford University Press.

❑ Hu, X. forthcoming. Functional items, lexical meaning and telicity: A parameter hierarchy based approach to the parameters of telicity. In A. Barany et al. (eds.), *Clausal Architecture and Its Consequences. Synchronic and Diachronic Perspectives*. Berlin: Language Science Press.

❑ Higginbotham, J. 2000. On the representation of telicity. MS., Oxford University.

❑ Kiparsky, P. 1998. Partitive case and aspect. In W. Greuder & M. Butt (eds), *The Projection of Arguments*. Stanford, CA: Center for the Study of Language and Information. 265-307.

❑ Krifka, M. 1989. Nominal reference, temporal constitution, and quantification in event semantics. In B. Renate, J. van Bentham & P. van Emde Boas (eds.), *Semantics and Contextual Expressions*. Dordrecht: Foris. 75-115.

❑ Krifka, M. 1992. Thematic relations as links between nominal reference and temporal constitution. In I. Sag & A. Szabolsci (eds.), *Lexical Matters*. Stanford, CA: CSLI Publications. 29-53.

❑ Krifka, M. 1998. The origins of telicity. In S. Rothstein (ed.), *Events and Grammar*. Dordrecht: Kluwer.197-235.

❑ Levin, B. 1993. *English Verb Classes and Alternations*. Chicago: University of Chicago Press.

❑ Levin, B. & Rappaport Hovav, M. 2005. *Argument Realisation*. Cambridge: Cambridge University Press.

❑ MacDonald, J. 2008. *The Syntactic Nature of Inner Aspect*. Amsterdam: John Benjamins.

❑ Marantz, A. 1997. No escape from syntax: Don't try morphological analysis in the privacy of your own lexicon. *University of Pennsylvania Working Papers in Linguistics* 4: 201-225.

❑ Marantz, A. 2007. Phases and words. In S-H Choe (ed.), *Phases in the Theory of Grammar*. Seoul: Dong In. 191-222.

❑ Marantz, A. 2013a. Verbal argument structure: Events and participants. *Lingua* 130: 152-168.

❑ Marantz, A. 2013b. Locality domains for contextual allomorphy across the interfaces. In

O. Matushasky & A. Marantz (eds.), *Distributed Morphology Today*. Cambridge, MA: MIT Press. 95-116.

- Ramchand, G. 2008. *Verb Meaning and the Lexicon*. Oxford: Oxford University Press.
- Rothstein, S. 2004. *Structuring of Events: A Study in the Semantics of Lexical Aspect*. Oxford: Blackwell Publishing.
- Rothstein, S. 2008. Telicity, atomicity and the Vendler classification of verbs. In S. Rothstein (ed.), *Theoretical and Crosslinguistic Approaches to the Semantics of Aspect*. Amsterdam: Benjamins. 43-77.
- Tenny, C. 1987. *Grammaticalizing Aspect and Affectednes*. Doctoral dissertation, MIT.
- Tenny, C. 1994. *Aspectual Roles and the Syntax-Semantics Interface*. Dordrecht: Kluwer.
- Thompson, E. 2006. The structure of bounded events. *Linguistic Inquiry* 37(2): 211-228.
- Travis, L. 2010. *Inner Aspect*. New York: Springer.
- van Lambalgen, M. & Hamm, F. 2005. *Proper Treatment of Event*. Oxford: Blackwell Publishing.
- Vendler, Z. 1957. Verbs and times. *Philosophical Review* 56: 143-60.
- Verkuyl, H. J. 1972. *On the Compositional Nature of the Aspect*. Dordrecht: Reidel.
- Verkuyl, H. J. 1993. *A Theory of Aspectuality. The Interaction between Temporal and Atemporal Structure*. Cambridge: Cambridge University Press.
- Wood J. & Marantz, A. 2017. The interpretation of external arguments. In R. D'Alessandro, I. Franco, & Á. J. Gallego (eds.), *The Verbal Domain*. Oxford: Oxford University Press. 255-278.
- Zacks, J. Z. & Tversky, B. 2001. Event structure in perception and cognition. *Psychological Bulletin* 127 (1): 3-21.

Telicity at the Syntax-Lexical Semantics Interface — A Generative Constructive Model Based Approach

Abstract: Based on Borer's (2005b) Exo-Skeletal (XS) Model, a constructivist approach within the framework of generative syntax, this paper attempts to develop a model of the functional structure of events, which serves as the foundation for the exploration of the underlying mechanism of syntax-lexical semantics interface that determines the interpretation of telicity. It is argued that telicity in nature is the result of syntactic derivation, achieved via the valuation of the quantity feature in the functional structure of the event. Lexical and pragmatic information can affect telic interpretation due to the requirement of the Conceptual-Intentional Interface (C-I) Condition in Minimalism: The semantics of telicity derived from narrow syntax should be supported at the C-I interface by syntax-external information, including lexical and pragmatic information. The lexical meaning of accomplishment and achievement verbs includes the potential end point and thus can provide such support, while state and activity verbs lack such lexical information, requiring further support from pragmatic information.

Key words: event structure; telicity; syntax-lexical semantics interface; generative constructivist approach

（责任编辑：郑芳华）

句法构词理论中的语素和词

浙江大学　程　工*

[提　要]　近年来，句法构词理论在生成语法中得到了越来越多的支持，逐渐成为主流理论的一部分。本文介绍该理论的一项基础建设，即对语素和词两个核心概念的改造。按照改造后的理论，语素仅指在句法树形图中可以充当终端的成分，是句法操作的最小成分；词则是句法推导的最小成品，词的组合与诠释机制与短语相同。新的定义消除了概念上的冗余，在经验上更加合理，也为单引擎论，即句法规则同时负责词内和句内结构的生成，提供了坚实的基础。

[关键词]　语素；词；句法构词；分布式形态学

❶ 引言

近期生成语法最重大的突破之一，发生在对传统所称“词”（更技术性的表达是“词项”）的认识和分析上，出现了以句法构词为核心的一整套理论构想和分析技术。这一思想以分布式形态学为代表，同时包括一些主旨相似的其他理论，① 其最核心的主张常称“单引擎论”，即句内和词内的层级结构均由句法生成。这就与传统上的把结构组合分为形态（词库）和句法两个部门的观念形成了决裂（参看程工、李海，2016）。Bruening（2014:364）对此做了很好的表述：“简洁性的追求决定了当其他因素相等时，只有一个生成部门的理论比有两个的更优越。既然独立的句法模块不可或缺，我们就应当去掉基本上复制句法的词库。”不仅如此，单引擎理论还与最简方案的理论目标更为接近，更加符合生物语言学的一般原理，同时也为化解众多的经验问题提供了新的策略（参看Marantz, 1997；程工，2018及所引文献）。

科学研究中很多重大的突破往往伴随着对既有概念的改造，构词理论也不例外。

---

*　作者简介：程工，浙江大学外语学院教授、博士生导师。研究方向：语言结构比较。Email：chenggong@zju.edu.cn。通信地址：310058杭州市西湖区浙江大学紫金港校区东5-405室。
本文受国家社科基金项目“基于汉语语料的词结构生成机制研究”（17BYY001）和浙江省哲学社会科学重大课题“语言共性的多视角研究”（19YSXK01ZD）资助。撰写过程中得到张立飞、杨炎华、杨彤、胡叶浩等人帮助，特致谢忱。

① 这些其他的理论包括Borer（2005）的外骨架理论、Starke（2009）的纳米句法等。

在笔者看来，对“语素”以及相关联的“词”这两个概念的改造是句法构词理论中极为关键的环节，对新体系起到了支撑作用。不过，改造后的概念较难为其他理论的学者所理解。有鉴于此，本文主要依托分布式形态学，集中讨论语素和词这对概念内涵的变迁。

2 语素和词的传统定义

词和语素这两个概念对句法构词理论至关重要，因为它们关涉当代语言学的一个重要课题，即句法的起点是什么？这个问题还有多种表达，如：句法可以操作的最小对象是什么？句法计算的原子是什么？或者更通俗地说：造句的最小单位是什么？

上述问题目前有两个可能的答案：词和语素。众所周知，词是造句原料这一观点在西方传统语言研究中由来已久，甚至无人质疑。然而，在现代语言学中，特别是在跨语言比较研究中，人们意识到，词这个概念有若干难以克服的缺陷，其中之一是它脱胎于日常用语，基本不可定义。一如Aronoff 和 Fudeman（2005:33）所言：“有诸多尝试对词进行定义，但没有一个是完全令人满意的。学者们对此已有深刻认识。”为此，目前通行的方法是把词分为语法词、音韵词、语义词等，分门别类加以定义，但是这依然不能达到理想的效果（Packard, 2003）。不过，词在定义上的困难并不意味这个概念没有价值。事实上，自Sapir（1921）以来，很多研究都证实词在很多语言中具有心理现实性（Booij, 2007; Julien, 2006），在汉语中也不例外（Hoosain, 1992；张珊珊等，2006），说明词确有其他单位（如短语）所不具有的一些特性。

与词不同，语素是迟至19世纪后叶才提出的一个概念，被定义为“最小的有意义的成分”（参看Spencer, 1991; Katamba, 1993）。② 这个概念把对语言单位的分析引入到了词的内部，找到了传统上的词根和词缀的共同点。例如，disagreements这个词包含前缀dis-，词根agree，派生性后缀-ment和屈折性后缀-s，这4个单位的共同特点是具有意义，即都是语素。其中，词根agree可以独立使用，称为自由语素，词缀则必须依附于其他语素，称为粘着语素。语素概念的提出具有极为重要的意义。首先，它破除了词的原子地位，取代后者成为语言中不可再分的单位。其次，它消除了词概念的模糊性，是一个基于科学规范的、相对清晰的概念。可以说，语素概念是现代语言学最重要的发现之一，被寄予了厚望，也被倾注了极大关注。在结构主义语言学中，一个相当普遍的观点是：语言成分最终都可以被分解为语素，“语言应该完全由语素及其安排构成”（Aronoff & Volpe, 2006: 275）。当时的直接成分分析，对句子的分析就是以语素为终点的。沿这一观点往前跨一小步，就可以把语素认定

② 语素概念最早由波兰学者Jan Baudouin de Courtenay在19世纪80年代提出，但当时未被索绪尔等欧洲学者接受，后因美国结构描写主义学派特别是Bloomfield的重视而得到广泛采用和推广。

为造句的最小单位。

然而，结构主义者并没有做出这样的选择，而是采取了把语素和词同时列为原子性成分的做法。具体而言，他们把语法分成了两个模块，一个称为形态，以语素为原子形成词内结构，另一个称为句法，以词为原子构建句子结构。Bloomfield（1926：156）还依托上述的语素概念，为词赋予了一个正式的定义，即“最小的自由语素”，那些不能独立使用的粘着语素则不构成词。③也就是说，多少有点儿讽刺意味的是，语素概念的提出导致了语法体系的复杂化，形成了两个（生成）系统——形态和句法，语言单位也增加到了四个层级——语素、词、短语和句子。④

结构主义者采用这样的架构，是在发现程序指导下的产物，目的是在语音流中切分出语素，所以定义得比较具体。实际上，他们对语素和词的定义是相互参照的：两者都被定义为声音和意义的结合体（即都具有符号性），并都有语法特性，如语类、可数性等。从当代的眼光看，他们对语素和词的理解有明显缺陷，在定义上也犯了方向性错误。

先看语素，至少以下特性是“最小的有意义的单位”这一界定无法涵盖的：

第一，意义上不确定。研究者很早就注意到，很多语素没有意义，至少没有确定的意义。例如，英语单词pre-fer, in-fer, de-fer, con-fer, trans-fer, re-fer中的*-fer*，per-mit, re-mit, com-mit, ad-mit中的*-mit*等，符合语素的语音特征，但意义上没有同一性。至于著名的“独特语素”，如下列词语中的斜体部分，*cran*-berry（蔓越莓），*rasp*-berry（树莓），*logan*-berry（洛根莓），更是自身没有意义，只起区分概念的作用。有些情况下，语素的意义与其所组合出的词义有严重偏离，例如revolve（旋转）和后缀-tion组合的结果revolution意为“革命”。trans与mission的组合transmission形成两种意义—“传送”和“离合器”，前者符合语素意义的组合，后者则无法从语素中推导出来。Bloomfield等人察觉到了以意义鉴别语素的困难，于是在实际操作中往往把语音作为界定语素的标准。他（Bloomfield, 1933: 162）说：“既然每个复杂形式都完全由语素组成，那么语素的完整清单可以说明一种语言中所有的**语音**形式。”⑤可见，Bloomfield的语素概念不够自洽，前后不一。

第二，语音上也不确定。至少表现在三个方面：其一，有意义而无语音的语素（即零语素）很多，如英语中，cook（烹饪、厨师），guide（引导、导游），study（书房、学习）等词的名词与动词形式一样，但意义并不一致；其二，有语音而无意义的语素（即空语素）也很多，如dram-*at*-ic（戏剧性的），metr-ic-*al*（格律的），syntact-ic-*al*（句法的）中的斜体部分；其三，意义和语音不对称的现象也不胜枚举，有时候是一个语音表示多种意义（如-*ing*既是动名词也是进行体的标记），也有时候是一个

---

③ 限于篇幅，本文不能详细讨论形态和句法的区别，以及为什么词是句法原子等问题，有兴趣的读者可参看Di Sciullo & Williams（1987）。

④ 相关定义和分工被汉语学者普遍接受（如朱德熙，2003：11）。黄伯荣、廖序东（2008：219）表达了这个意思：“在词的定义中，用能否‘独立运用’（单说单用）来区分语素和词，用是不是‘最小的’（不能扩展）来区分词和短语。”

⑤ 粗体为笔者所加。

意义有多个语音实现［如runn*er*（跑步者），stand*ee*（站立乘客），correspond*ent*（记者）等词的斜体部分］。此外，语素还存在音位变体现象，既有音系决定的，也有形态决定的，有的语素变体甚至达到语音形式完全或几乎完全不同的程度，即所谓的异干互补（suppletion），如go（去－原型）~went（去－过去式），good（好）~better（更好）等词中的情况。Veselinova（2006）和Harley（2014）等提供了大量的跨语言证据，表明异干互补现象的普遍性。因此，以语音为基础鉴别语素也是行不通的（参看Beard, 1995）。

第三，词根没有语法特性。在大量研究的基础上，目前研究者普遍感到，语素中的词根在语法方面可塑性极高，一般只能在具体的语法环境下才能体现出具体的语法特性。例如，Borer（2005）指出，英语中的stone（石头），既可做可数名词[1a]，也可做不可数名词[1b]，甚至可做动词使用[1c]：

[1] a. I've got a stone in my hand.（我手里有一块石头。）
b. There's too much stone and metal in this room.（房间里石头和金属太多了。）
c. They want to stone this man.（他们想要用石头砸那个男人。）

词根没有语法特性在闪含语言中表现得尤为突出。例如，希伯来语词根š-m-n在不同的模式中可以构成名词*šemen*“油脂”、动词*hišmin*“变胖、变肥”、形容词*šamen*“胖、肥”。[⑥] 其实，英语的情况也基本如此，如词根electr-在不同词缀的作用下，可以分别产生名词（electron）、形容词（electric）和动词（electrify）。[⑦]

综上，语素无论在意义和语音上均具有不确定性，其中的词根还不具有语法特性。这些性质在结构主义学者对语素的定义中都没有得到应有的反映。

正因为结构主义参照词来定义语素，所以两个概念有不小的重叠和冗余，一个体现就是：词可以是语素，只要自由即可。为此，汉语研究有“成词语素”（如“人、狗、书”等）与“不成词语素”（如“民、伟、丰”）的区别，印欧语研究则有“单语素词”和“多语素词”的区别，反映了两个概念之间的纠缠。重叠和冗余是科学定义中的一种缺陷，更何况自由/粘着的对立是基于形态特性的，与意义没有必然联系，这就使得对词的界定有循环定义之嫌（参看Julien, 2006）。例如，标识英语比较级的语素就既可能是自由的，也可能是粘着的，前者构成分析式（如more intelligent，更聪明），后者构成综合式（smart-er，更聪明）。按照结构主义的定义，more是词，-er是（不成词）语素。然而，两者在意义和句法上没有本质差别，因此这种区分没有太大意义（参看Embick & Noyer, 2001）。经验上，自由/粘着的对立无法把语素和词无歧地、自然地区别开来，从而在分析中始终如一地加以贯彻。例如，汉语中“的、了、吧、啊”等结构助词，不能独立运用，却也很难认定其依附的单

⑥ 改编自Arad（2003: 743），原例（6）。
⑦ 有关词根不含语法特性的问题，文献中有充分讨论，限于篇幅在此不能展开，可参考程工、李海（2016）及其所引文献。

位，是词还是语素难以明断。

其实，把词定义为最小的自由语素并不合理，至少复合词就可能包含两个乃至更多的自由语素。正如Julien（2006: 620）指出的那样，词最突出的特点其实是不可分离性，又称内部凝聚性，即其内部不可以插入任何外部成分。例如，“饭”和“碗”是两个自由语素，但构成一个复合词“饭碗”之后，中间不能插入任何成分（*饭小碗、*饭铁碗）。此外，相比于短语，词的能产性相对较弱，并且经常表现出不可预测的非组合意义。值得强调的是，这些特性的存在固然需要解释，但却并不意味着有必要把词认定为造句的原始单位，或定义为语素的一种。

综上，结构主义语言学对语素和词的定义存在颇多问题，没有抓住这两个概念的本质特性，也没有表征出两者的差异，反而使得两者之间存在重叠和冗余，导致分析中不能有效自然地把词和其他单位区分开来。换言之，把语素定义为最小的有意义的单位，词定义为最小的自由语素，在理论上不够合理，在分析中也难以贯彻。

对于句法构词理论而言，结构主义者对语素的定义还有一个无法接受的后果，即：语素如果是最小的意义单位，就不可能成为最小的造句单位。了解生成语法的人知道，最早期的生成语法（Chomsky, 1957）在很大程度上就是一种单引擎理论，与当代的句法构词理论颇为相似。当时的尝试之所以流产，一条重要的原因是它没有跳出结构主义语法的藩篱，而是在原有根基上建成了新的大厦。后来，Chomsky（1970）放弃单引擎理论，重拾结构主义对形态与句法的分野，所给出的原因之一就是两者在意义上的不同。[⑧] 这表明，不重新审视传统概念，句法构词理论是无法成功、不可持续的。

❸ 语素和词的新定义

当代句法构词理论放弃了以意义为基础的语素概念，也不再认为它是集意义、语音和语法特性为一体的单位。在分布式形态学中，语素“仅指句法（或形态）的终端节点及其内容，不指该终端的音系表达”（Harley & Noyer, 1999:4）。换言之，分布式形态学仅凭句法属性定义语素，不考虑其语义和音系特点，把能否担任句法终端视为界定语素的唯一标准。因此，新体系中的语素不再具有符号性，只是句法计算可以使用的一个标符（symbol）。

语素分两个种类：第一种是词根，一般用√标记，如“√猫，√踢，√美”等，它们被认为是完全不具备语法特性的。目前，一个得到广泛认同的看法是：词根的功能不是传达信息、表达意义，而是把概念区分开来。它就像标签或地址一样，目的只是为了建立一个与众不同的身份（identity）。为此，词根或多或少包含一定的音系和语义信息，以实现身份的建立（Borer, 2009）。Acquaviva（2009: 17）指出，词根的“作用是区别性的，而不是实质性的，一如‘*he*$_1$ *likes broccoli, but he*$_2$ *doesn't*’

⑧ Chomsky（1970）所举的另外两个原因涉及能产性和分布，详见原文。

（他$_1$喜欢西兰花，但是他$_2$不喜欢）这句话中的标签1和2一样。”Embick（2015: 8）也说：“词根拥有一个独一无二的辨认标签有时是必要的。当两个词根同音异义时，这类标签的必要性是最清晰的。例如，金融机构‘bank’和河岸‘bank’的底层词根具有相同的音系底层形式，但却是两个不同的词根。用数字做标签的话，这两个词根除了音系式之外，可以被标志为比如√BANK$_{254}$和√BANK$_{879}$。”

第二种语素是功能语素，也称抽象语素，是语法特征（如时态或数）的丛集，无语音内容，成员是封闭性的。功能语素中包含一组定类语素，标记为v, n, a等，负责向词根指派动、名、形等语类。

这样，对于上文提到的“句法的起点是什么？”这个问题，当代句法构词理论的答案就显而易见了，就是语素。换句话说，语素是句法计算可见的最小单位。

至于词，句法构词理论的基本看法是：词是句法推导的结果，而不是起点。词跟短语生成的机制和地点相同，其结构可用常规的树形图表示，因此没有特殊的结构地位，不构成语言层级的一环。在分布式形态学中，狭义句法只涉及对语素的推导。在后句法阶段，当表达式进入诠释系统时，另外两份列表进入系统。一份称“词汇表（vocabulary）”，由语素的语音形式和插入条件构成，负责为它们提供音系内容。这种句法特征操作在前，音系内容在句法推导结束后（即在句法向音系式的映射途中）才与之匹配的分析技术，称为“迟后填音（late insertion）”。另一份称“百科表（encyclopedia）”，位于概念接口的终端，负责表征词根的个体性语义信息，形成最终的意义诠释。分布式形态学跟其他理论的重要差异之一是，它把非组合意义统称为“习语”意义，而且认为其不止存在于词里。小于词的语素（如词根√猫）或大于词的单位（如短语kick the bucket“死”）都可能有习语意义。百科表对常规意义和习语意义均进行表征和诠释。这意味着习语意义不是跟句法结构同时生成的，而是在接口中由百科表赋予的。下图显示了这个过程（改编自Marantz, 1997: 2）。

[2]　分布式形态学的三份列表

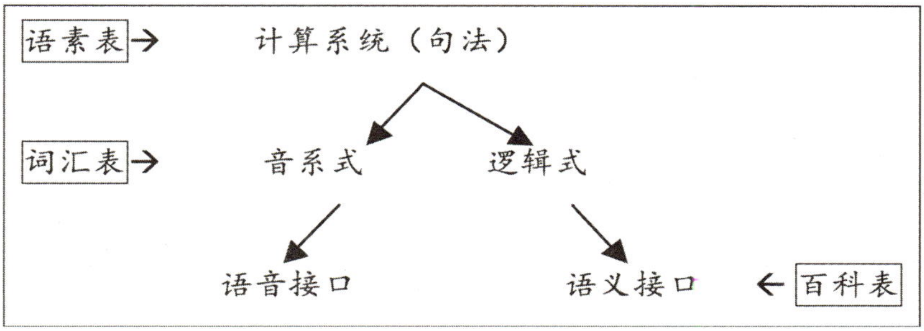

当这三份列表都被赋予某个表达式时，就形成了词。需要注意的是，[2]不是为构词专门设计的，而与语法的整体架构完全相同。在这个意义上，“语言是一个以句法为中介的音义匹配系统”这一著名断言，对词同样适用。

那么，词与传统意义上的短语有什么区别呢？正如上文所言，两者最突出的区别在于词有不可分离性，且能产性相对较弱，并经常关联非组合意义。对此，近年来很多学者运用局部区域限制，特别是最简方案中的语段（phase）概念来分析、解释词不同于短语的各种特性。基本思路是：功能语素（含定类语素）的引入会形成一个局部区域，即语段，触发其组合向接口的推送，从而获得一个固定的语义和音系诠释。由于语段的作用，越靠近词根的区域越体现词的特性，即不可分离性、弱能产性和非组合意义等；离词根越远的区域则越可能表现出短语的特性，如可分离性、强能产性和组合意义等（参看Marantz, 2000, 2007）。

在句法向音系式推导过程中，有一系列形态操作，可以对该句法结构做出调整，导致一些有限的偏离。例如，一些句法中不存在的语素，如一致（agreement）和格（case），可能被添加。属于不同终端节点的特征可能被融合为一个词汇项，同一终端节点也可能被分裂为一个以上的词汇项。此外，形态移位也可能对相邻成分的位置进行调整，如把时态语素（T）下降到距离最近的动词上，或对形容词比较级/最高级语素进行局部变位，使之附着于形容词的尾部，如-er smart → smarter（更聪明），-est smart → smartest（最聪明）。

按照上面的思路，词是语言中最小的集句法、语义和语音特征为一体的语言单位，包含至少一个由定类语素定义的语段。除去有限的形态调整之外，词跟短语一样，都是句法操作的结果，没有任何特殊的地点（如词库）或特殊的模块（如形态）是专用于构词的。

❹ 讨论与结语

以上，我们分析了结构主义语法对语素和词的定义方面存在的弊端，介绍了当代句法构词理论对这两个概念的改造。我们认为，尽管有不少问题有待化解，很多领域有待探索，但有充分的理由相信，当代句法构词理论对这两个概念的定义要优越得多。

从概念角度看，改造后的定义清除了冗余和重叠。按照新的定义，语素只有句法属性，即是可以担任句法终端的成分，是句法操作可见的最小单位。其语义和语音特性移交给了语法的诠释系统。与此不同，词是具备句法、语义和语音等所有语言特性的成分，是句法操作的最小成品。它至少包含两个语素，如一个词根和一个定类语素。在这个意义上，语素和词毫无重叠之处：词是一种（特殊的）短语，而语素永远不是。语素没有成词语素与不成词语素之分，词也没有单语素词和多语素词之别。

语素和词的功能也有了明确的分工，前者是区别性的，用于区别概念、建立身份；后者是实质性的，具有完备的物质载体（声音或手势），可用于包括思维和交际等在内的各种目的。因此，可以说词是语言使用的最小单位，语言交流的基本单元。

语素和词的来源也有了区别，前者由列表提供，后者由语法推导而成。在这个意义上，语言中真正需要记忆的是语素，以及与之关联的、为其提供语音实现的词汇表和语义内容的百科表。词则跟短语一样，由句法规则推导而出，不是储存于记忆之中的。

不仅如此，语素内部的冗余也被清除。词根语素没有任何语法信息，在插入时没有竞争，而功能语素没有任何语音内容，只有语法特征，经常出现几个词汇项竞争插入同一终端节点的情形，只有赋值与终端节点相符度最高的那个语素才能胜出（参看Halle & Marantz, 1994）。

从经验角度看，当代构词理论的定义更加符合事实。除了上节提到的语素在意义和语音上的不确定性等特性，特别值得一提的有以下几点。首先，语素的功能是区别性而不是实质性的这个判断，在很多语言都能找到坚实的事实基础。英语中所存在的那些无确定意义的语素（如-fer, -mit）和诸如*cran*-berry这样的独特语素就是典型的例子（见第2节）。在汉语中，有不少困扰传统语法的例子，如“乒乓”中的“乒”，“蝴蝶”中的“蝶”，没有自身的意义，但却可以作为构词的原料，形成“乒坛、蝶泳”等词。如果我们根据新的定义，把语素的功能定位于区别概念、建立身份，那么上述问题便可迎刃而解。其次，词的个体性、非组合意义与其句法结构无关，是在后句法推导中形成的，这一观点也符合不同语言的实际。例如，与英语相似，汉语中的词也不断涌现新的、非组合性的意义，如“拍砖、吃瓜、灌水”等，但没有任何证据表明它们的结构也发生了变化。此外，语义漂移也同样发生在短语层次，如“在路上、搞事情、确认过眼神”等，说明它确如句法构词理论所言，不是词独有的现象，这就为词和短语采用同样的组合与诠释机制提供了佐证。另外，词根没有诸如语类等语法特性的观点更是在众多的语言中得到了验证，并在Chomsky（2008, 2013, 2017）近期一系列论著中得到了采纳。

从方法论角度看，当代句法构词理论与结构主义理论有两个显著的不同。首先，结构主义学者对语素的看法是整体式（holistic）的，包括了意义、语音乃至语法信息。而句法构词理论采用了分离式（separationist）的路径，即把语素仅看成为句法单位，其语音和语义则交由语法的其他模块（音系式和逻辑式）处理。其次，结构主义对语素的看法也是静态的，在词库中规定了语素所有的信息，各个语言只需按照其形态配列（morphotactics）加以安排即可。句法构词理论采用的则是一种动态的路径，认为语素是不充分赋值的（underspecified），其意义和语音是在推导过程中建构出来的（参看胡旭辉，本卷）。可以说，当代句法构词理论之所以能取得成功，与它采用的分离式、建构性路径是分不开的。正如Marantz（2013: 906）所说的那样：“对语素的分离论理解使得形态与句法（即日常语言里的‘语法’）能够完全整合，以至于词的内部结构与短语和句子的内部结构能够以相同的句法架构和相同的句法原则得到分析。”

随着语素和词这两个基础概念被重新定义，把它们放在某个特殊的地点或模块孤立地加以研究的历史也随之结束。对词的研究不可避免的涉及语法的方方面面，不在语法体系的整体之中研究词，已经没有了成功的可能。在笔者看来，这使得构词成了语言研究中最艰辛但却又是最有价值的领域之一。

最后，对句法构词本身而言，对语素和词的新定义简化了语法体系，使得它本质上只包括两个部分：一组语素和一组句法规则。句法规则通过对语素的操作，生成更为复杂的句法客体。这些客体在音系式和逻辑式两个接口层面得到诠释，形成了特定的声音与意义的匹配体，即词及更大单位。就此而言，句法构词理论对语素和词这两个核心概念的新理解和新定义，抓住了它们的本质特性，也为单引擎论，即句法规则同时负责词内和句内结构的生成，提供了坚实的基础。

参考文献

- Acquaviva, P. 2009. Roots and lexicality in Distributed Morphology. In A. Galani, D. Redinger & N. Yeo (eds.), *York-Essex Morphology Meeting* 5: 1-21.
- Arad, M. 2003. Locality constraints on the interpretation of roots: The case of Hebrew denominal verbs. *Natural Language & Linguistic Theory* 21: 737-778.
- Aronoff, M.& Fudeman, K. 2005. *What is Morphology*? (2nd Edition). Oxford:Wiley-Blackwell.
- Aronoff, M. & Volpe, M. 2006. Morpheme. In K. Brown (ed.), *Encyclopedia of Language and Linguistics*. Oxford: Elsevier. 274-276.
- Beard, R. 1995. *Lexeme-Morpheme Base Morphology*. Albany: State University of New York Press.
- Bloomfield, L. 1926. A set of postulates for the science of language. *Language* 2(3): 153-164.
- Bloomfield, L. 1933. *Language*. New York: Holt, Rinehart & Winston.
- Booij, G. 2007. *The Grammar of Words: An Introduction to Linguistic Morphology*. Oxford: Oxford University Press.
- Borer, H. 2005. *In Name Only: Structuring Sense. Vol. I.* Oxford: Oxford University Press.
- Borer, H. 2009. Roots and categories. Ms. University of Southern California.
- Bruening, B. 2014. Word formation is syntactic: Adjectival passives in English. *Natural Language and Linguistic Theory* 32(2):363-422.
- Chomsky, N. 1957. *Syntactic Structures*. The Hague: Mouton.
- Chomsky, N. 1970. Remarks on nominalizations. In R. Jakobs & P. Rosenbaum (eds.), *Readings in English Transformational Grammar*. Waltham, Mass: Ginn & Company. 184-221.

- Chomsky, N. 2008. On phases. In R. Freidin, C. P. Otero, & M. L. Zubizarreta (eds.), *Foundational Issues in Linguistic Theory: Essays in Honor of Jean-Roger Vergnaud*. Cambridge: MIT Press. 133-166.
- Chomsky, N. 2013. Problems of projection. *Lingua* 130: 33-49.
- Chomsky, N. 2017.Interview with Noam Chomsky. In *Revista Linguistica* (21) *Generative Grammar—Celebrating the 60th Birthday of Syntactic Structures (1957-2017)*: 15-21.
- Di Sciullo, A. & E. Williams. 1987. *On the Definition of Word*. Cambridge, MA: MIT Press.
- Embick, D. 2015. *The Morpheme: A Theoretical Introduction*. Mouton: De Gruyter.
- Embick, D. & R. Noyer. 2001. Movement operations after syntax. *Linguistic Inquiry* 32(4): 555-595.
- Harley, H. 2014. On the identity of roots. *Theoretical Linguistics* 40(3/4): 225-276.
- Harley, H. & Noyer, R. 1999. State-of-the-article: Distributed Morphology. *Glot International* (4): 3-9.
- Halle, M. & Marantz, A. 1994. Some key features of Distributed Morphology. In A. Carnie, H. Harley & T. Bures (eds.), *Papers on Phonology and Morphology*. Cambridge, Mass: MIT Press. 275-288.
- Hoosain, R. 1992. Psychological reality of the word in Chinese. *Advances in Psychology* (90): 111-130.
- Julien, M. 2006. Word. In K. Brown (ed.), *Encyclopedia of Language and Linguistics*. Oxford: Elsevier. 617-624.
- Katamba, F. 1993. *Morphology*. New York: St. Martin's Press.
- Marantz, A. 1997. No escape from syntax: Don't try morphological analysis in the privacy of your own lexicon. In A. Dimitriadis, L.Siegel, C. Surey-Clark & A. Williams (eds.), *Proceedings of the* 21st *Annual Penn Linguistics Colloquium. University of Pennsylvania Working Papers in Linguistics* 4(2): 201-225.
- Marantz, A. 2000. Words. Ms. MIT.
- Marantz, A. 2007. Phases and words. In S.H. Choe (ed.), *Phases in the Theory of Grammar*. Seoul: Dong In Publisher. 191-222.
- Marantz, A. 2013. Verbal argument structure: Events and participants. *Lingua* 130: 152-168.
- Packard, J. 2003. *The Morphology of Chinese: A Linguistic and Cognitive Approach*. Cambridge University Press.
- Sapir, E. 1921. *Language*. New York: Harcourt Brace Jovanovich.
- Starke, M. 2009. Nanosyntax. A short primer to a new approach to language. In P. Svenonius, G. Ramchand, M. Starke, & T. Taraldsen (eds.), *Nordlyd 36: Special Issue*

on Nanosyntax. Tromsø: University of Tromsø.1-6.

❑ Spencer, A. 1991. *Morphological Theory: An Introduction to Word Structure in Generative Grammar*. Oxford: Blackwell Publishers.

❑ Veselinova, L. 2006. *Suppletion in Verb Paradigms: Bits and Pieces of the Puzzle*. Amsterdam: John Benjamins Publishing Co.

❑ 程工，2018，词库应该是什么样的？——基于生物语言学的思考。《外国语》41(1):23-30。

❑ 程工、李海，2016，分布式形态学的最新进展。《当代语言学》18(1): 97-119。

❑ 黄伯荣、廖序东，2008，《现代汉语》。北京：高等教育出版社。

❑ 张珊珊、赵仑、刘涛、顾介鑫、杨亦鸣，2006，大脑中的基本语言单位——来自汉语单音节语言单位加工的ERPs证据。《语言科学》5(3)：3-13。

❑ 朱德熙，2003，《语法讲义》。北京：商务印书馆。

Morphemes and Words in the Syntactic Approach to Word-Formation

Abstract: This paper focuses on efforts within theories of syntactic word-formation to redefine morpheme and word, the two basic notions in morphology. Departing from the structuralist definition of a morpheme as the minimal unit of meaning, and that of a word as a minimal free morpheme, the new approach interprets morphemes as the terminalelements of syntactic trees regardless of their semantic features or phonological exponents. A word, on the other hand, is a minimal unit generated by the computational system whereby a connection is established between meaning and sound. It is pointed out that these new definitions eliminate redundancies in the structuralist theory and succeed in better accommodating empirical facts, and more importantly, pave the way for a unified treatment of phrases and words.

Key words: morpheme; word; syntactic word-formation; Distributed Morphology

（责任编辑：胡旭辉）

语言学理论研究

句子逻辑语义交际功能的双重性

俄罗斯邦达尔科功能语法理论的核心思想评介

瓦罗与许慎的语源观念比较

“A BECAUSE B”构式的“力动态–注意”认知识解模型

论汉语词尾“了”的双重标记功能

句子逻辑语义交际功能的双重性

黑龙江大学　张家骅*

[提　要]　句子和名词短语一样，也具有概念和指物的双重性。命题为逻辑语义交际结构述位的句子表达广义指物意义；真值模态为逻辑语义交际结构述位的句子表达广义概念意义；情景命题和真值模态共同为逻辑语义交际结构述位的叙述话语句是不可切分句，表达广义指物意义。从属小句和从属名词化述谓短语、紧缩修饰短语是句子的二级述谓单位，它们不直接参与句子逻辑语义交际结构切分，但常常是惯常意义实际切分的直接成分。二级述谓单位自身逻辑语义功能性质，主要取决于语法主导词的语法、语义和语用类型。

[关键词]　指物意义；概念意义；逻辑语义交际结构切分；名词化述谓短语；修饰短语

❶ 引言

语言学引进、发展了分析哲学逻辑语义研究关于普通名称意义与功能双重性的思想，认为绝大多数具体事物名词都包含以相对具体的感性特征（表象）为内容的指物意义和以抽象区别特征为内容的概念意义的双重成分。具体事物名词用作题元成分时，通过具体表象与所指事物联系，服务于题元的指称任务，通过抽象概念特征与谓词联系，参与句义的表达；而对于充当谓词的具体事物名词的理解则只依靠词义中的抽象概念信息。

句子和具体事物名词一样，也有逻辑语义交际功能的双重性。句子包含命题和模态双重成分，在逻辑语义交际结构中以命题成分充当述位时，句子指向语言外情景本体，用于广义的指物意义，模态成分充当述位时，句子表达对于客观情景的主观真值判断，用于广义的概念意义。

---

*　作者简介：张家骅，黑龙江大学俄罗斯语言文学与文化研究中心教授。研究方向：体貌学、语义学、对比语言学。Email: aliubing1941@126.com。通信地址：150080哈尔滨市南岗区学府路黑龙江大学。
本文是国家社科基金重大项目“俄罗斯《语言学大百科词典》翻译工程”（11&ZD131）的阶段性成果。其中的汉语例句，未标出处的大多取自北京大学汉语语言学研究中心《CCL语料库检索系统（网络版）》。

❷ 对话话轮的逻辑语义交际功能

在典型言语情境中，对话话轮交替出现，交际双方共处同一时空，相互直视，对直指语、肢体语、缩略语直接加以解读。话轮的彼此连接（呼应）手段主要是逻辑语义交际结构。非典型言语情境相反，说话时间与受话时间可能不相吻合，常没有特定受话人，直指成分等要更换其他解读机制。叙事、描写话语主要用在非典型言语情境中，句子的重要连接手段是惯常意义的实际切分。

Bally（1944/1955）把话轮的情景信息和真值模态[①]成分分别称作dictum和modus。Fillmore（1981）将句子语义构成二分为proposition（命题）成分和modality（情态）成分，命题/情态与情景信息/真值模态的所指总体一致。由于句义成分为受话人已知/未知的情况不同，语句逻辑语义交际结构可有以下三种组配方式：（1）真值模态居主位，情景信息居述位；（2）情景信息居主位，真值模态居述位；（3）情景信息连同真值模态一起居述位。

按照情景信息/真值模态的逻辑语义交际结构组配关系不同，Bally（1944/1955:48）、Adamec（1966: 26-29）将问句话轮和陈述话轮区分为情景信息问答话轮和真值模态问答话轮。

2.1 情景信息问答话轮的逻辑语义交际功能

完全或局部情景信息问答句在逻辑语义交际结构中以命题成分充当述位，句子指向语言外情景本体，用于广义的指物意义。

情景信息问句（代词问句）用于说话人推测有未知事件（情景）发生（真值模态‘是’）的前提下，提问未知事件全部[例1a]，或事件的未知局部[例1b]是什么；情景信息答句回应受话人未知的情景信息全部[例1a]或情景信息局部[例1b]是什么：

[1] a. **出**什么事了？ | 狗**咬**孩子了。
b. **谁**刚才出去了？ | **巴维尔**（刚才出去了）。

黑体（**出**、**咬**）表示句重音落在谓语上，黑体加着重号（**谁**、**巴维尔**）表示逻辑重音落在题元上。

例[1]作逻辑语义交际结构切分为：

[2] a. ‘是’（真值模态，主位）//‘**出**什么事了’（命题，述位）？
‘是’（真值模态，主位）//‘狗**咬**孩子了’（命题，述位）。
b. ‘是’（真值模态，主位）//‘**谁**出去了’（命题，述位）？
‘是’（真值模态，主位）//‘**巴维尔**（刚才出去了）’（命题，述位）。

① 句子的真值模态意义成分除可用“是、非、可能、必然”之类的显性词汇手段表示外，还经常通过落在谓语动词的时态、体貌、语气等语法范畴形式上的重音或语序、句际逻辑关系等手段表示。

主位符号‘是’（或‘非’）表示句子的真值模态，在这里指说话人推测‘大概是发生了什么事件’；述位是句子显性表达的命题内容（= 情景信息）。完全情景信息问答句逻辑语义交际结构中的谓语句重音表明句子述位焦点是命题整体，题元逻辑重音表明述位焦点是命题局部。

2.2 真值模态是非问答话轮的逻辑语义交际功能

完全或局部真值模态是非问答句话轮的逻辑语义交际结构，以真值模态成分充当述位，句子表达说话人对于客观情景的真值评价，用于广义的概念意义。

真值模态是非问答句不同于情景信息代词问句及其答句，用在情景信息为受话人已知的情况下，针对其真值模态的全部[例3a]或局部[例2b]问答：

[3] a. 巴维尔**去**学校了吧？ |（他）**去**（学校）了。
b. 巴维尔去**学校**了吧？ |（他）去**学校**了。

问答句的意思分别是：‘巴维尔是**去**学校了吧？’ | ‘是**去**了’；‘巴维尔去的是**学校**吧？’ | ‘是**学校**’。它们的逻辑语义交际结构切分为：

[4] a. ‘巴维尔**去**学校了’（命题，主位）// ‘是吧’（真值模态，述位）？
‘（他）**去**（学校）了’（命题，主位）// ‘是（的）’（真值模态，述位）。
b. ‘巴维尔去**学校**了’（命题，主位）// ‘是（吧）’(真值模态，述位)？
‘（他）去**学校**了’（命题，主位）// ‘是（的）’(真值模态，述位)。

这里须说明，逻辑语义交际结构切分有别于惯常意义实际切分，切分对象是问答句的语义结构层面，将句义切分为情景命题/真值模态两个成分。命题本身不加切分，整体充当主位[例4a,b]，或述位[例4a,b]。而惯常意义实际切分的对象是问答命题的显性形式（句子），主位 / 述位的界限贯穿句子内部，主、述位都是命题内容的组成部分。惯常意义实际切分结构是句子的基础交际结构；逻辑语义交际结构建立在基础交际结构之上。（参见Шатуновский,1996: 42-43；Bally,1955: 44；Mehlig,1991: 119-124）惯常意义实际切分常常无助于判断对话话轮的广义指物意义和概念意义，如例[3a,b]作惯常意义交际切分为：

[5] a. 巴维尔（主位）// 去学校了（述位）吧？
他（主位）// 去学校了（述位）。
b. 巴维尔去（主位）// 学校了吧？（述位）
（他）去（主位）// 学校了（述位）。

这里充当主位和述位的都是体现命题局部的显性句子部分。“巴维尔（去）”“他（去）”是句子的出发点，表示与之前话语照应的已给信息；述位“（去）学校了”表示新给信息，是句子的核心部分。真值模态成分在实际切分结构中没有专门设定位置；例[1]的惯常意义实际切分同样没有真值模态成分的位置：

[6] a. Ø（主位）//出什么事了（述位）？ | Ø（主位）//下雨了|来客人了|发生交通事故了|狗咬孩子了（述位）。

b. 谁（述位）//刚才出去了（主位）？ |巴维尔（述位）//（刚才出去了）（主位）。

2.3 情景信息推测话轮

情景信息推测问答句（是非问答句）和情景信息问答句（代词问句）一样，也以情景信息为述位，以真值情态为主位，指向客观世界情景本体，用于广义指物意义。情景信息推测问答句虽与真值模态问答句[例4a,b]都属是非问答句，但逻辑语义交际结构相反，以真值模态充当主位，情景命题作述位（Mehlig, 1991；Шатуновский, 2001）。说话人已知发生了事情，但不知发生了什么事情，他提出自己的推测，说可能是情景P，问受话人推测对不对：

[7] a. “（出什么事儿了？）客车撞卡车了？”“不是，电车出轨了”

b. “（怎么？）爸把房子卖了？”“哪里，他把车库卖了。”

例[7]括号中的潜在问句是Bally的完全[1a]或局部[1b]情景信息代词问句。紧随其后的是非问句就是情景信息推测问句：说话人对究竟发生什么事提出自己的一个推测选项（‘是P’或‘非P’），推测命题是受话人的新知；提问者的言语行为意图与真值模态问句不同，肯定或否定回答并不主要，主要的应是指出事实上的情景信息是什么。试比较：

[8] a. “心情不好吗？”“没，就是觉得有些迷茫，压力大，减肥总减不成功。”

b. 他神色不安起来，问：“花花（宠物狗）跑丢了？被人偷去了？”我故意不动声色地说：“它被人打死了。”

c. “你买到票了吗？”“没有。”

d. “招了吗？”“没有。”

例[8b]（6a，b）对情景信息推测问句的回答中没有显性的肯定或否定，但指出了事实上的情景信息是什么。而[8 c,d]真值模态问句中的命题情景‘买票’‘招供’是问答双方话语世界的已知情景事件，疑问焦点是真值模态‘是或非’，答句只用“没有”就足够了。

情景信息推测问句的语义主位常常在句外，被称作外部主位，涉及问句之外的特定当下情景。外部主位问句用于说话人面临情景不知如何解释的情况下。说话人感兴趣的不是问句命题情景本身，而是问句情景与外部情景的因果关系（Баранов,

Кобозева 1983）：

[9] （你怎么满脸通红，浑身是汗？）跟谁打架了吗？|（最近不对劲，老板没骂我，）跟我生气了？||（你的脚怎么回事？）扭伤了？

说话人提问的目的是要寻求造成‘满脸通红，浑身是汗’‘最近不对劲，老板没骂我’等状况的原因。如果缺少必要的“外部主位”，这类问句可能令人莫名其妙。

2.4 情景–模态问答话轮的逻辑语义交际功能

情景–模态问答话轮的逻辑语义交际结构组配方式是，情景信息连同真值模态一起居述位，话轮表达的因而是广义的指物–概念意义。说话人在提问时，将情景信息选项集合‘是P和非P’导入言语双方的当下话语世界中，向受话人询问其中哪一选项为真。问句告诉受话人的是，自己一方面不知道情景选项是否事实，另一方面也不知道，是否事实的是哪一情景选项（Шатуновский, 2016: 157-162）。情景–模态问句的典型体现形式是选择问句，也用正反问句：

[10] 我去还是你来？|你开餐厅赚钱还是赔钱？|你同意不同意？

情景–模态问句与真值模态问句的逻辑语义交际结构不同，试比较：

[11] a. “七八岁就去学相声了，是你自己的选择还是家人的选择？”“（是）我自己喜欢。”
b. “借给你的《玩偶之家》（是）读了吗？”“（是）读了。”

例[11b]真值模态问句的情景命题‘受话人读借来的《玩偶之家》’是交谈双方共同话语世界的已知情景信息，居问句主位；充当问句述位，须要选择回答的只是真值模态‘是’或‘非’：‘读了’=是。例[11a]情景–模态问句不然，须回答的不仅是述位中的真值模态问题，而且是述位中的情景选项问题=‘（是）我自己喜欢’。

情景–模态问句和情景信息推测问句在逻辑语义交际结构上都把情景信息成分置于述位，不同的是：前者（例12a）不作推测，情景信息以若干选项的集合出现，后者（例12b）是说话人的推测，情景以单一选项出现；真值模态成分在前者中与情景命题选项共处述位，问句因而没有逻辑语义交际结构主位；而在后者中，真值模态成分（推断‘真’）充当逻辑语义交际结构主位，试比较：

[12] a. Ø（主位）// 火星上有没有生命？
b. ‘有’（真值模态，主位）// 火星上有生命吗？

情景信息连同真值模态一起居述位的还有叙事话语句、描写话语句。原型叙事话语是若干语句排列组成的语句链条，链条各环节都表达一个具体事件，环节的排列顺序与客观事件接连发生的时间先后呈象似关系：

[13] 黑娃//瞅中机会，Ø//照一个的脸上迎面砸了一拳，那个人//趔趔趄趄退了几步，Ø//被河滩上的石头绊倒了。他//一扬腿就踢到另一个的裆里，那人//哎呦一声蹲到沙滩上了。（陈忠实）

例中各语句环节的交际功能相同，都是将新的事件环节导入同一的话语世界中来。这些语句报道的信息是：一方面，有事件发生；另一方面，这个事件是什么。链条的语句可作惯常意义实际切分，每个语句都是可切分句，主位回指上文先行语，述位描写主位人物的当下次第动作特征，而在逻辑语义交际结构的层面上，它们都是不可切分句，真值模态与情景信息一起充当述位，句子无主位。叙事话语句、描写话语句与情景–模态话轮不同，处在非典型言语情境之中，不是直接问句的反映话轮，表示广义的指物意义。

3 小句及其缩略名词化述谓短语的逻辑语义交际功能

小句及其缩略的名词化述谓短语（nexus）从属于主句谓语，是句子的二级述谓成分。这类表达式像事物名称符号那样，也区分为完全/不完全的两种类型。按照B. Russell的摹状词理论，专有名称只有指物意义，专门用来指称特定个体事物，是完全的事物符号。由普通名称构成的摹状词在句中通过其概念意义一方面间接指向个体事物，另一方面参与句子意义的表达，是不完全的事物符号（Russell,1956: 43）。相应地，完全二级述谓表达式用于直接话语、外延语境中，指称事件，体现广义指物意义；不完全二级述谓表达式出现在间接话语、内涵语境中，表达事实和判断，体现广义概念意义（参见Vendler, 1967）。

3.1 小句的广义指物意义和概念意义

从属小句借助不同语义类别的主导谓词表达事件、事实、判断意义。

（1）事件不涉及主观思维，指客观世界的情景本体，亦即当下的或常态的行为、过程、状态等。客观事件通过感觉得到认知，以直接话语、外延语境表达。外延语境是指称透明的语境。非典型言语情境中的叙事话语、描写话语多属直接话语，是宽泛的外延语境。

感知[例14]、影响[例15]、因果[例16]等类别动词支配宾语小句表示事件：

[14] 老人正站在大门外观看旁人平整秧田｜我隐约听见他们在门口对话。

[15] 杜逢时也站了起来，不好干扰人家甥舅相会。

[16]《马关条约》一签字，俄、德、法三国就联合起来，强迫日本退还辽东半岛。

真势情态词、义务情态词（道义情态词）管辖的句子也表示事件：

[17] 听着知了叫的时候必然打瞌睡｜身为管理者，我必须工作迅速，不浪费时间｜受教育者都应该获得平等的待遇。

真势情态词、义务情态词是客观情态词，客观可能性、必然性、必须性是客观事态本身的属性。例中的真势情态副词“必然”和义务情态词“必须”、助动词“应该”在逻辑语义上是等级高于动词的逻辑谓词。它们语法上依附动词，逻辑语义上反过来管辖动词中心句“听着知了叫的时候打瞌睡”等，以中心句为其消极题元（Богуславский, 1985:158）。

（2）事实将现实与思想、外延与内涵、本体与认知、广义的指物与概念连接在一起，从个别主体的判断活动领域转入共同主体的知悉状态领域，获得真值评价，是已被现实证实的思想，认知的结果，外延真理，客观真值判断。相应的小句因此居全句主位，成为全句判断的出发点（Vendler, 1967；Арутюнова, 1980）。事实动词与非事实动词理论由此而来。

事实谓词支配从属小句表达事实：

[18] a. 他知道你来了
b. 我很高兴你打电话给我
c. 他告诉你杭州也下雨了。

事实动词是心理状态动词，用于构成内涵语境，包括知悉动词“知道、记得、猜到、想起、忘记”等[例18a]，情感动词“后悔、惋惜、感谢、奇怪、高兴”等[例18b]。这些动词词义蕴涵事实预设：宾语小句一方面指向状态主体的内心世界，表达主体当下意识中的认知判断，体现广义概念意义；另一方面，它们承载事实预设，表示该认知判断与客观事况相符，在客观世界得到验证，是否定全句不被否定的意义成分；全句的述位是主句，不是从属小句。通告言语行为以说话人确信所述内容真为适宜条件，相应的“告知、告诉、报道”等动词因而也属于事实动词[例18c]，在否定句中宾语小句‘杭州也下雨了’依然为真。

（3）非事实动词也是构成内涵语境的心理状态动词，但它们支配的宾语小句体现判断。“判断”不同于事实：一方面，不是作为陈说出发点的已给认知结果（预设），而是对思维对象进行肯定或否定的判断本身（陈说）；另一方面，未经或不能得到实际验证，不是客观真值判断，而是主观真值判断。基本的非事实动词是信念（意见）动词“认为、想、觉得、估计、相信、希望”等，言语动词“说、指出、确定、申明、肯定、否定”等：

[19] 你们认为我很丑，可我觉得自己挺美呢！｜他说你知道，我说你不知道。

这些动词词义中不蕴涵从属小句内容真的事实预设。宾语小句只表示信念主体的真值判断，主观知识，内涵真理，不蕴含该认知判断与客观世界相符与否。因此说话人可随即予以否定。叙事动词宾语小句的事实预设说话人不能自行否定：* 他知道你来了，可你没来呀。

认识情态词管辖的句子也体现判断：

[20] 他可能在做木工活儿呢｜对于过去的事，他大概还没有忘记|很多人未必来。

认识情态词是主观情态词，主观可能性仅是说话人在不知道客观事态是否属实时的一种主观揣测。例中的认识情态词“可能、大概、未必”以全句为辖域，后者是前者的消极题元。这类句子只表达主观判断，可改写为以信念动词主导的复合句：我以为他在做木工活儿呢。

3.2　关于名词化述谓短语表达广义概念意义、指物意义的问题

通常认为，以动词和形容词为生产词构成的名词化派生词与生产词概念意义相同，它们只是生产词的句法变体，名词化派生词作中心词构成的短语与句子的功能相同（Jespersen, 1958:155; Апресян, 1974:43）。但事实情况不完全是这样，试比较：

[21] 欢迎你们的来访⇔欢迎你们来访｜他们看不惯妻子过分懒惰⇔他们看不惯妻子的过分懒惰。

[22] 你的打算合情合理→* 你打算合情合理|几个儿子也都继承了父亲的节俭→* 几个儿子也都继承了父亲节俭。

[23] a. 领导和他在办公室进行谈话→b. 领导和他的谈话在办公室进行。

名词化述谓短语的用法区分为成句和不成句（称名）两种类型。成句名词化述谓短语表示是小句的缩略形式，可展开成句[例21]。在这种情况下，汉语常见名词化述谓短语形式“题元 + 的 + 名词化派生词”中的“的”是标句词（司富珍，2002）。称名名词化述谓短语用作情景的名称时，“指称”客观世界的个体事件和属性，就像具体事物名词“桌子”“板凳”指称客观世界的离散个体事物那样，不是小句的缩略形式，不能展开成句充当“二级述谓”[例22]（参见 Vendler, 1967；Арутюнова, 1988；Падучева, 1991）。汉语名词化述谓短语中的“的”在这种情况下不是标句词[例23]。句b以句a为理据，取其核心部分作主位，次要部分作述位，从事件句a构成判断句b。判断句中的名词化述谓短语“领导和他的谈话”虽源自例[23a]“领导和他进行谈话”，却不能还原成句子形式，因为短语在这种情况下充当题元成分，指称主位事件，和例[22]的名词化述谓短语一样，行使称名功能。

作为小句缩略的成句名词化述谓短语，逻辑语义功能相当于理据小句，在特定上下文中，既可用于指向客观情景，体现广义指物意义（干扰人家的甥舅相会 = 干扰人家甥舅相会），又可用于表示事实或判断，体现广义概念意义（我知道你的打算≈我知道你打算什么）。

那么，同样用在内涵语境动词后表示认知主体心智世界中的认知结果P，为什么在例[24a]中可以缩略为名词化述谓短语，而在例[24b]中不可以呢？

[24] a.我知道你的打算 | b.*我认为你的正确。

事实动词“知道”句的宾语小句由于通常占据主位，不是信息焦点所在，因而允许用间接疑问句甚至特征参数短语略说（张家骅，2009）。在这个句法位上，特征参数短语的意义多相当于间接疑问判断，是宾语间接问句的缩略形式。语言中存在一些特征参数词，如“距离、体温、身高”等物理度量参数词，“处境、原因、情况；打算、感受、顾虑”等抽象状态参数词。参数词是标尺，参数值是标尺上的刻度，前者囊括后者。参数词短语可用作知悉、通告等类别动词的宾语，功能近似间接疑问句：我知道你的打算≈我知道你打算什么。信念动词不接受间接疑问句、参数词短语作宾语，因为句中的P占据述位，是通报给受话人的未知信息，内容应尽可能充分，不允许略说。再如：

[25] 我去看$_1$校队比赛→我去看$_1$校队的比赛|我们隔窗观看4个黑人妇女操纵机器→我们隔窗观看4个黑人妇女的机器操纵。

[26] 我看$_2$校队在比赛→*我看$_2$校队的比赛。

“看”在例[25]中用作于感知动词“看$_1$”，从属小句可以缩略为名词化述谓短语，因为感知类动词支配的宾语小句指称外部世界情景，情景的中心是述谓表达的比赛过程，因而“校队比赛”可改写为“校队的比赛”；例[26]中“看”用作信念动词“看$_2$”，词义近似“认为”，从属小句不能缩略为名词化述谓短语除上述原因外，还因为，宾语小句表达信念主体头脑中的主观判断，判断句的中心不是述谓本身，而是潜在的判断系词“是”。可以说“校队是/不是在比赛”，但不能将宾语小句改写为名词化述谓短语。

从属小句和从属成句名词化述谓短语是句子的二级述谓单位。它们不直接参与句子逻辑语义交际结构切分，但常常是惯常意义实际切分的直接成分。二级述谓单位自身的逻辑语义交际功能性质（表达广义指物意义或广义概念意义），主要取决于语法主导词的语法、语义和语用性质。

3.3 名词化述谓短语与其紧缩修饰短语的同义、近义关系

名词化述谓短语在特定条件下可紧缩为同义、近义的修饰短语（junction），例如，当它们题元词表示‘情景’，名词化派生词表示‘存在、形成、出现’等述

谓意义，从属于相应的语法主导词时，原则上可以紧缩为同义、近义的修饰短语（Jespersen, 1924; Арутюнова, 1976:132; Падучева, 1980）：

[27] a.（风暴临近→风暴的临近→）临近的风暴迫使我们返航
b.（规划设计变更→规划设计的变更→）变更的规划设计造成面积差异
c. 全球化的市场机会导致（竞争加剧→竞争的加剧→）加剧的竞争。

例中（如例a）的紧缩修饰短语（临近的风暴）和名词化述谓短语（风暴的临近）都以题元词“风暴”充当名词化派生词的主体语义角色，但短语的句法结构相反。尽管前者将“风暴”从限定语位移至中心语位，但两者的语义都等同于理据小句（风暴临近）。这是一种类似否定提升的句法移位现象，试比较：

[28] 不应该来≈应该不来 / 临近的风暴≈风暴的临近。

紧缩修饰短语和理据名词化述谓短语的逻辑语义功能一致。例[27]中的主导动词“迫使、造成、导致”属因果关系动词，主语题元“临近的风暴、变更的规划设计”体现原因角色，表达事实（客观真值判断），与理据名词化述谓短语“竞争的加剧、风暴的临近”一致，用于广义概念意义。例[27c]的宾语题元紧缩修饰短语“加剧的竞争”体现结果角色，表达事件，与理据名词化述谓短语“竞争的加剧”一致，用于广义指物意义（参见Вендлер, 1967）。

4 结语

句子的语义和名称一样，也有概念和指物的双重性，这一思想源自数理逻辑和分析哲学的奠基人Frege（1971: 181-210）：陈述句的“Sinn（意思）”是句子表达的思想，其“所指（Bedeutung）”就是句子的真假值，句子因此只有“是与非”的指物对象。这个理论奠定了后来的几乎所有语义逻辑理论的基础，但其中关于句子只有两种指物对象的观点却令语言学者困惑。Bally，Adamec，Fillmore等接受了Frege句子语义双重性的理论，但把句子描写客观情景的意义成分由“Sinn（意思）”改称“dictum（情景信息）、proposition（命题）”，将之视作句子的广义指物意义，从而弥补了万千世界被简单化、指物概念对句义分析变得多余的遗憾。

参考文献

❑ Adamec. P. 1966. Порядоксловвсовременномрусскомязыке. Praha: Academia.

- ❑ Апресян Ю. Д. 1974. Лексическаясемантика.Синонимическиесредстваязыка. М.: Наука.
- ❑ Арутюнова Н.Д. 1976. Предложение и его смысл. Логико-семантические проблемы.М.: Наука.
- ❑ Арутюнова Н. Д. 1980. Сокровенная связка.*Изв. АН СССР. Сер. ЛиЯ.* 39,4. С.347-358.
- ❑ Арутюнова Н.Д. 1988. Типы языковых значений: Оценка. Событие. Факт. М.: Наука.
- ❑ Баранов А.Н., Кобозева И.М. 1983. Семантика общих вопросов в русском языке (категория установки) . Изв. АН СССР. Сер. лит. и яз. 42, 3 ：263-274.
- ❑ Богуславский И. М.1985. Исследования по синтаксической семантике: сферы действия логических слов. М.: Наука.
- ❑ Вендлер З.1967. Причинные отношения. Перевод с английского Я. Я. Перцовой. *Новое в зарубежной лингвистике.* Вып. 18. М.: Прогресс, 1986. С.264-276.
- ❑ Падучева, Е. В. 1980. Об атрибудивном стяжении подчиненной предикации в русском языке. Машинный перевод и прикладная лингвистика. 20: 3-56.
- ❑ Падучева Е. В. 1991. Предикатные имена в лексикографическом аспекте. Научно-техническая информация, Серия 2. 5: 21-31.
- ❑ Шатуновский И.Б. 1996. Семантика предложения и нереферентные слова. М.: Языки русской культуры.
- ❑ Шатуновский И. Б. 2001. Основные коммуникативные типы полных (общих) вопросов в русском языке. Русский язык: Пересекая границы. Дубна: Международный Университет природы，общества и человека.
- ❑ Шатуновский И. Б. 2016. Речевые действия и действия мысли в русском языке — М.: ЯСК.
- ❑ Bally, C. 1944. Linguistique général et linguistique française. Berne:Francke. Балли Ш. 1955. Общая лингвистика и вопросы французского языка. Перевод. с фр. М.: Изд. иностр. лит.
- ❑ Fillmore, C. 1968. The case for case. In E. Bach, R. Harms, (eds.), *Universals in Linguistic Theory.* New York: Holt Rinehart and Winston. 1-88. ФиллморЧ. 1981. Делоопадеже. Новое в зарубежной лингвистике. Вып. 10. М.: Прогресс, С. 369-495.
- ❑ Frege, G. 1892. ÜberSinn und Bedeutung. In: Zeitschrift für Philosophie und philosophische Kritik, N. F., Bd. 100/1 S.25-50. Фреге Г. 1971. Смысл и денотат. Перевод с немецкого Е. Э. Разлоговой. Семиотикаиинформатика. 8: 181-210.
- ❑ Jespersen, O. 1924. *The Philosophy of Grammar.* London. Есперсен О. 1958. Философия грамматики. Перевод с англ., М.: Наука.

- Mehlig, H.R.1991. Экзистенциальные и экспликативные вопросы. *Russian Linguistics* 15：117-125.
- Russell, B. 1956. *Logic and Knowledge.* London: George Allen & Unwin.
- Vendler, Z. 1967. *Linguistics in Philosophy*. Ithaca: Cornell University press.
- 司富珍，2002，汉语的标句词“的”及相关的句法问题，《语言教学与研究》(2)：35-40。
- 张家骅，2009，“知道”与“认为”句法差异的语义、语用解释，《当代语言学》(3)：244-251。

The Dual Nature of Logical Semantic Communicative Functions of Sentences

Abstract: Like noun phrases, sentences have the dual nature of expressing both denotative and connotative meaning. When rhemes of the logical semantic communicative structures are expressed by propositions, sentences express denotative meaning in a broad sense. When these rhemes are expressed by modus, sentences express connotative meaning in a broad sense. When rhemes are expressed by both modus and dictum and when sentences are non-segmented clauses, these sentences express denotative meaning in a broad sense. Subordinate clauses, propositional nexus and junctions are secondary propositions of sentences. They are not directly involved in the theme-rheme articulation of the logical semantic communicative structures of sentences, although they are often the immediate constituents of the actual division of sentences in the proper sense of the phrases. The nature of the logical semantic function of the secondary proposition itself is mainly dependent on the types of the grammar, semantics and pragmatics of the main word.

Key words: denotative meaning; connotative meaning; theme-rheme articulation of the logical semantic communicative structure of the sentence; nexus; junction

（责任编辑：王辛夷）

俄罗斯邦达尔科功能语法理论的核心思想评介

复旦大学　姜　宏　齐芳溪*

[提　要]　俄罗斯邦达尔科功能语法理论具有六个方面的核心学术思想：（1）语言语义系统以及语义范畴的思想；（2）潜在功能和现实功能的思想；（3）功能语义场的思想；（4）范畴情景的思想；（5）语境的思想；（6）形式与意义双向和交替描写的思想。这些思想是功能语法理论对当代语言学研究和发展做出的重要贡献，它们体现了俄罗斯功能语法理论个性鲜明的学术特点，同时也反映了它的某些不足和缺陷。令人遗憾的是，至今尚未有人对这些思想进行全面的梳理和提炼，更谈不上在中国的推广。这是中国俄语界的一项重要任务。

[关键词]　功能语法；邦达尔科；俄罗斯功能语法理论；核心思想

❶ 关于俄罗斯功能语法理论

“功能语法”（Функциональная грамматика）是广义的“功能语言学”（функциональная лингвиститка）或称“功能主义”（фуṅкционализм）的主要流派之一。语言学界一般认为：建立在功能原则上对自然语言语法结构进行的研究就获得“功能语法”的称谓。在功能语法的概念之下包含许多学说和流派，它们有一个共同之处，即“把语言理解为达成特定言语交际目的的语言手段的体系”（Шелякин, 2001:3）。功能语法常常被理解为狭义的功能语言学，这是因为“功能语言学的核心任务是研究语言单位功能的形式体现，即语法领域中的‘功能’。当代语言学中功能主义与形式主义的对立也主要体现在语法领域”（郅友昌，2009：233）。这里的“语法”指广义的“语言规则”，它在一定程度上包括了语义学和语用学。因此，功能语

*　作者简介：姜宏，复旦大学外国语言文学学院教授、博士。研究方向：功能语言学、对比语言学、语言哲学。Email：shfdanqira@163.com。通信地址：200433 复旦大学外国语言文学学院。
齐芳溪，复旦大学外国语言文学学院博士研究生。研究方向：功能语言学。Email：xiaoqi8186@163.com。通信地址：200433 复旦大学外国语言文学学院。
本文为第一作者姜宏主持的国家社科基金一般项目“范式视域的俄罗斯语言哲学史研究”（项目批准号：17BYY034）的阶段性成果。

法的广义理解就是功能语言学。不过，我们认为，作为一种语法，功能语法可以定义为功能语言学（即功能主义）的一个组成部分（姜宏、赵爱国，2014a）。

功能语法研究在俄罗斯不仅有着悠久的传统，也有着不同的分支和流派，其中主要包括邦达尔科（А.В. Бондарко）的功能语法理论（Теория функциональной грамматики）、左洛托娃（Г. А. Золотова）的功能交际语法（Функционально-коммуникативная грамматика）、符谢沃洛多娃（М. В. Всеволодова）的功能交际句法理论（Теория функционально - коммуникативного синтаксиса）、梅尔邱克（И. А. Мельчук）的"意思–篇章"理论（Теория «Смысл — текст»）等。由于不同的文脉传统，这些流派对语言描写或阐释的原理和方法不尽相同。其中，就理论体系的完整性、研究方法的科学性、研究成果的丰硕性以及影响力和知名度而言，邦达尔科的功能语法理论最为突出，人们对俄罗斯功能语法的理解主要指的是邦达尔科的功能语法理论。可以说，它已经成为俄罗斯功能语法研究的代名词，也最能代表俄罗斯功能语法研究的水准和特色，其成果之多、影响之大都是有目共睹的。

邦达尔科的功能语法理论创建于20世纪70年代，该理论是在俄语体学（аспектуальность）研究的基础上形成的，它在学理上传承了彼得堡语言学派的基本学说，重点发展了谢尔巴（Л. В. Щерба）提出的"从意义到形式"的"积极语法"（активная грамматика）思想和梅夏尼诺夫（И.И.Мещанинов）关于"概念范畴"（понятийная категория）的思想。其研究目的在于"描写参与表达话语内容的语法单位的功能规律和规则"（Бондарко, 1983:3）。与传统语法采用的由形式到意义的描写方式不同，功能语法理论遵循的主要是由意义到形式的原则对语法现象进行整体描写，它侧重研究语言和言语现象的各种"功能语义范畴"（функционально-семантическая категория）。其特点是通过"功能语义场"（фунционально-семантическое поле）的概念把属于不同语言层面（词法、句法、构词、词汇等）、但具有同一语义功能的手段看作一个整体，再通过"范畴情景"（категориальная ситуация）的概念对这些手段在言语中的功能以及功能机制进行全面描写，从而打破了传统语法中语法学和词汇学之间的界限，同时将语言描写和言语阐释有机地结合在一起。

邦达尔科的两部著作的正式出版，被认为是俄罗斯功能语法理论形成的标志，一是1983年出版的《功能语法原则及时体问题》（*Принципы функциональной грамматики и вопросы аспектологии*）（Бондарко, 1983），二是1984年出版的《功能语法》（*Функциональная грамматика*）（Бондарко, 1984）。近半个世纪以来，邦达尔科与其弟子以及该学派的其他学者不仅发表了大量的论文，而且出版了数十部专著。其中最著名的是邦达尔科担任责任编辑的六部系列专著《功能语法理论》（*Теория функциональной грамматики*）（Бондарко, 1990; 1991; 1992; 1996a; 1996b; 2003）和邦达尔科、舒比克及卡扎科夫斯卡娅担任责任编辑的六部系列专著《功能语法问题》（*Проблемы функциональной грамматики*）（Бондарко, Шубик, 2000; 2003; 2005; 2008; 2013；Бондарко, Казаковская, 2017）。功能语法理论对各种语义范畴、语义关系和功能语义场的研究，对各种语法单位的功能规律和规则的分析，加深了人们对语言性质、规律和功能的认识和理解，在各种功能语法学派中独树一帜，受到世界学界的推崇。可以说，摆在我们面前的是一个无论在材料广度和内容多样性上，还是在基本研究方法及其循序程度上来说都没有类同的成果（姜宏，2007），至少在俄语语言学界如此。

❷ 功能语法理论的核心学术思想

所谓“学术思想”，是指一种理论所体现的提出问题和解决问题的系统理念和宏观观点。它作为语言学理论思维的出发点（有可能只是一种科学设想），贯穿于其学术研究的整个过程之中，是其基本学理在思想层面上的集中体现。功能语法理论的学术思想是邦达尔科用尽毕生精力潜心钻研而取得的思想成果，也是邦达尔科对当代语言学发展做出的重要贡献。

然而，迄今为止，邦达尔科本人及其追随者们都未曾对其学术思想进行过系统的提炼和总结。尽管邦达尔科曾多次对其理论的基本学理进行过阐述，其中有些内容在一定程度上也体现出他的些许学术思想，但凭这些论述还不能概括和凸显其全部学术思想的内涵和外延，因此，有必要从其大量的著述中进行专门的系统审视和提炼。

我们的研究表明，邦达尔科的核心学术思想主要体现在以下六个方面：（1）语言语义系统以及语义范畴的思想；（2）潜在功能和现实功能的思想；（3）功能语义场的思想；（4）范畴情景的思想；（5）语境的思想；（6）形式与意义双向和交替描写的思想。

2.1 语言语义系统以及语义范畴的思想

邦达尔科把语言的语义系统划分为两个部分——“意义”（значение）和“意思”（смысл）。其中“意义”指某一语言系统中反映该系统特点的语言单位、类别和范畴的意义，即语言符号本身所具有的意义。“意思”指言语中所传递和所接收到的内容，既包括同义话语、原文话语及其译文话语中的共性内容，也包括作为语言意义系统基础的“语义或概念范畴”（семантические или понятийные категории）的内容（Бондарко, 2002）。“意思”之下可分为“系统–范畴意思”（системно-категориальный смысл）和“言语意思”（речевой смысл）两方面的内容。其中，系统–范畴意思是通过“语义范畴”来体现的。语义范畴的基础是人们认知和思维中所反映的语言外活动，同时，语义范畴总是与具体的语言表达手段紧密相关。而言语意思既可以是说话人想要传递的信息，也可以是听话人所接收到的信息，它不仅依赖于话语的语言表达片段（即上下文）来实现，而且常常还包含着话语中各种语用信息以及各种各样的隐含和预设信息（Бондарко, 2002）。在功能语法理论体系中，“意思”中的“系统–范畴意思”（即语义范畴）占据着尤为重要的地位，因为它是功能语法理论另一核心思想——“功能语义场”赖以生存和运作的基础。

语义范畴具有双重的性质：它既是思维内容中高度抽象化的范畴，反映客观现实的关系，是一种“语义恒体”（семантическая константа），同时，它又在不同语言中得以表达，反映不同语言系统的基本特征。简而言之，语义范畴既是认知范畴，又是语言范畴，更为重要的是，语义范畴是通过语法单位、语法类别和语法范畴得以体现的。也就是说，能够形成语义范畴的必要条件是它在语言中具有系统的体现形式，那些由个别词语或者描写性手段体现的概念不能称其为语义范畴。确切地说，语义范畴指的是语法领域中基本的综合语义恒体。因此，邦达尔科的语义范畴常常被冠以“语法的”定语，即“语法的语义范畴”（семантическая категория грамматики）（Бондарко, 2011）。由此可见，语义范畴一方面与人类的认知活动和人的本质紧密相关，另一方面又离不开对其语言表达手段和形式表征，尤其是语法层面的手段，上述两个方面紧密相关，缺一不可。因此，像“颜色”“植物”“动物”等没有语法表现形式的范畴，就不在邦达尔科所指的语义范畴之列。与此同时，邦达尔科还把某些“语义关系”纳入到原型语义范畴之中加以审视。所谓语义关系，主要指的是句法上的逻辑关系，例如通过复合句的关联手段所表达的联合、对立和选择以及其他限定性关系（如原因、条件、目的、结果等）（Бондарко, 2002）。

2.2　潜在功能和现实功能的思想

邦达尔科把功能看作是表达一定意义的某一种或某一组语言手段的使用目的，或者说是语言系统某一成分的用途（Бондарко, 2011）。例如，单数第二人称动词形式的功能表达与言语对象的关系或泛指人称。显然，功能不能等同于意义，即便是与意义比较接近的“语义功能”与意义也有着不同的内容，意义是形式的内部特性，属于符号关系和符号系统，它受限于语言的外部世界，与语境无关；而语义功能属于“言语意思”范畴，它涉及所有的语境因素。总而言之，任何意义都可以看作是一定手段或语言手段的功能，但不是所有的功能都是意义。

在功能语法理论的功能思想中，占据显著地位的是关于“潜在功能”（потенциальная функция）和“现实功能”（результативная функция）的思想。前者指语言单位在语言体系中固有的完成某项任务或发挥相应作用的能力，这是语言层面上的概念；后者指语言单位在具体语言环境中所发挥作用的结果，即在言语中实现了的作用，这属于言语层面的内容。

潜在功能和现实功能体现着语言和言语、功能和功能化之间的关系，它们在功能语法理论中分别对应于功能语义场和“范畴情景”的概念（详见下文“功能语义场的思想”和“范畴情景的思想”）。二者之间的关系具有双重性：一方面，这是功能整体框架下可能性和现实性之间的关系；另一方面，它又是一种条件和结果关系。潜在功能是现实功能的前提，它是语言单位的一种概括和抽象的能力；而现实功能是潜在功能在具体言语行为中的体现（Бондарко, 1984）。这种体现不仅是通过话语内容对现实的关系来实现的，也是通过语言单位的功能在话语中与其他手段的功能相互作用来实现的。尽管现实功能属于言语范畴，但是，它与语言系统依然紧密相关，因为话语中的每一个具体的现实功能都是某一潜在功能综合体的变体，是语言单位功能化的一种类型。现实功能在与语言系统保持联系的同时，又会受到语篇片段和整个语篇功能特征的影响而进入话语的功能特征系统中（Бондарко, 1984）。

2.3 功能语义场的思想

邦达尔科认为，功能语法理论所涵盖的不应该仅仅是那些构成对立性关系的语言现象（оппозитивные явления）（传统意义上的语法范畴），还应该包括一些非对立性现象（неоппозитивные явления），甚至在同一个语法范畴之内，可能出现对立性和非对立性两种联结方式。例如，俄语中"式"的词法范畴包括陈述式、假定式和命令式，三者是通过非对立性区别联结的：命令式的语义特征是祈使性，陈述式的语义特征是现实性，而假定式的语义特征是非现实性。"非对立性特征是自然语言中的客观存在"（Бондарко, 1983）。此外，传统语法主张语法范畴有明显的边界，范畴内的成员地位相等。但是，许多语言事实并不能如此轻易地"一刀切"。

为了解决上述问题，邦达尔科从自然学科中引进了"场"（поле）的概念，提出了"功能语义场"的思想。功能语义场首先确定"基本意义"或者"典型意义"，然后根据这些意义来扩展系列的"边缘意义"（王铭玉、于鑫，2007）。按照邦达尔科的思想，在一个功能语义场中，有一些语言表达方式可以最为典型地体现该功能语义场的范畴意义，它们构成功能语义场的中心部分；而一些非典型的表达方式则构成功能语义场的边缘部分。从"中心"到"边缘"是一个逐渐变化的过程，并没有绝对的界限。功能语义场在结构上就是一个从中心向边缘逐渐辐射的界限模糊聚合体（Бондарко, 2011）。功能语义场本质上讲是一种语言中不同层面语言表达手段（词法、句法、构词、词汇以及综合的，即词汇–句法的等）的集合体（комплекс或группировка），这些手段因为具有共同的语义功能而联合在一起，它们相互作用，表达一定语义范畴的不同意义变体。也就是说，功能语义场是一个包含着"形式"和"内容"两个方面的统一体：形式上，它既涵盖一定的语法单位、语法类别和语法范畴，又包含与之相互作用并有着共同语义基础的其他不同语言层面的表达手段；内容上，每个功能语义场都是以一定的语义范畴为基础的，都包括一定的语义范畴系统、类型、种类和变体等。正是语义范畴这一语义原型把不同语言手段联合在一起并使其相互作用，形成了一个圆形场（Бондарко, 2011）。

2.4 范畴情景的思想

邦达尔科认为，功能语法理论的建构仅仅依靠属于语言系统聚合关系的功能语义场还不够，还需要一个通向言语的对接口，从而使聚合关系与组合关系能够结合起来。这一对接口就是"范畴情景"。所谓"范畴情景"，是指由话语中不同手段表达的某个语义范畴的典型意义结构（即不同的语义变体），它是功能语义场在言语中的重现，是话语所表达的总的情景中的一个方面（Отв. Ред. Бондарко, 2003）。范畴情景和功能语义场一样，反映着语言现象的双重特征，即语言在话语中的语义结构及其形式表达。从表达形式看，范畴情景的语义结构不只是局限于某一语法形式，而是与话语的各种手段紧密相关。从语义特征看，它是由不同话语手段表达的典型意义结构，也即是话语内容中占主导地位的意义结构。该结构常常与一些句子（语句）类型的名称相对应，如存在句（语句）、所有格句（语句）、评定句（语句）、比较句（语句）等。

范畴情景与功能语义场和语义范畴之间存在一种复杂的相互依赖关系。就范畴情境意义和语义范畴的关系而言，语义范畴是典型的意义结构，是语义恒量，它是类概念；而范畴情境意义则是种概念，它更为具体。范畴情景与语义范畴之间存在着具体和抽象、个别与整体的交叉关系。就范畴情景与功能语义场的关系而言，前者是后者在话语中的映射。如果说功能语义场研究的是一种语言中某个语义范畴的所有语言表达手段的话，那么范畴情景则是研究话语中这一语义范畴的功能变体及其表达手段，是功能语义场在言语中的表现和语义范畴在话语中体现的功能形式，即意义变体（Бондарко, 1984）。

2.5　语境的思想

邦达尔科早在1985 年发表的“关于系统与语境相互关系的语言学解释初探”（Бондарко, 1985）中就指出，系统与语境的相互作用隶属于功能，没有语境的参与，任何一个语言单位自身都无法完成自己的功能。在邦达尔科看来，功能语法的“系统”（система）和语言系统相适应，指的是有序的语言单位、范畴或者类别的集合，它们是完整的统一体，具有一定结构，并且和形式表达成分连接在一起，而语境是指原始系统周围起环境作用的语言（有时也是超语言）成分的集合，在与环境相互作用的过程中原始系统实现自己的功能。具体来说，语境指的是对语言单位意义和功能的实现产生作用的语言内和语言外环境。邦达尔科根据语境和语言系统中不同对象的关系，把语境分为两种类型：一种是“语言系统（即聚合）语境”（системно-языковая среда），指语言单位（范畴或组别）在聚合系统中的环境，它与词法范畴和词汇–语法类别紧密相关。例如，形容词能否构成比较级取决于它是属于性质形容词还是关系形容词；另一种类型是“言语语境”（речевая среда），指语言单位在言语中的环境，即“上下文”（контекст）和“言语情景”（речевая ситуация）。“上下文”属于语篇范畴，指对话语意义的表达产生重要影响的信息，上下文语境主要通过语言手段来体现。“言语语境”包括语言外的社会因素、文化因素、人的因素等非语言因素及其在说话人和听话人认知中的反应（Отв. Ред. Бондарко, 2003）。

2.6　形式与意义双向和交替描写的思想

功能语法理论采用“从意义到形式”（由里及表）和“从形式到意义”（由表及里）相结合的描写方式对语言系统及其功能机制进行全面描写，其中，“从意义到形式”是基本的构建原则，它决定着功能语法理论的性质。不过，在具体研究过程中，上述双重视角的原则是多次和相互交替进行的，即：这两个描写原则都同时遵守“从意义到形式”和“从形式到意义”的原则。例如，“从意义到形式”的过程就包括两个方面：一是语言单位固有的意义（значение）→表达该意义的形式（форма）；二是所要表达的话语意思（смысл）→带有特定意义的语言表达手段（формы со значениями）。在“从形式到意义”的过程中也包括两个方面：一是形式标记（форма）→这些形式标记所固有的意义（значение）；二是形式标记和意义的统一体（语言单位）（формы со значениями）→这些语言单位所能表达的话语意思（смысл）（Бондарко, 1983）。在我们看来，上述两个过程集中体现着这样一个中心思想，那就是：语义范畴从语言及其形式中总结而来，而后又可作为分析该语义范畴及其各种语义类型的所有表达手段的起点，这些手段又可作为对其话语意思分析的起点。因此，以上第一个方面的第二过程，常常用“从功能到手段”（от функций к средствам）来表示，而第二个方面的第二个过程则常常用“从手段到功能”（от средств к функциям）来表示。

❸ 对功能语法理论的评述

邦达尔科的核心学术思想贯穿其整个理论体系，它们既体现了该理论个性鲜明的学术特点，同时也反映出它的某些不足和缺陷。我们尝试从基本特点和主要缺陷两个方面来对邦达尔科功能语法理论进行评述。

3.1 基本特点

我们认为，邦达尔科的功能语法理论体现出以下个性鲜明的特点：

（1）倡导形式与意义双向结合的描写原则，反映出双向原则的整合性。长期以来语言学家们对语言的研究主要采用传统语法的“由形式到意义”的描写方式，这种语法常常被称为“消极语法”（пассивная грамматика），它本质上是听（读）者的语法，是一种领会式语法。然而，在话语形成过程中，说话人走的是一条从表达的意思到形式手段的路径，这要求人们遵循“由意义到形式”的原则对语法现象做出另一种描写。本质上讲，功能语法理论就是这样一种语法。它主要采用积极语法的“从意义到形式”的描写方式，但并不局限于此，而是同时坚持传统的“从形式到意义”的原则，强调从形式到意义的方向是任何一部语法所必要的。因此说，功能语法理论既包括积极语法，也包括消极语法的思想，它与传统的描写语法是相辅相成的。较之传统语法单方向的描写方法，这种方法无疑是较为合理和科学的，因为它反映了言语活动两个必要过程（表达和理解）的本质。

（2）坚持多层面语言手段的描写，体现出语法与其他语言层面的整体性。功能语法理论的一个重要方法原则是把传统语法中被分离的语法学和词汇学紧密地结合了在一起，它把表达同一个语义范畴的属于不同语言层面的手段看作一个整体，力图创建一个语法形式、词汇意义和上下文相互作用的系统，一个表达话语意思的语言手段发挥功能的规律规则系统。毋庸置疑，相同的意义在语言中可以用不同层面的手段表达，然而，只有功能语法理论消除了形式上的局限性，它把属于不同语言层面（包括词法、句法、构词、词汇等）、但统一于相同语义功能的手段看作一个整体。

（3）融合系统语言观点和言语交际观点，呈现多元化的研究特点。邦达尔科认为，功能语义场与思想–言语行为的表达过程紧密相关。结合言语表达系统，综合研究语言系统——这是功能语法理论在阐述语法单位的功能及其与范畴意义关系方面的主要原则之一，即在分析语言材料时，尽量考虑到语法意义与说话人意图之间的联系，它描写的是不同层面语言单位与周围环境相互作用所产生的功能及其规律。因此，功能语法理论研究的不仅仅是那些显性的纯语法或词汇手段，还有大量复杂的、混合的、隐藏在上下文中的未知的隐性手段。从这一点来说，功能语法理论有着语用学和篇章学的内容。由此，体现出多维视角或多元化的研究特点。

（4）借用自然科学的相关概念，从而展现出开放的、博采众长和融会贯通的研究思路。邦达尔科认为，自然语言不同于机器语言和人工语言，在自然语言中还有许多传统语言学并未关注的现象，如一些非对立性范畴，一些交叉现象，一些多层次现象等。此外，对于功能语法理论来说，尽管语法是其研究的中心，但还应该对话语中与语法相互作用的其他语言层面的现象进行描写。因此，邦达尔科借用了自然科学的“场”的概念给自然语言的研究建立一个系统，以便把这些现象都纳入其研究的范围，从而把语法和词汇及其他语言层面、语言和言语、形式和语义、表达和理解、对立范畴与非对立范畴、规范语和非规范语等内容全部包纳进来。

（5）注重与语言的使用或实用价值有机的衔接。功能语法理论遵循“从意义到形式”的原则来描写语言及其应用，关注的焦点是说话人的思想表达。鉴于人类思维范畴的共性，它适合于进行语言的对比研究，因为语言学中许多问题是无法采用“从形式到意义”的方法进行对比的。此外，这种研究方式也更适合外语教学，因为外语教学的目的不只在于认知和领会外语现象，更多地是为了能动和积极地表达思想和感情。

3.2 主要缺陷

我们认为，邦达尔科功能语法理论存在的缺陷或不足主要表现为以下几点：

（1）重点描写语法语义范畴，体现出语法上的局限性。功能语法理论的研究对象不仅仅是那些传统意义上的语法事实（词法和句法），不过，功能语法理论始终是依靠语法属性的，同时也是受限于它的。如，邦达尔科把语义范畴作为功能语义场的分类基础，而语义范畴只是指那些在俄语中能够找到语法表达手段的语义范畴。它们是远远不能满足人类交际需要的，而且随着人类认知能力的提高，将会形成更多的语义范畴。因此，就目前的功能语义场体系来说还是不完善的。

（2）更倾向于阐释具体语言形式的功能，对语言作为整体的功能阐释不够。在功能方面，功能语法理论对俄语不同语言层面的语言单位及其功能进行了详尽和系统的分析，但始终没有对语言作为整体的功能做出明确和清晰的描写。换句话说，邦达尔科对功能的阐述主要是语言具体形式在上下文和情景语境中所表达的功能，注重的是语言单位和语言结构本身的功能，这与语言的具体使用更为贴近和吻合，而对整个语言的功能阐释不够。

（3）注重上下文和情景语境的分析，对更深层次的认知和文化语境分析不够。尽管功能语法理论十分重视语境因素的研究，但对语境的描写尚且停留在浅表层面（主要是上下文和情景语境），它注重的是共同语义范畴下语言单位和语言单位之间的搭配，属于语篇内范畴，对其他类型语境的分析并不深入，例如社会、认知、文化等语境因素。当代功能主义对语境的理解已经远远超出了上下文以及情景语境的范围。可以说，邦达尔科的语境思想还缺乏系统性。

（4）更倾向于建构针对俄语和斯拉夫语的语法，对语言机制的普遍性阐释力度不够。功能语法理论是在动词体和体学范畴研究的基础上形成的，主要针对俄语和斯拉夫语而建构的（姜宏、赵爱国，2014b），其目的主要用于服务俄语和斯拉夫语。在功能语法理论中，功能语义场的分析材料主要是俄语和其他斯拉夫语言，而且它所分析的对象并不全是普遍的概念，例如“体范畴”只属于俄语和相近的斯拉夫语言。因此，功能语法理论是立足于俄语这一种语言的个别语法研究，对语言机制的普遍性阐释力度不够。相对于普遍语法，它更像是个别语法。

综上所述，邦达尔科功能语法理论最大的特点、也是最为学界推崇的是其研究范式的整体性和系统性，是其既坚持从意义到形式、又不摒弃从形式到意义的方法原则，既坚持系统语言观点、又注重言语交际观点，同时把语言各个层面的内容结合成为一个整体（姜宏、赵爱国，2015：54-58）。与此同时，由于受俄罗斯传统语法的影响深刻以及语种的限制，功能语法理论还存在一些不足和缺陷。这些问题有待功能主义研究者的继续探索和共同解决。

参考文献

- Бондарко А.В. 1983. Принципыфункциональнойграмматикиивопросыаспектологии. Л.: Наука.
- Бондарко А.В. 1984. Функциональнаяграмматика. Л.: Наука.
- Бондарко А. В. 1985. Опыт лингвистической интерпретации соотношения системы и среды.//Вопросы языкознания, № 1, С. 13-23.
- Бондарко А. В. 2002. Теория значения в системе функциональной грамматики: на материале русского языка. М.:Языки славянской культуры.
- Бондарко А. В. 2011. Категоризация в системе грамматики. М.:Языки славянской культуры.
- Отв. Ред. Бондарко А. В. 1990. Теория функциональной грамматики: Темпоральность. Модальность. Л.: Наука.
- Отв. Ред. Бондарко А. В. 1991. Теория функциональной грамматики: Персональность. Залоговость. СПб.: Наука.
- Отв. Ред. Бондарко А. В. 1992. Теория функциональной грамматики: Субъектность. Объектность. Определенность и неопределенность. СПб.: Наука.
- Отв. Ред. Бондарко А. В. 1996a. Теория функциональной грамматики: Локативность. Бытийность. Посессивность. Обусловленность. СПб.: Наука.

- Отв. Ред. Бондарко А. В.1996b.Теория функциональной грамматики: Качественность. Количественность. СПб.: Наука.
- Отв. Ред. Бондарко А. В. 2003. Теория функциональной грамматики: Введение. Аспектуальность. Временная локализованность.Таксис. М.: УРСС .
- Отв. ред. Бондарко А. В., Шубик С. А. 2000. Проблемы функциональной грамматики: Категории морфологии и синтаксиса в высказывании. СПб.: Наука.
- Отв. ред. Бондарко А. В., Шубик С. А. 2003. Проблемы функциональной грамматики: Семантическая инвариантность/вариативность. СПб.: Наука.
- Отв. ред. Бондарко А. В., Шубик С. А. 2005. Проблемы функциональной грамматики: полевые структуры. СПб.: Наука.
- Отв. ред. Бондарко А. В., Шубик С. А. 2008. Проблемы функциональной грамматики: категоризация семантики. СПб.: Наука.
- Отв. ред. Бондарко А. В., Шубик С. А. 2013. Проблемы функциональной грамматики: принцип естественной классификации. М.: Языки славянской культуры.
- Отв. ред. Бондарко А. В., Казаковская В. В. 2017. Проблемы функциональной грамматики: Предикативные категории в высказывании и целостном тексте. М. : Издательский Дом ЯСК.
- Шелякин М. А. 2001. Функциональная грамматика русского языка. М.: Русский язык.
- 姜宏，2007，功能语法理论研究的多维思考——谈当代语言学新元素对功能语法理论的修补和完善。《中国俄语教学》(3)：2-6。
- 姜宏、赵爱国，2014a，语言学研究中的功能主义发凡。《中国俄语教学》(3)：52-58。
- 姜宏、赵爱国，2014b，功能语法理论和系统功能语言学的生成背景及学理传承。《外语与外语教学》(2)：32-37。
- 姜宏、赵爱国，2015，俄罗斯功能语法理论与西方系统功能语言学对比研究发微。《外语学刊》(1)：54-58。
- 王铭玉、于鑫，2007，《功能语言学》。上海：上海外语教育出版社。
- 郅友昌，2009，《俄罗斯语言学通史》。上海：上海外语教育出版社。

A Review of Key Ideas in the Theory of Russian Functional Grammar

Abstract: A.V. Bondarko's Russian functional grammar contain key ideas of the following six respects: 1) semantic system and semantic category; 2) potential function and **realized function**; 3) functional-semantic field; 4) categorical situation; 5) context; 6) combination of the two description principles, i.e., "from semantics to the means of expression," and "from the means of expression to semantics." These thoughts are important contributions of the Russian functional grammar to the development of contemporary linguistics. However, up till now these key ideas have not been summarized and described in full, not to mention their development in China. This is an important task that lies ahead of Russian researchers.

Key words: functional grammar; Bondarko; the theory of Russian functional grammar; academic thoughts

（责任编辑：王辛夷）

瓦罗与许慎的语源观念比较

北京大学　李　娟*

［提　要］　本文基于对古罗马学者瓦罗（Marcus Terentius Varro）《论拉丁语》（*De Lingua Latina*）和中国汉代学者许慎《说文解字》的比较，探讨两位古代学者语源观念的异同，并由此阐释二者的语言文字观念以及相关的影响因素，同时从这一视角讨论"字"所具有的多重复杂性质。论文的主要结论是：（1）许慎与瓦罗都认为语言文字是基于少量根本要素衍生发展起来的，语源研究是把握语言文字本质属性的基本途径；（2）二者都把语言单位的构形（词形或字形）作为研究的立足点，对构形与语源做出统一的解释；（3）两种语言文字的差异影响到两位古代学者的研究结果，对二者的比较更凸显出汉字形音义关联的跨时空特点。

［关键词］　语言学史；语源学；形变；六书；字

❶ 引言

语源研究在西方有悠久的历史，最早可上溯到柏拉图的《对话录·克拉底鲁篇》。这篇讨论语言性质的对话谈到许多词在历史上可能存在的音义关联方式，试图通过语源的追溯对词形和意义的关联做出理据性的解释。同样的观念也出现在中国传统的小学研究中，无论是先秦零散的名物释义还是后来系统的文字、音韵和训诂研究，都很关注字本义的解读，探究本义和引申义之间的理据性联系。为什么两种各自独立的研究传统都关注语源的探求，它们如何看待语源与语言性质的关系？本文拟通过个案研究就这些问题加以探讨。

本文的具体研究材料选取古罗马早期学者瓦罗（Marcus Terentius Varro，BC116—BC27）的《论拉丁语》（*De Lingua Latina*）和中国东汉学者许慎（？AD58—？148）[①]

* 作者简介：北京大学中文系副教授、博士。研究方向：理论语言学、语言学史。Email：ljyk@pku.edu.cn。通信地址：100871北京大学中文系。

本文曾在"汉字与汉字教学国际学术研讨会"（2017年7月，安阳）上宣读，原题目为"瓦罗词源论与许慎字源说比较"，后有修改。潘文国老师、李大遂老师和《语言学研究》的匿名审稿专家对本文提出了中肯的意见，在此一并表示感谢。文中谬误之处概由笔者负责。

① 许慎的生卒年不详，后人也有不同说法，但大致年代皆为公元1—2世纪之间，这里所标年代据何九盈（2005：60）所引清人考证结果。

的《说文解字》。瓦罗与许慎生活的年代相隔一百多年，历史时代大抵相当，而且各自都处于统一、庞大的帝国中，语言研究有共同的传承古典文化、维护政体运作等社会功用，很受官方重视。从文本内容看，瓦罗的《论拉丁语》是现存最早的拉丁语法著述，同时也是一部词源学论著；而许慎的《说文解字》则是中国最早的系统的文字学经典，总结出一套字形分析和字源考证的体系。这两部著作各自属于不同研究传统的形成奠定时期，对后来的研究都产生了重大影响，有相当大的代表性。

限于篇幅，本文讨论的问题主要侧重以下三点：（1）词源和字源；（2）语源与构形；（3）语源研究与“字”的多重性质。

2 词源和字源

2.1 瓦罗的词源观

瓦罗是古罗马一位著名的学者和政治家，与古罗马诗人维吉尔（Publius Vergilius Maro，英文常作Vergil，BC70—BC19）、修辞学家西塞罗（Marcus Tullius Cicero，BC106—BC43）等处于同一时代，正是历史上的“黄金拉丁”时期，当时的拉丁语文学创作是后世古典拉丁语的典范。瓦罗博学多才，著述甚多，对语法、修辞、逻辑、算术、几何、天文、医药、建筑、农业等都有研究，被誉为“罗马最博学的人”。[②]除了这部《论拉丁语》外，瓦罗还著有《论拉丁语起源》（*De Origine Linguae Latinae*）等多部语言学著作，但都没有流传下来。类似于中国的“许学”或“说文学”，西方也有“瓦罗学”（Varronian Scholarship）的研究传统。

《论拉丁语》具体完成时间大约是公元前47—公元前45年，在西塞罗去世之前，其中有3卷题献给西塞罗。这部著作流传有不同的手卷残本，中世纪有各种抄本手稿，同时也有相关的正字校勘研究，文艺复兴时期开始出现印刷版本。这部著作全书共25卷，现仅存6卷（5—10卷），中间有残缺。还有其他一些零星残篇，散见于后世他人文稿中。本文依据的是由肯特（Roland G. Kent）翻译、哈佛大学1938年出版的拉丁文–英文对照版本，书前有肯特的导论。根据导论，第1卷是引言，从第2卷到第7卷都是探讨词的产生发展，散佚的前几卷可能更多探讨词源学本身的价值和性质，这一推测在VII.109的总结行文中可以得到印证。现在看到的6卷中，第5、6、7卷讨论了几百个拉丁语词源，涉及有关时间、空间词语的音义关系以及诗歌中的用词，已经是具体的词源探讨了，但其中也有关于词源学本身的论述，是了解其语源思想的重要部分；第8、9、10卷讨论词的形变问题，早期学者关于语言的“类比论（analogia, analogy）”和“变则论（anomalia, anomaly）”的论争在这里留下了记载，在第10卷瓦罗基于词的形变研究给出了他个人对于论争所持的态度和观点。肯特认为可能第8—13卷都是讨论形变问题，第14—25卷大概涉及句法和修辞风格。

瓦罗基于他所理解的语言自然属性把全书的拉丁语研究分为三个方面：

② 古罗马修辞学家昆提利安（Marcus Fabius Quintilianus）的赞誉，转引自Sandys（1903: 173）。

> 正如前卷所言，语言自然地分为三个部分：第一部分是词如何施用（impositio）于物；第二，各种变形的（declinata）词以何种方式获得；第三，词如何通过合理的组合表达意义。（VIII.1）[3]

类似表述在前一卷的结尾VII.110中也有，表明他全书试图通过这三个方面揭示语言的本质属性，不过由于文本残缺的原因第三部分探讨已不可见。现存6卷中，第5—7卷是属于第一部分的研究，重点是词与物的关系和词义的来源，第8—10卷是属于第二部分的研究，重点在词形的变化，二者分别从意义和形式两个方面探讨词的衍生过程。

瓦罗的词源思想是与他对词义的解释统一在一起的。他在第5卷的开篇提出：

> 每个词都具有两个自然属性，就是使用的名称源于什么事物和用于什么事物……前者探究词产生的原因和来源，希腊人称之为词源学（ἐτυμολογίαν, etymology），后者是语义学（περ<ι>σημαίνομεν,[4] semantics）。对于二者，我将在后文一起讨论，但不侧重后者。（V.2）

把词源与词义看作语言的自然属性，反映出瓦罗的语言本质论思想，也是他语言研究的基础。他认为语言中的词是从一套有限的原始词发展而来的。他把词源探索与古希腊早期原子论者德谟克利特（Democritus）、伊壁鸠鲁（Epicurus）等人的观点相类比，认为原子论者揭示出世界上的事物是由一些基本成分构成的，而词源学家则可以解释语言是如何由词的基本成分衍生出来的。“如果词源学家设定一千个词的原初成分，……可以解释的词的数目是相当巨大的”。（VI.39）这显示出瓦罗对语言构造和发展的一个基本设想。

在第5卷，瓦罗先提出了词源的四个层次：（1）最低层次的对大众而言也是语义透明的复合构词的词义，说话人可以直接了解构词成分的意义和词义的关系，如argentifodinae（银矿，argentum银+foditur被采掘）；（2）用旧的语法可以显示词是如何构造派生的诗人用词，如文中所举诗句中的一个构词incurvicervicum（弯曲颈项的，incurvi弯曲+cervicum颈）；（3）对词的意义和一般用法上升到哲学（philosophia）[5]的解读，给出词源理据；（4）最高层次的词源，最具有神秘性，虽不能企及但可推测。（V.7-10）可以看出，这四个层次总体都涉及词物关系或词义的获得。这里的最高层次近于词源的基本原初成分，其余三个层次都涉及词的构形变化。

瓦罗的具体词源阐释体现出他对原初成分的设想。受毕达哥拉斯（Pythagoras）二分法的启发，瓦罗认为，动（motus）和静（status）是语言的两种基本表达

---

③ 此处引文出处标注的罗马数字为《论拉丁语》原卷目序号，阿拉伯数字为段落序号，后文与此相同。
④ 所注希腊文依所据文本。
⑤ 这里的“哲学”应就当时的意义来理解，指各类知识的一般性阐释。后文这类词源解读常增加或减少字母以寻求理据，有很强的主观臆测的特点。

（V.10）。这两种表达要求有四个维度的语义范畴：实体（corpus, body）、方位（locus, place）、时间（tempus, time）和行为（actio, action）（V.11-12），其中方位和时间又分别与实体和行为相匹配。这四个语义范畴与亚里士多德的十大范畴相比更具一般性，从现代语言学的眼光看也称得上是语言表达经验意义、实现指称功能的核心要素。他具体分析了许多词的构成与这些基本范畴的关联。

方位（locus）是任何静止物之所在，可分天（caelum）和地（terra）两大类（V.16），由此生发出各种方位和方位上的许多实体名物范畴，这是第5卷的词源研究内容。时间（tempus）则与动态的行为（actio）相关，“行为”可进一步分为思（cogitare, think）、言（dicere, say）、为（facere, do）三类（VI.42），第6卷探讨了这一部分词源，分析了各种时间词（包括各种节日名称）和与时间相关的动词的词源。他还基于时间（temporum）和格（casus）的有无对有形变（declinatuum[⑥]）的词做出四种分类（词类），并且把这些形变也纳入了词源研究范围，认为这种形变也是基于原始形（primigenia）的变化，可以带来词的数量的巨大飞跃。（VI.36）第7卷主要是基于这四个基本语义范畴讨论诗歌用词的词源。

从第5—7卷的内容看，词源问题在瓦罗的研究中不是单纯的语词历史的问题，而是涉及语言本原的根本性问题。瓦罗把词源看作词的自然属性的根本，词义、词类、词的屈折和派生都从属于词的自然属性，可从词源角度得到解释。他对语词的词源解释既体现出他的语言本质论思想，同时也是他对语言符号各种属性的基本把握途径。

2.2 许慎的字源说

与瓦罗相似，许慎也是他那个时代的一位饱学之士。他少时师从著名古文经学家贾逵，博学经籍，同时也涉足官场，曾任郡功曹、太尉南阁祭酒等官职。范晔《后汉书·儒林列传》中称“时人为之语曰五经无双许叔重”，可见其学问也是备受推崇。除了《说文解字》，许慎还曾撰写《五经异义》等其他训诂著作，但也多散佚。

《说文解字》正文14篇，后世版本都加上叙1篇，合计15篇。许慎的《说文》直接与汉代经学相关，其叙文中有对经学的直接评议，释义中也大量引经为例，五经之外还引用了《尔雅》《论语》《孟子》《老子》《庄子》等先秦文献。关于许慎在今古文经学之争中的地位，前人多有研究，他对字源的探求与古文经学观念有一定相关性。

中国传统语文研究一贯有重材料整理少理论思辨的特点，与长篇大论的瓦罗著述相比，许慎的字源观念主要体现在《说文解字叙》的简短论述和具体的文字释义当中。

在《说文解字叙》中，许慎讨论了文字起源问题，并区分了汉字产生的两大类

⑥ 这里的declinatuum为所据文本原文，是declinatus的变形，包括现代意义的屈折、派生等许多现象，下节会专门探讨。时间与格的形变属于“自然形变”。

别——文与字。他指出，“依类象形”的“文”为物象之本，“形声相益”的“字”为孳乳后生。“字者，言孳乳而浸多也。”例如：朿（朿），木芒也，象形。这是一个文。而刺、策、茦、莿等则是由“朿”和其他字符（文）孳生出的字。文字二分是《说文》基本的字源思想，意味着文是字的基本要素，相当于基本字符。汉语众多的字是由少量的文孳生出来的。

从现代语言研究看，字源似乎首先是文字的起源，不同于瓦罗的词源。但实际上有两方面的事实不能忽略。首先，在许慎和瓦罗的著作行文中，汉语的“字”或古拉丁语的verbum（词）都是同时有音、有义、有文字构形，所以既可以指口说的语言单位，也可指书写下来的文字单位。他们在讨论文字呈现的语言单位时，也都会从文字形态上解释其语词意义，如汉字的字符构造或者拉丁语词的字母组合。显然，这些早期研究并没有严格区分文字和语言两个层面。面对书写文本材料，关于文字构形的表述往往也同时是关于语言单位的表述。其次，从许慎文字二分的具体行文可以看到，其中描述的字的许多属性实际是其对应的语言单位具有的。作为记录语言的成熟文字体系，“依类象形”中的“类”是语言符号构建并承载的名类，所谓“象形”是指抽取了词语语义中重要的属性作为文字的区别性特征[7]由视觉符号呈现出来，是对文字代表的语言符号的某个语义特征的一种描摹，反映的是语言中形成的概念；而“形声相益”的“声”更是语言符号才具有的语音。所以，许慎对文字的讨论离不开语言，他对文字孳乳关系的探讨不仅仅是文字形体问题，也涉及语言符号间的音义关联和历史演化，和瓦罗的词源学一样都属于语源研究。

比较许慎和瓦罗的研究，可以看到二者语源观念上的相似性。“文”与“字”的区分反映出许慎与瓦罗一样，认为语言文字对世界万物的分类是以一些基本概念范畴为基础的，而后更多的符号范畴“孳乳而浸多”，这些衍生符号在汉字体系中以“字”的形式呈现出来，而“字”的形态结构则留下了衍生的历史痕迹。虽然许慎没有像瓦罗那样对语言的基本语义范畴做出理论上的抽象，但正如《说文解字叙》所言，其部首分类系统“同牵条属，共理相贯”，正为“以究万原”“知化穷冥”。文与字的二分、“类首”的观念和全书部首分类体例，都反映出许慎对汉字体系中蕴含的基本语义类分和构造演化规则的深刻认识。

❸ 语源与构形

在《说文解字注》中，段玉裁对许慎的“文”和“字”做了注解说明。依段注，六书中的指事、象形属于“文”，会意、形声属于“字”。陆宗达（1981）对段以六书解释“文”和“字”提出了批评，认为是混淆了汉字构造法则和汉字的历史发展。汉字的结构类型和历史发展是两个不同的维度。不过，许慎的“六书”分类原则究

⑦ 这里之所以称之为“区别性特征”，是因为文字体系一旦成熟，不同文字间的区别性是实现其功能的基本条件，如“大”和“人”在象形的甲骨文中都以人形呈现，但一为正面，一为侧面，表征的语言符号完全不同。汉字隶变后很多字的象形性不复存在，但其区别性保证了文字功能的实现。

竟是什么，在研究者中一直存有争议，结构分类和造字分类似乎各有道理。究其根源，从许慎“依类象形”成文，“形声相益”成字的阐释看，字的构形与字的衍生在许慎的话语中似乎原本就同属一个问题。

值得注意的是，与许慎相类似的观点也在瓦罗的词源研究中体现出来，并且同样招致现代学者相似的批评。这体现在瓦罗把词源和词的构形放在一起讨论。前文谈到，瓦罗把词源分为四个层次，最高层级的第四个层次涉及了原始词的最初音义关联，是其他层次的衍生基础和理据来源，其他三个层次在瓦罗看来，不管是清晰可辨的合成构词还是词形词义的变化发展，相对于原始基本词都是后起的衍生的词。这样，在瓦罗的词源讨论中，现代意义的复合和派生构词以及各种词形变化都属与原始词相对的词的变化形式。Robins（1951，1967）曾批评这一观点是混淆了共时语言结构中的形态变化、派生构词与词的历史演变。

为什么东西方两位古代学者在对语言基本单位的解释中都没有区分结构和历史，这是本节要探讨的主要问题。我们分别从许慎的六书性质和瓦罗的形变观念来比较二者对单位结构和语源关系的把握方式。

3.1　六书与造字之本

六书的说法在许慎《说文》之前已经出现，刘歆《七略》解释六书时称之为“造字之本”，从许慎的受业传承和《说文解字叙》的表述看，许慎对六书性质的把握应该与刘歆是一致的。那么，如何理解这里的“造字”与“本”呢？

后世学者中对六书“造字之法”最有代表性的解读是戴震提出的“四体二用”说，即“六书”中的前四种（象形、指事、会意、形声）为“字之体也”，而转注、假借为“字之用也”。这里关于“转注”的性质仍可讨论，但无疑“四体二用”明确地把“造字”解读为构造字的形体。段玉裁继承了戴震的观点，因此在解释“文”“字”关系时也排除了转注和假借。如果仅仅考虑字的形体，六书的性质明显不能统一在一起，很难解释古人把这六种方式共同看作“本”的依据。但是，结合前文讨论的语源视角和字的形音义一体性，就可以发现，古人对“六书”的探讨始终是和以字记言这一根本的文字性质连在一起的，所谓“造字”就是要以视觉符号呈现出对应的语言单位，六书的每一类都涉及确立视觉符号与语言单位对应关系的独特方式，包括并没有增加新的字形的假借造字法。这一分类原则使中国传统的文字学研究更具语言学意义。

另一方面，“造字”的说法自然蕴含了时间性，汉字与其对应的语言单位的不同关联方式，间接反映了语言符号的衍生发展过程，这也是后世“因形求义”的基础。例如，在原字基础上加形符就是为语词的引申义造分化字的重要手段，有学者认为这就属于转注造字的方法（孙雍长，2010）。一个语词的意义引申演变到一定的程度，与原本的意义联系会越来越松弛，同时往往也伴随着语音形态的变化，对于语言运用者而言逐渐成为一个新的语言符号，而在文字上，也出现了与之相对的新的字形，固化了新的词语。这个新的字形常常是在原有字符基础上增加新的形符，如“懈”之与“解”，“娶”之与“取”，等等。字的孳生反映并确认了语言单位的演变。

已经有很多学者指出“四体二用”观点的局限性，开始从文字的历史发展以及文字与语言关联方式的角度看待六书，回归六书作为“造字之法”的解读（陈梦麟，1992；白兆麟，2003；孙雍长，2010等）。由此来看，六书既涉及文的表意也涉及字的孳乳，既涉及字的形体也涉及字的使用就可以理解了。

3.2 形变与命名

瓦罗的形变（declinatio）讨论主要集中在现存文本的第8—10卷。他在第10卷对形变有这样的描述：

> 当一个词发生了某些改变时形变就出现了，这些改变或者是从一个词形到另一个词形，或者是派生出一个新词，以表达思想的变化。（X:77）

形变，原意为“折向一边，折下”，在瓦罗的著作中这一术语可以指称词的各种形式上的变化，既指语法屈折，如词的变格、变位，也指狭义的派生构词、复合构词，也包括对历史上可能发生的词形变化的推断。在瓦罗看来，形变是存在于所有人类语言中的一般性的语言范畴，其术语的核心内涵是变化。

命名（impositio），原意为“施加，应用”，这里指用词赋予外物名称，直接涉及新词的产生，作为专门的术语这里译为“命名”。第5—7卷的词源研究主要探讨命名中的语义获得。⑧

在第8卷讨论形变时，瓦罗再次提到命名：

> 有两种而且只有两种词的来源——直接命名和形变——前者像泉，后者像溪流。人们希望命名的词要尽量少，可以很快学会，形变的词要尽量多，可以更容易地说出需要用的词。（VIII:5）

这段表述似乎是把命名和形变看作词汇发展中完全不同的两个阶段和类型，其实不然，瓦罗在这里探讨了形变的两种不同类型：任意形变（voluntaria）和自然形变（naturalis）。自然形变大体相当于词的语法屈折变化，可类推；任意形变则涉及派生构词以及其他新词产生的方式，与词的衍生和新的名物关联的确立都有关系。Taylor（1974）认为，这里的impositio和declinatio实际上分别与任意形变和自然形变相当，也分别与第5—7卷的词源探究和第8—10卷的屈折研究相对应。对比VIII.1的界定和相关示例阐述，这里的形变概念的确具有狭义的自然形变的属性。而命名则直接与任意形变相关，如Romulus用自己的名字给城市命名Rome，或者为一个从Tibur城来的人起名Tiburtes，都属于通过任意形变给外物命名。这部分有相当多的篇幅在讨论早期类比说和变则说的论争，瓦罗认为任意形变具有个人性，属于变则，而自然形变则多属于类比。

---

⑧ 参见本文2.1所引VIII.1。

任意形变揭示的现象在前几卷探究的词源示例中都有体现，有大量关于通过派生词缀构造新词的例子，如Vestalia（灶神节）和Vestal（灶神的）都是由Vesta（维斯塔，罗马神话中的女灶神）派生的（VI.17）。可见瓦罗的词源部分和形变部分都在探求词的衍生，但探究的角度不同。词源部分侧重新词语义获得的理据性，形变部分侧重词的构形变化，关注的是词衍生的方式。新的词义的获得往往伴随着任意形变。实际上，在瓦罗第5—7卷的词源例证中也不乏自然形变，如VI.36中所举基于lego（读）的各种形变构成新词，当中既有任意形变的派生词lector（读者），也有自然形变的lege（读，第二人称单数现在时主动态命令式）。自然形变大多指向句法，瓦罗把它归入词的衍生系统确实不妥，这也是引发后世学者批评的重要原因，但这也印证了瓦罗的命名和形变是研究词的衍生的两个不同角度。由形变把词源和词的构形统一在一起，构成瓦罗整个词源研究的主体。

瓦罗是从词的构形视角来探究拉丁语词汇扩展的途径，许慎则是从字的构形角度把握汉语字的孳乳方式。两位不同传统的古典学者对语言中的基本单位的衍生和构形的关系采取了相似的看待方式，仅从现代语言学原则出发评判其得失还是不够的，早期研究所针对的现象和背后的理念还值得深入探究。

单就研究对象来讲，现代语言学区分共时结构和历史演变，从共时系统的结构关系出发的确揭示出语言基本单位的许多重要性质，但无论是欧洲传统的词汇语义研究还是中国传统的字义研究，都关注语源和历史，这在一定程度上也反映出词汇系统本身的性质特点对研究的制约。现代词法研究越来越重视词的形态与语义、历史的关联，把共时中的词汇词义现象与词的历史演变结合起来考虑，这与古人对语汇的朴素认知有一定的相通之处。

更值得深思的是，瓦罗和许慎所持有的语言观念具有某些共性，“语源”在这里不仅仅具有历史沿流的意义，更是指向语言的本原，其语源研究的目的不是单纯地探究语言文字的历史，而是要揭示语言的内在本质，从而通过语源探寻达到对词形或字形的理据性解释，而构形（不管是词还是字）正是其研究的出发点也是落脚点。

❹ 语源研究与字的多重性质

字在传统汉语言研究中的地位与西方古典时期的词在早期语言研究中的地位一样，是研究的核心和出发点。林语堂较早意识到这一点，曾把《说文》比之于西方的文法（grammar）和形态学（morphology）：

> 故如在中国小学，说文及金石之学只讲文字的变化与构造，而在文法却需讲语言字句的变化构造。然其同属于一类的研究，注重构造化合的原则，则两者实处于相等的地位。（旧式文法一部分专讲字形的演变，名为“形态学”（morphology），则与字形之义尤近。）（林语堂，1937:120）

grammar的希腊语词源grammatikē本义也指文字之学，和形态学一样最初都是基于文本中的语词构形，由此看来确与《说文》相似。而本文与瓦罗著述的比较则反映出《说文》与西方早期词源学的相近，二者同样指向语词构形和衍生发展。由此可见字的多重性质，这既包括字的形音义一体性，也包括字的时间性。这也是传统小学的重要基础。

立足文字体系和书写文本来探究语言是东西方早期语文学的共同点。西方语文学中的“词”与汉语“字”一样，既是书写的，也是言说的，具有同样的研究地位。我们常常强调“小学”研究中字的形音义一体性，实际上，如果从文字形式与语言基本单位形式的对应关系来说，早期西方语言研究中的词，也同样是形音义一体的。

不过，拉丁语的语言文字特征使其早期研究呈现出不同于中国小学研究的面貌。拉丁语词形变化丰富，词的文字形态可分解的最小字符是表音位的字母，可以体现出词的各种屈折变化和派生形式，对词的构形研究中也自然包含了形态语法。瓦罗有关“自然形变”的探讨就为拉丁语的语法研究奠定了重要基础，而许慎对字的研究就很难达到现代意义的语法层面。另一方面，从瓦罗词源研究的四个层次看，透过表音文字对语词做历史演变的推测，如果超越较低的前两个层次，对语源的判断往往缺乏足够的证据，这也是欧洲古代词源学备受批评的一个重要原因。粘合（agglutination）的发生和文字的表音属性使得文字词形已经不能反映出更早期的构词理据性（索绪尔，1980：248-251）。在19世纪历史比较法出现之前，西方词源学很难找到更多的证据推断词的历史发展脉络，如瓦罗所举词源派生的例子中常根据词的文字形式，随意增减或改变字母推想词原本的构形，以寻求对词义引申或词的派生的解释，这往往失于主观臆断。相对而言，中国古代学者基于字对汉语言单位衍生的解释更具实证性。汉字形态可分解的最小单个的字符是“文”。“文”原本也是独立的字符，有音和义，但在字的复合构形中起着不同的作用，作为义符或声符，或者表现字最初的意义特征或派生来源，或者体现字原本的语音类属。构成一个字的字符，其义或音都是这个字造字之初所代表的语言单位具有的，反映的是当时的语言状态。当然，文字的产生晚于语言，特别是后起字体现的字本义大多不是语言单位的原始义，但借助音韵学和古音学等小学其他分支，中国传统的语源研究仍取得了丰硕的成果。

相比拉丁文本中形音义一体的词，字的形音义一体性具有超越时空的特点。拉丁语文本中的词形只与拉丁语的音和义相对应，汉语的字却可以超越时间与不同历史时期汉语语言单位相对应。汉字构形呈现出的语义关联和语音关联是语言的，但同时也隐含着时间层次，这是借助汉字形体探究语源或分析语义特征时不可忽略的。

参考文献

- Robins, R. H. 1951. *Ancient and Medieval Grammatical Theory in Europe.* London: G. Bell & Sons LTD.
- Robins, R. H. 1967. *A Short History of Linguistics.* London: Longman Group Limited.
- Sandys, J. E. 1903. *A History of Classical Scholarship.* Cambridge: Cambridge University Press.
- Taylor, D. J. 1974. *Declinatio: A Study of the Linguistic Theory of Marcus Terentius Varro.* John Benjamins B.V.
- Varro, Marcus Terentius. 1938. *De Lingua Latina,* with an English translation by Roland G. Kent. Cambridge, Mass.: Harvard University Press; London: W. Heinemann.
- 白兆麟，2003，论传统“六书”之本原意义。《安徽大学学报（哲学社会科学版）》，第27卷第2期：62-66。
- 陈梦麟，1992，论转注。《浙江大学学报》（3）：102-109。
- 何九盈，2005，《中国古代语言学史》。广州：广东教育出版社。
- 林语堂，1937，《大荒集》。上海：生活书店。
- 陆宗达，1981，《说文解字通论》。北京：北京出版社。
- （汉）许慎撰，（清）段玉裁注，2006，《说文解字注》。杭州：杭州古籍出版社。
- 孙雍长，2010，《转注论》。北京：语文出版社。
- 索绪尔，1980，《普通语言学教程》，高名凯译，岑麒祥、叶蜚声校注。北京：商务印书馆。

Etymological Perceptions of Varro and Xu Shen: A Comparison

Abstract: Based on a comparison of *De Lingua Latina* and *Shuo Wen Jie Zi* (《说文解字》), this paper discusses the similarities and differences in etymological perceptions between Varro, an Ancient Roman scholar, and Xu Shen (许慎), a Chinese Han Dynasty scholar, expounding their thoughts of language and related factors. In addition, the multiple and complex nature of Zi (字) is discussed from this perspective. Three major conclusions are reached: 1) both Xu Shen and Varro believed that a language is derived from a small number of fundamental elements and etymology is the basic approach to grasp the essential attributes of the language; 2) both scholars considered the formation of a language unit (word or Zi) as foothold of etymology, and made a unified explanation to formation and origin; 3) differences between the two languages also affected findings of the two ancient scholars, and their comparison highlights the trans-temporal characteristics of Zi.

Key words: history of linguistics; etymology; declination; Liushu; Zi

（责任编辑：高彦梅）

"A BECAUSE B"构式的"力动态-注意"认知识解模型

北京航空航天大学　胡志勇　李福印*

［提　要］　本文基于Talmy（2015）认知系统交叉模型为"A BECAUSE B"构式提出了一个"力动态-注意"认知识解模型。根据这一模型，本文将注意系统和力动态系统相结合，动态考察了"A BECAUSE B"构式在语义构建中的三个层级及其互动过程。笔者发现，该构式含有三大语义范畴:（1）力动态作用下对抗或和谐类"致使义"，包括三类基本模式：BECAUSE-致使型、BECAUSE-阻止型以及BECAUSE-使能型；（2）力动态条件下各种"结果义"及其实现状态；（3）整个语义构建过程中注意分布与突显。这一发现解决了以往研究中受因事件和使因事件表征顺序与语义突显问题，澄清了该构式既构建概念框架又表达概念内容的双重作用，阐释了"A BECAUSE B"构式的力动态内涵及其突显意义，并进一步否定了Fodor（1983）提出的"自治模块"说。

［关键词］　"A BECAUSE B"构式；"力动态-注意"认知模型；认知系统交叉模型；注意分布与突显

❶ 引言

长期以来，因果现象一直是哲学、心理学、认知科学、语言学等领域关注的焦点话题。许多学者运用不同理论对此进行过阐释，但仍见仁见智，难以统一。本文聚焦典型因果构式"A BECAUSE B"的认知语义构建，尝试从Talmy（2015）认知系统交叉模型角度对语言中因果现象做进一步探讨。

国内外已有许多学者分别从因果理论（Copley & Wolff, 2014; Copley et al., 2015;

---

*　作者简介：胡志勇，北京航空航天大学外语学院博士研究生。研究方向：认知语言学。Email：hzy80905791@163.com。通信地址：100191北京市海淀区学院路37号，北京航空航天大学外语学院。
李福印，北京航空航天大学教授、博士生导师。研究方向：认知语言学。Email：thomasli@buaa.edu.cn。通信地址：100191北京市海淀区学院路37号，北京航空航天大学外语学院如心楼702房间。
本研究为国家社科基金项目"基于汉语趋向动词的事件融合原则研究"阶段性成果，批准号：18BYY170。

Wolff, 2017)、语法(Quirk et al., 1985；邢福义，2001)、功能(Halliday & Hasan, 1976)、语篇(Givón, 1995; Degand, 2000; Fraser, 2006)、人种交际(Schiffrin, 1987)、概念域(Sweetser, 1990；沈家煊，2003，2008)、心理语言学(Sanders et al., 1992; Spooren & Sanders, 2008; Sanders & Spooren, 2015)、认知语用(Blakemore, 1987; Carston, 2002; Recanati, 2010；廖巧云，2004，2008，2011)、认知语义(Talmy, 1988, 2000a,b; Stukker et al., 2008；Wolff, 2003, 2007, 2008, 2017; Wolff & Song, 2003; Copley et al., 2015；徐盛桓、李淑静，2005；牛保义，2006；董星华，2007；黄蓓，2009)以及语言对比(许文胜、张柏然，2006)等不同角度对因果连词BECAUSE进行过研究。这些研究取得了一些成果，但仍存在不足之处，主要表现在以下三个方面：

第一，理论阐释不统一。根据因果结构多元假设(Copley & Wolff, 2014)，人们往往对致使动词用力动态理论解释，而对因果连词BECAUSE却用依存理论解释。这样，包含同样的致使性范畴，却由不同的理论加以解释。很显然，这存在理论解释上的不一致性。例如，

[1] a. Drugs caused Lance Armstrong to win seven Tours de France.
(药使兰斯·阿姆斯特龙赢得过七次法国锦标赛。)
b. Lance Armstrong won seven Tours de France because he took drugs.
(因为他吃了药，兰斯·阿姆斯特龙赢得过七次法国锦标赛。)
(Copley et al., 2015: 3)

从真值看，[1a]为假，而[1b]为真。对此，Copley和Wolff(2014)认为，动词cause和连词because的概念化方式可能基于上述因果结构多元假说，但这种解读未获支持(Copley et al., 2015: 12)。

第二，理论解释不充分。针对因果结构多元论假设存在的问题，Copley等(2015)在以往学者研究的基础上提出了力动态一元论假设(force-everywhere hypothesis)。结果发现，单一的力动态理论无法对BECAUSE进行充分解释，概念表征和语法表征之间依旧存在部分独立性。例如，

[2] a. They stayed home because they were feeling tired.
(他们待在家中，因为他们累了。)
b. Because they were feeling tired, they stayed home.
(因为他们累了，他们待在家中。)
(Talmy, 2000a: 356)

在例[2]中，同一力动态场景，却有两种不同表征顺序。对此，单纯力动态理论似乎无法阐释。

第三，具体研究不深入。虽然国内外已有许多学者分别从语法、语义、功能、语用、认知以及语言对比等不同角度对BECAUSE等因果连词进行过研究，但较多聚焦于语义描写及其分类，对其语义建构的认知过程及其生成机制涉及较少，具体研究仍不够深入。例如，

[3] a. John came back because he loved her.
（因为他爱她，他回来了。）
b. John loved her, because he came back.
（因为他回来了，所以他爱她。）
c. What are you doing tonight, because there's a good movie on.
（因为有场好看的电影，今晚你去吗？）

（Sweetser, 1990: 77）

上例[3]中，Sweetser（1990）仅从内容[3a]、认知[3b]以及言语行为[3c]三个认知域对因果连词BECAUSE的语义范畴进行了阐释，但这种解读比较宽泛，其范畴界限有时很难区分，也未能深入探究其认知机制。

鉴于此，本文在Talmy（2000a,b; 2015）认知系统交叉模型基础上提出"力动态–注意"模型，以尝试对"A BECAUSE B"构式的语义建构过程及其认知生成机制作进一步解释。为方便讨论，本文第二部分针对以往不足提出解决方案；第三部分依此方案进行层级动态识解；第四部分对其整体意义进行界定；第五部分为结语。

❷ 解决方案："力动态–注意"认知系统交叉模型

Talmy（2015:1-6）从人类认知系统进化的早期、晚期、近期三个大致阶段提出了十个主要认知系统（如感知系统、动觉控制、情感、正向模拟、推理、语言、文化、故事、音乐以及舞蹈）以及四类组织元素（如构成元素、认知元素、加工与维持元素以及整合元素）。

一个主要发现是，每一种认知系统都有属于该系统自身独特的结构特征，同时和其他一种或几种认知系统也有相同的结构特性，甚至和所有的其他认知系统共有最基本的结构特性，只是存在程度上的不同。认知系统之间这种共享的结构特征即被称为"认知组织的交叉系统模型"。另一个发现是，语言认知系统和这些认知系统，如视觉感知、动觉感知、运动控制、理解系统等共享的结构特征较多，而与情感、文化系统共享的结构特征很少。

鉴于Copley等（2015）单纯用力动态理论解释BECAUSE构式存在的诸多缺陷与不足，本文基于Talmy（2015）认知系统交叉模型为"A BECAUSE B"构式尝试提出了一个"力动态–注意"认知模型。如图1所示：

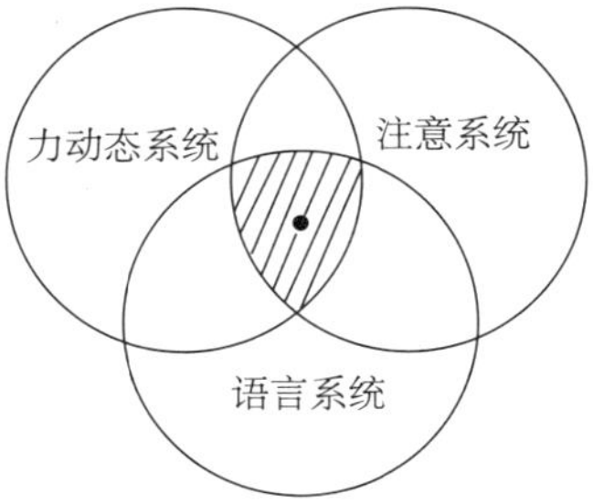

图1 “力动态-注意”认知模型

该模型拟阐释语言系统、力动态系统与注意系统之间重叠交叉关系。一方面，力动态系统主要属于动觉控制系统，是“对语言中‘致使’概念的概括”（Talmy, 1988, 2000a, 2015）。另一方面，注意系统主要属于感知系统，“注意强度、注意模式以及注意映射三个因素决定所指场景的注意分布”（Talmy, 2000a: 76-77）。这两大系统在人类认知进化早期就紧密联系、相互重叠，共同构建概念结构及其内容。本文正是以此为基础对“A BECAUSE B”构式的语义建构过程进行层级动态识解。

❸“A BECAUSE B”构式的层级动态识解

基于“A BECAUSE B”构式自身结构及其顺序象似性特点，本文拟运用“力动态-注意”认知模型从三个层级对其语义建构过程进行探讨：第一层级讨论“使因化”力动态及其注意突显；第二层级讨论力动态作用下的“结果化”及其注意突显；第三层级讨论“格式塔化”（gestaltation）及其注意突显。

3.1 第一层级：“使因化”及其注意突显

3.1.1 “使因化”及其力动态

Talmy（2000a: 409）将力动态定义为实体之间力的相互作用，包括力的施加、对施加力的抵抗、对抵抗力的克服、力的阻碍、阻碍的移除以及其他类似情况。其中，力的施加、对施加力的抵抗属于“使因化”范畴（详见3.1），对抵抗力的克服、力的阻碍、阻碍的移除等属于“结果化”范畴（详见3.2）。

“使因化”从动态角度描述了“A BECAUSE B”构式力的互动过程，包括对抗（opposition）与和谐（concordance）两种力的作用关系，具体表现为“致使化”“使能化”“阻止化”等三类力动态模式。这些模式的一个显著特征是，强调力的作用与反作用，突显施力体与受力体之间互动，充分展示力的构型特征，涉及力的来源、大小、方向、作用对象以及作用的开始、持续与终止。

本文认为，Wolff（2003, 2007, 2008）提出的“致使型”“使能型”以及“阻止型”模式例示了本文“A BECAUSE B”构式中“使因化”过程的三种力动态模式。关于这三类模式，Wolff（2003, 2007, 2008）在Talmy（1988）和Jackendoff（1990）研究基础上提出动态理论（Dynamic theory）对之进行过详细论述。

Wolff（2008: 565）从三个维度，即受力体①对终点状态的倾向性、施力体与受力体之间力的作用关系，以及受力体终点状态是否实现，构建了力动态系统三大原型概念：致使型（CAUSE）、使能型（ENABLE）和阻止型（PREVENT）。其具体参数如表1：

表1　致使型、使能型、阻止型力动态模式的语言表征（Wolff, 2008:565）

	受力体对终点状态的倾向	施力体与受力体之间力的一致关系	终点状态
致使型	N	N	Y
使能型	Y	Y	Y
阻止型	Y	N	N

N表示No；Y表示Yes。　　注：此表转引自刘婧、李福印（2017:124）

在"使因化"阶段，"A BECAUSE B"构式也表征了以上三类力动态模式。例如②，

[4]　a. The ball kept rolling because the wind blew on it.
（因为风吹，球不停地滚动。）
b. The water drained from the tank because the plug came loose.
（因为活塞松动，水流干了。）
c. The log kept lying on the incline because the ridge blocked it there.
（因为那里有条垄挡住了，原木一直停在斜坡上。）

根据Wolff，例[4a]属"致使型"模式，受力者"球"起初没有倾向于终点状态的"滚动"；施力者"风"将力作用于受力者"球"，形成力的对抗；终点状态是"球滚动"。例[4b]属"使能型"模式，受力者"水"起初具有运动趋势；施力者"塞子"松动而允许受力者"水"流动，不存在力的对抗；终点状态是"水实现自由流动"，最终水从水箱里流干。例[4c]属"阻止型"模式，受力者"球"起初倾向于终点状态"滚动"；施力者"垄"和"球"之间存在力的对抗；终点状态没有实现，因此"原木一直停在斜坡上"。

显然，虽然Wolff对Talmy（1988, 2000a）力动态理论作了一定程度修正，但仍存在其缺陷与不足。许多学者（如Marchetti et al., 2015; Talmy, 2015）认为，注意系统也在语义构建过程中发挥极其重要的作用。

3.1.2　"使因化"及其注意层级突显

本文认为，在"使因化"阶段，注意系统与力动态系统共同构建"A BECAUSE

① Jackendoff（1990）和Wolff（2003, 2007）提及力动态一致关系，本文拟用"施力体"与"受力体"表示力的作用实体。
② 除非特别说明，以下所有例句均源自Talmy（2000），部分例句稍有改动。

B”构式概念结构及其内容。基于此，以下我们结合Talmy（2000a:77-82）注意层级模式③的四个方面对此作进一步分析。

合成层次 合成层次包括两个层次的编码，一个是合成的格式塔层次，另一个是合成的组合层次。任何一个合成层次都能放在注意的焦点处，而相应的另一层次则被置于背景处。在“A BECAUSE B”构式中，一方面，封闭连词BECAUSE表征句际层面的力动态作用，突显“使因化”的格式塔层次，包括“致使化”“使能化”以及“阻止化”三种实现模式。另一方面，该封闭连词BECAUSE与B句内力动态共同构建不同的力动态构型框架，强调“使因化”的组合层次。在这两个层次的概念化编码中，施力体、受力体以及作用力共同构成对抗或和谐的“三位一体”力动态构型。如例[4a]中，“风–致使力–球”构成“致使型”力动态构型；例[4b]中，“塞子–使能力–水”构成“使能型”力动态构型；例[4c]中，“垄–阻力–原木”构成“阻止型”的力动态构型。

代表性层次 代表性层次指注意在所有集合体成员内部的指向和分布。在“A BECAUSE B”构式中，典型的“使因化”代表原型的力动态模式，表现为施力体作用力较强，或产生明显的结果，且具有明确的句法表征。非典型的“使因化”则代表非原型的力动态模式，表现为施力体作用力较弱、施力体退出作用或不作用的隐性状态。因此，“使因化”过程中施力体力的作用构成力量程度不同的“连续统”。以上各类力动态模式也构成各自范畴不同的“连续统”。如“致使型”范畴（例[4a]）连续统，“使能型”范畴（例[4b]）连续统。“阻止型”范畴（例[4c]）连续统。

基准线层次 基准线层次往往把注意指向一组跨层次且相互联系的所指对象之一，并把它作为基准线，其他层次以该基准线为参照。在“A BECAUSE B”构式中，“使因化”阶段，注意既可以是以“施力者”力的产生或发出为基准线层次（如例[2b]），也可以像Wolff（2003, 2007, 2008）一样以“受力体”结果变化为基准线层次（如例[4]）。

具体层次 具体层次是一个包括从详略度较高到概括性较高之间的渐变层级，语言表征沿着这个渐变层级进行编码。在“A BECAUSE B”构式的“使因化”阶段，这些前景化的对象可形成一个“使因化”的渐变层级。如，施力体可以是具体自然力（例[4a]“风”）、特定力动态场景中的物体（例[4b]“垄”、例[4c]“塞子”）、施事者、行为者、工具、受事者以及具体事件，等等。

从以上讨论中发现，作为力动态的第一层级，BECAUSE在这一层级主要充当着“使因化”B的功能，既存在认知压制操作（coercive operation），也存在力动态的重合映射，就像一个力动态的“启动器”（force initiator）。基于此，本文拟把“A BECAUSE B”构式中三种“使因化”力动态模式及其突显特征概括如图2：

③ 包括注意的合成层次、代表性层次、具体层次、基准线层次。

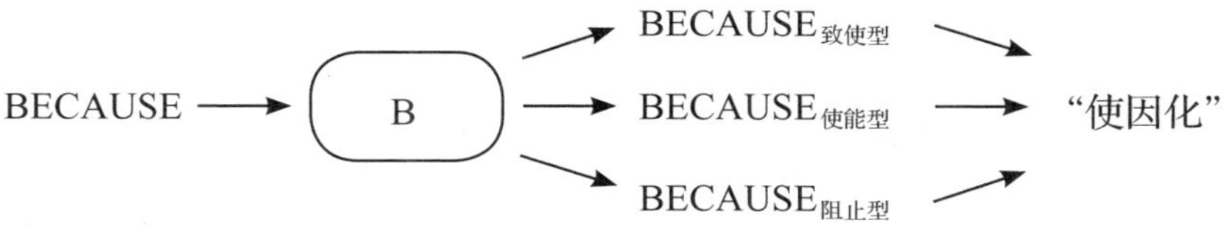

图2 第一层级"使因化"及其突显

以上"使因化"力的作用及其注意特征一并编码在"A BECAUSE B"构式第一层级中。除此之外，该层级还在一定程度上预设着不同的结果变化。

3.2 第二层级："结果化"及其注意突显

3.2.1 "结果化"及其力动态

很多学者（Talmy, 2000a; Jackendoff, 1990; Goldberg & Jackendoff, 2004;Wolff, 2003, 2007, 2008）对结果范畴设置过不同的参数，但对结果变化的性质及其实现程度仍有待继续探讨。Talmy（2000a）从静和动两个角度对力动态结果进行阐释；Jackendoff（1990）把力动态结果分为结果实现、未实现以及不确定三种情况；Goldberg和Jackendoff（2004: 535）将结果看成是一个"构式家族"；Wolff（2003, 2007, 2008）探讨了各种结果的实现状态。

本文认为，"结果化"就是在更大的框架范围内产生或实现结果的过程，包括结果的实现方式、实现程度、变化性质、具体类型等。概言之，该过程既包括质的变化，又包括量的增减，既包括突变，也包括渐变，既含有整体变化或影响，也含有局部变化或影响，既包括受力体产生的结果变化，也包括施力体产生的结果变化。总体上，这些结果变化形成一个"从无到有，从小到大"，或相反，"从有到无，从大到小"的原型范畴"连续统"。上文Wolff（2003, 2007, 2008）提出的结果实现状态仅代表了"A BECAUSE B"构式中"结果化"的三种典型实现模式。如前文例[4]，

[4] a. The ball kept rolling because the wind blew on it.
（因为风吹，球不停地滚动。）
b. The water drained from the tank because the plug came loose.
（因为活塞松动，水流干了。）
c. The log kept lying on the incline because the ridge blocked it there.
（因为那里有条垄挡住了，原木一直停在斜坡上。）

上例[4a]代表了"A BECAUSE B"构式中"结果化$_{致使型}$"的实现状态之一。其典型特征是，受力体产生"从无到有"的结果实现状态。如例[4a]中，受力体"球"迫于"风"的致使力，实现"由静到动"。上例[4b]代表了"A BECAUSE B"构式中"结果化$_{使能型}$"的实现状态之一。其典型特征是，受力体产生一种结果的实现状态。如例[4b]中，受力体"水"由运动趋势到"自由流动"的实现。上例[4c]代表了

"A BECAUSE B"构式中"结果化$_{\text{阻止型}}$"的实现状态之一。其典型特征是，受力体结果"未实现"。如例[4c]中，受力者"原木"起初有"滚动"的倾向，但最终结果没有实现，因此"原木一直停在斜坡上"。

以上讨论了三类结果实现状态，但Wolff(2003, 2007, 2008)并没有进一步详细讨论结果的具体性质、类型、实现程度等特点。我们进一步认为，这种"结果化"范畴不一定产生一个有界的结果，Talmy(2000b, 2010)所讨论的体相变化、位移、状态改变、行为关联、实现等结果变化均在"结果化"范畴之列。

3.2.2 "结果化"及其注意层级突显

在"结果化"阶段，同样，注意系统与力动态系统共同构建"A BECAUSE B"构式概念结构及其内容。下文继续从注意系统层级模式对之进行讨论。

合成层次 注意可以从组成部分及其相互关系转移到较高合成层次上，或相反，从较高的合成层次转移到各个组成部分及其相互关系上。在"A BECAUSE B"构式中，"结果化"是指受力体与施力体合力矢量之和产生的结果变化或影响。如果说"使因化"是力动态框架的形成过程，那么"结果化"往往描述在一个更大的框架范围内发生某种变化，产生某种结果或处于某种状态的过程。该框架由施力体、受力体、作用力以及结果状态构成的"四位一体"的合力矢量构型。如例[4a]中，"风–致使力–球–球滚动"构成"致使型"构型框架；例[4b]中，"塞子–使能力–水–水流动"构成"使能型"构型框架；例[4c]中，"垄–阻力–原木–原木停止"构成"阻止型"构型框架。

代表性层次 该层次指某个原型成员可以代表其所属层次任何其他成分而被置于注意的焦点处。在"A BECAUSE B"构式中，"结果化"涉及原型和非原型两种。原型"结果化"强调施力体产生结果的趋势很强，或受力体因合力作用而产生明显结果变化或影响。非原型"结果化"包括结果变化未知或不确定等结果状态。上例[4]分别代表了BECAUSE$_{\text{致使型}}$–结果实现（如例[4a]）、BECAUSE$_{\text{使能型}}$–结果实现（如例[4b]），以及BECAUSE$_{\text{阻止型}}$–结果未实现（如例[4c]）三种典型实现状态。

基准线层次 层级中的基准线层次往往作为观察其他部分的最显著的视点出现。在"A BECAUSE B"构式"结果化"过程中，注意既可以是以受力体（或施力体）结果变化为基准线，也可以是以施力体力的作用为基准线。一方面，以受力体（或施力体）最终结果变化为基准线，如例[3]或例[4]呈现结果优先的"先果后因"表征顺序（Szcześniak, 2016）。另一方面，以施力体力的作用为注意的基准线，如例[2b]呈现原因在前的"先因后果"象似性顺序。

具体层次 语言表征沿着详略度不同的渐变层级对同一实体进行注意分配。在"A BECAUSE B"构式中，只要力动态模式出现，所有相关因素必须同时出现。但表达力动态模式的句子可以选择不同因素的组合来表达其指称，无需提及其余因素，并在不同的构式中给这些因素分配不同句法角色（Talmy, 2000a: 422）。例如，在该构式"结果化"中，结果实现程度往往处在注意的前景位置，获得较多关注，这些结果实现状态可从无到有（例[4a]）、从未实现（例[4c]）到实现（例[4b]）形成一个结果变化"连续统"。

基于以上"结果化"及其注意突显特征的分析，"A BECAUSE B"构式又获得另外一个基本意义。我们将其概述如图3：

图3　第二层级"结果化"及其突显

此外，在注意层级模式中，注意突显究竟主要集中在该"A BECAUSE B"构式的第一层级"使因化"，还是在第二层级"结果化"？这进一步触发了注意分布的竞争与突显。

3.3　第三层级："格式塔化"及其注意突显

3.3.1　"格式塔化"及其力动态

根据Talmy（2000a: 77），从注意层级模式看，语言形式或者将一个人最大的注意指向构成要素层面，或者指向包含这些构成要素的整体层面。因此，注意的分布要么突显第一层级"使因化"阶段，将注意指向该构式中构成要素层面力的作用，回答"为什么（Why）或如何（How）发生"，或第二层级"结果化"，单独强调各种结果变化状态，回答"发生了什么（What）"，要么在更大的范围内突显力动态"使因化–结果化"整体，强调力的作用及其结果。

本文认为，第一层级"使因化"与第二层级"结果化"似乎在整个语义构建过程中构成了一个无缝连接的连续统，Morera等（2010: 501）也表达了类似观点。我们把注意由这种较为单一"使因化"（1）或"结果化"（2）的力动态阶段转移到较高层次力动态整体框架的过程称为"格式塔化"。如例[4]三种力动态模式，参见图4所示：

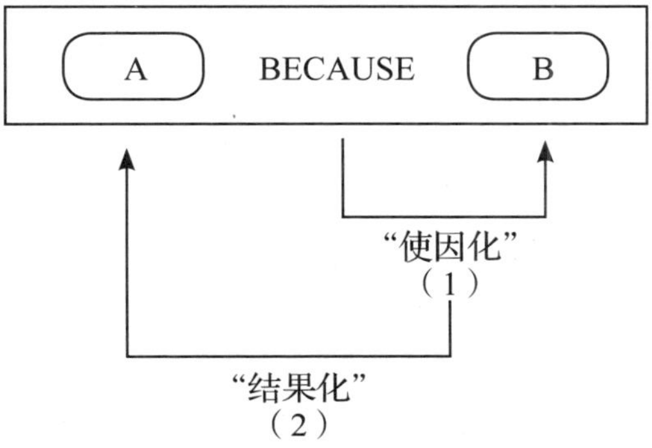

图4　第三层级"格式塔化"

3.3.2 “格式塔化”及其注意嵌套突显

在“A BECAUSE B”构式中，在注意层级模式的格式塔层次,注意分布具有选择性优势。其中，注意的层级模式、视窗开启模式以及“中心–边缘”模式实现三重嵌套关系，并在认知上实现竞争性突显。例如，

[5] a. The candle went out because something blew on it.
（蜡烛灭了，因为有某物吹向它。）
b. Because something blew on it, the candle went out.
（因为有某物吹向它，蜡烛灭了。）

上例[5]中，首先，注意实现“格式塔化”。最大的注意优先指向例[5a]、例[5b]第三层级整体层面“某物吹–蜡烛灭”。其次，注意的“起点–终点”视窗模式嵌入该格式塔层面，在开始、结尾部分优先开启起始窗B(“某物吹”）和终点窗A(“蜡烛灭”）两个注意力最强的视窗,中间部分被背景化。这样，该构式整体在概念上描述了一个“施力–动态”力动态场景。最后，“中心–边缘”模式中“焦点–背景”组织结构（简称F-G模式，如例[5a]）与Chen(2003）的“背景–焦点”组织结构（简称Gb-F模式，如例[5b]）也叠加在其中。但究竟哪一部分更加突显？是更加突显与“使因化”相关的“B”(如[5b]“Gb-F模式”)，还是与“结果化”相关的“A”(如例[5a]“F-G模式”)，还是兼而有之？这与认知中注意竞争与突显紧密相关。我们将其概述如图5：

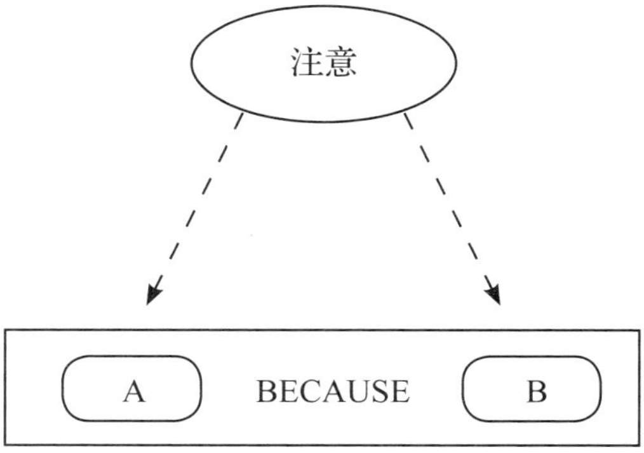

图5 注意竞争与突显

以上三类注意模式实现重叠嵌套，在本质上体现了人类认知系统中一种重要的交叉组织功能，反映了注意认知系统的竞争性特征，也诠释了以往学者提到的认知识解的具体含义。

❹"A BECAUSE B"构式的整体认知语义建构

针对"A BECAUSE B"构式自身的特点，本文基于Talmy（2000a: 15）认知组织的系统交叉模型提出了"力动态–注意"模型，并从注意和力动态两大系统尝试探讨了"A BECAUSE B"构式的认知语义特征及其理据。通过对"A BECAUSE B"构式动态考察，我们发现，该构式在语义构建中的三个层级及其互动过程：首先，该构式中B与"BECAUSE"结合，使其所描述的事件或状态实现"使因化"，并突显不同的使因性力动态特征（第一层级）；其次，"BECAUSE B"与"A"搭配，表征该使因性事件实现"结果化"，强调力动态作用下的各种结果状态（第二层级）；最后，整个"A BECAUSE B"构式实现"格式塔化"，并在认知上实现"竞争性"突显（第三层级）。三个层级及其注意突显如图6所示：

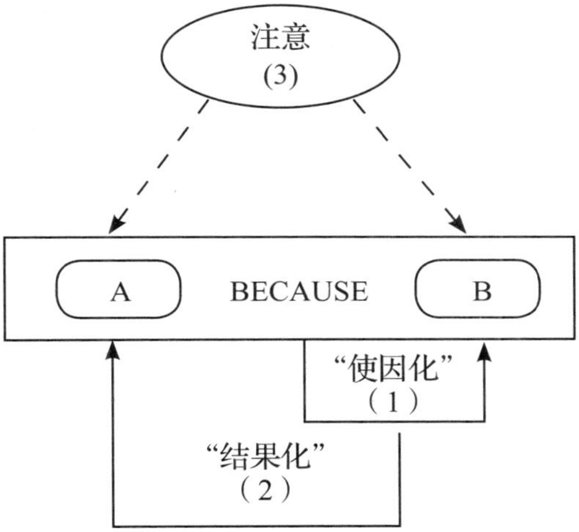

图6 "A BECAUSE B"构式三个层级及其注意突显

以上整个过程体现了语言的动态性、层级性以及注意的突显性。该构式既组织概念结构，也表达概念内容，具备三大语义范畴：（1）力动态作用下对抗（opposition）或和谐（concordance）类"致使义"，包括三类基本模式：BECAUSE-$_{致使型}$、BECAUSE-$_{阻止型}$与BECAUSE-$_{使能型}$；（2）力动态条件下各种"结果义"及其实现状态；（3）整个语义构建过程中注意突显与分配。例如，

[6] a. The aerial toppled because the wind blew on the branches.
（天线翻了，因为风吹向树枝。）
b. Because the wind blew on the branches, the aerial toppled.
（因为风吹向树枝，所以天线翻了。）

在例[6]中，首先，B部分与“BECAUSE”结合，使其所描述的事件或状态实现“使因化”，即，“the wind blew on the branches（因为风吹向树枝）”描述一种“使因化”事件，并突显“致使型”力动态范畴；其次，“BECAUSE B”与“A”部分搭配，表征该使因性事件实现“结果化”，即，“The aerial toppled because the wind blew on the branches.（因为风吹向树枝，所以天线翻了。）”强调力动态作用下的结果变化状态（第二层级）；最后，整个“A BECAUSE B”构式实现“格式塔化”，并在认知上实现“竞争性”突显（第三层级），即，在整个力动态事件中，注意实现嵌套突显，且存在两种竞争性认知表征方式：一种是突显结果的“先果后因”表征方式（如例[6a]），另一种是突显原因的“先因后果”象似性表征方式（如例[6b]）。

我们发现，注意与力动态两大认知系统在“A BECAUSE B”构式的语义建构过程中自始至终发挥着重要作用。

❺ 结语

本文从认知语义学角度基于Talmy（2015）的系统交叉模型为“A BECAUSE B”构式勾画了一个“力动态–注意”认知模型。根据这一模型，本文将力动态系统和注意系统相结合，动态考察了“A BECAUSE B”构式在语义构建中的三个层级和三个互动过程，由此发现该构式具备以上三大语义范畴。这一发现解决了以往研究中受因事件和使因事件表征顺序与语义突显问题，澄清了封闭连词BECAUSE概念构建与表达的双重作用，阐释了“A BECAUSE B”构式的力动态内涵，并进一步否定了Fodor（1983）提出的“自治模块”说。

语言是个认知系统（Talmy, 2000, 2015；李福印，2015）。本文提出的“力动态–注意”认知模型反映了不同认知系统在语义构建过程中所起的重叠交叉作用，体现了语言的层级性、互动性以及注意突显性特征。当然，该模型仅仅是个初步尝试，还有待于借助大量的语料以及神经科学、认知科学、心理学方面的实验进一步检验和验证。

参考文献

- Blakemore, D. 1987. *Semantic Constraints on Relevance.* Oxford: Blackwell.
- Carston, R. 2002. *Thoughts and Utterances: The Pragmatics of Explicit Communication.* Malden: Blackwell Publishing.
- Chen, Rong. 2003. *English Inversion: A Ground-before-Figure Construction.* Berlin and New York: Mouton de Gruyter.
- Copley, B. & Wolff, P. 2014. Theories of causation should inform linguistic theory and

vice versa. In B. Copley & F. Martin (eds.), *Causation in Grammatical Structures*. Oxford: Oxford University Press. 11-57.

❑ Copley, B., Wolff, P. & Shepard, J. 2015. Force interaction in the expression of causation. *Proceedings of SALT* 25: 1-19.

❑ Degand, L. 2000. Causal connectives or causal prepositions? Discursive constraints. *Journal of Pragmatics* 32: 687-707.

❑ Fodor, J. A. 1983. *The Modularity of Mind: An Essay on Faculty Psychology*. Cambridge: The MIT Press.

❑ Fraser, B. 2006. Towards a theory of discourse markers. In K. Fischer (ed.), *Approaches to Discourse Particles*. Amsterdam: Elsevier. 189-204.

❑ Givón, T. 1995. Coherence in text vs coherence in mind. In M. A. Gernsbacher and T. Givón (eds.), *Coherence in Spontaneous Text*. The Netherlands: John Benjamin. 59-115.

❑ Goldberg, A. E. & Jackendoff, R. 2004. The English resultative as a family of constructions. *Language* 80 (3) : 532-568.

❑ Halliday, M. A. K. & Hasan, R. 1976. *Cohesion in English*. London: Longman.

❑ Jackendoff, R. 1990. *Semantic Structures*. Cambridge, MA: The MIT Press.

❑ Morera, Y, De Vega, M. & Camacho, J. 2010. Differences in continuity of force dynamics and emotional valence in sentences with causal and adversative connectives. *Cognitive Linguistics* 21 (3) : 501-536.

❑ Marchetti, G, Benedetti, G. & Alharbi, A. 2015. *Attention and Meaning: The Attentional Basis of Meaning*. New York: Nova Science Publishers, Inc.

❑ Quirk, R., Greenbaum, S., Leech, G., & Svartvik, J. 1985. *A Comprehensive Grammar of the English Language*. London: Longman.

❑ Recanati, F. 2010. *Truth-conditional Pragmatics*. Oxford: Oxford University Press.

❑ Sanders, T. & Spooren, W. 2015. Causality and subjectivity in discourse: The meaning and use of causal connectives in spontaneous conversation, chat interactions and written text. *Linguistics* 53 (1) : 53-92.

❑ Sanders, T., Spooren, W. & Noordman, L. 1992. Toward a taxonomy of coherence relations. *Discourse Processes* 15 (1) : 1-35.

❑ Schiffrin, D. 1987. *Discourse Markers*. Cambridge: Cambridge University Press.

❑ Spooren, W. & Sanders, T. 2008. The acquisition order of coherence relations: On cognitive complexity in discourse. *Journal of Pragmatics* 40: 2003–2026.

❑ Stukker, N., Sanders, T. & Verhagen, A. 2008. Causality in verbs and in discourse connectives: Converging evidence of cross-level parallels in Dutch linguistic categorization. *Journal of Pragmatics* 40: 1296-1322.

❑ Sweetser, E. 1990. *From Etymology to Pragmatics: Metaphorical and Cultural Aspects of Semantic Structure*. Cambridge: Cambridge University Press.

- Szcześniak, K. 2016. Effect before cause: How content affects form. *Cognitive Semantics* 2: 190-212.
- Talmy, L. 1988. Force dynamics in language and cognition. *Cognitive Science* 12: 49-100.
- Talmy, L. 2000a. *Toward a Cognitive Semantics. Vol. I: Concept Structuring Systems*. Cambridge: The MIT Press.
- Talmy, L. 2000b. *Toward Cognitive Semantics, Vol. II: Typology and Process in Concept Structuring*. Cambridge: The MIT Press.
- Talmy, L. 2010. *Ten Lectures on Cognitive Semantics*. Beijing: Foreign Language Teaching and Research Press.
- Talmy, L. 2015. Relating language to other cognitive systems: An overview. *International Journal of Cognitive Linguistics* 1(1): 1-23.
- Wolff, P. 2003. Direct causation in the linguistic coding and individuation of causal events. *Cognition* 88(1): 1-48.
- Wolff, P. 2007. Representing causation. *Journal of Experimental Psychology* 136(1): 82-111.
- Wolff, P. 2008. Dynamics and the perception of causal events. In T. Shipley & J. Zacks (eds.), *Understanding Events: How Humans See, Represent, and Act on Events*. Oxford: Oxford University Press. 555-587.
- Wolff, P. 2017. *Ten Lectures on Experimental Cognitive Semantics and the Language-Thought Interface*. Beijing: Foreign Language Teaching and Research Press.
- Wolff, P. & Song, G. 2003. Models of causation and the semantics of causal verbs. *Cognitive Psychology* 47: 276-332.
- 董星华，2007，Because因果句的语义概念化。《四川外语学院学报》(5)：100-105。
- 黄蓓，2009，因果连词的识解与言语场景的介入。《天津外国语学院学报》(5)：14-22。
- 李福印，2015，Leonard Talmy的语言哲学思想。《中国外语》(6)：119-126。
- 廖巧云，2004，英语实据原因句探微。《外国语》(4)：46-52。
- 廖巧云，2008，英语实据因果句生成机理研究。《现代外语》(5)：238-244。
- 廖巧云，2011，《因果构式的运作机理研究》。北京：中国社会科学出版社。
- 刘婧、李福印，2017，力动态视角下汉语“使”字句的语义构建——一项基于语料的调查。《语言学研究》(1)：122-135。
- 牛保义，2006，英语因果复句的认知语法研究。《现代外语》(4)：338-345。
- 沈家煊，2003，复句三域“行、知、言”。《中国语文》(3)：195-204。
- 沈家煊，2008，三个世界。《外语教学与研究》(6)：403-408。

❑ 邢福义，2001，《汉语复句研究》。北京：商务印书馆。
❑ 徐盛桓、李淑静，2005，英语原因句的嬗变。《外语学刊》（1）：56-62。
❑ 许文胜、张柏然，2006，基于英语语料库的因果关系连词对比研究。《外语教学与研究》（4）：292-296。

A Force Dynamic–Attention Cognitive Model of "A BECAUSE B" Construction

Abstract: This paper proposes a Force Dynamic-Attention cognitive model for the "A BECAUSE B" construction by integrating force dynamic system with attention system on the basis of Talmy's (2015) overlapping systems model of cognitive organization. The proposed model scrutinizes the three consecutive dynamic procedures of interaction. The findings indicate that the "A BECAUSE B" construction has three prototypical semantic categories: (1) the causal meaning of either oppositeness or concordance, involving such three types as BECAUSE-cause, BECAUSE-prevent, BECAUSE-enable; (2) the variety of resultatives and their different states of realization; (3) the attentional distribution and competing salience in the whole process of semantic structuring. These findings have settled the disputes regarding semantic prominence and iconic sequence, clarified the construction's dual roles of concept structuring and content expressing, explained the force dynamic implicature of "A BECAUSE B" construction, and further rejected the autonomy of Fodorian "modules" (Fodor, 1983).

Key words: "A BECAUSE B" construction; Force Dynamic-Attention cognitive model; overlapping systems model of cognitive organization; attentional distribution and salience

（责任编辑：苏祺）

论汉语词尾“了”的双重标记功能

南京大学　王　晨*

[提　要]　本文讨论了汉语体标记词尾“了”的功能与分布，并提出词尾“了”具有双重标记功能：即同时标记内时体终结性和外时体完成性。这一观点可以解释汉语在表达完成体视点与非终结性事件类型的组合时所遇到的困难。同时，本文借助Borer提出的外框架理论，利用空项赋值的手段推导了含“了”句子在句法结构上的生成过程，并列举了这一分析手段相对于传统分析的优势。最后，通过与苏格兰盖尔语和英语的对比，本文将三种语言中时体系统的异同纳入同一种机制，并试图说明跨语言视角下内时体与外时体的联系是一种普遍现象。

[关键词]　句法；时体；事件结构；词尾“了”；终结性

❶ 引言

现代汉语中，“了”是一种常见的体标记。根据其在句中的位置，我们一般将其分成两类：词尾“了”和句尾“了”。词尾“了”紧跟动词，出现在动词和宾语之间，如[1]。句尾“了”则出现在宾语之后，一般位于句子末尾，如[2]。

[1]　张三吃了一个苹果。

[2]　张三吃苹果了。

本文的讨论仅涉及严格意义上的词尾“了”，即出现在动词之后、宾语之前的“了”。因此下文中会忽略类似 [2] 中句尾“了”的情况，并且在单独使用“了”时一律默认为词尾“了”。①

关于词尾“了”的研究已有很多，在第二节中我们会选取两种具有代表性的观点进行讨论。之后，借助Borer（2005a，b）提出的外框架（Exo-skeletal）理论，我

---

*　作者简介：王晨，南京大学文学院助理研究员、博士。研究方向：理论语言学、句法学。Email：chen.wang@qmul.ac.uk。通信地址：210023 南京大学文学院。

①　汉语中词尾“了”和句尾“了”有时会出现在同一语句中，如“张三吃了那个苹果了”。本文认为句尾“了”的功能复杂，对语义解读有较大影响，因此下文中同样不涉及含有两种“了”的句子。

们重点讨论本文的核心观点，即词尾“了”本质上是占据内时体短语（inner aspect phrase）中心语位置的终结性标记（telic marker）。词尾“了”可以通过一致性关系为外时体短语（outer aspect phrase）赋值，使其具有完成性（perfective）解读。因此，“了”实际上具有标记终结性与完成性的双重功能。这一特性使得词尾“了”在句法分布上受到更多的限制，产生了更为复杂的语言现象。

❷ 两种关于“了”的观点

词尾“了”的句法功能一直是汉语语言学研究的热门话题之一。从过去对“了”的研究文献来看，主流的观点有两种：（1）“了”是汉语中的一种完成体标记，强调事件在观察上的完整性；（2）“了”是一种表结果的谓词（resultative predicate），强调事件本身存在一个结束状态。本节内容主要针对这两种观点进行评析。

2.1 观点1：“了”是完成体标记

关于“了”是完成体标记的观点常见于Smith（1997）和Huang等（2009）等文献中。这种观点认为，使用“了”等于把句中事件的起始点和结束点都暴露在观察之下。所以讨论的事件即使不是发生在话语时间点前的过去性事件，也必然是发生在参照时间点前的完成性事件。②

这一观点影响深远，许多关于“了”的句法分析均是基于这个观点构建的。例如，李梅、赵卫东（2008）在上述观点基础上，运用核查理论做出了更为详尽的论述。他们认为“了”并非原始生成于动词短语（VP）之上的AspP短语位置，而是一种动词后缀。“了”在句法上不是独立存在，而是在词库层面便跟动词结合的屈折变化。而“了”所带的完成体特征在逻辑式层面被吸引到Asp处接受核查。

然而这样一来在包含多个体标记的结构中，所有体标记都会与同一个中心语进行核查，理论上存在瑕疵。所以，李莹、徐杰（2010）提出“了”“着”和“过”这类标记全部位于轻动词v节点，因为它们是不能独立存在的黏着语素。这些体标记不需要跟Asp位置所带的特征进行核查，而是自带不可解读特征，需要动词提升与它们进行核查。但是这种说法下占据轻动词位置的“了”与时体成分的投射AspP没有明显关联，等于是说“了”所标示的完成时体并不是时体的一种，理论上不太合理。

为了解决上述理论问题，王晨、刘伟（2014）提出了事件轻动词e/v的假设，使动词V移位与之结合成[V-v]结构，然后再提升与Asp节点上的“了”结合，形成合法的语序。然而，即使理论上可行，上述三种操作都无法解释“了”在实际运用中受到的一些限制，如[3]、[4]。

[3] *张三弹了钢琴。

[4] 张三吃了苹果。

② 关于话语时间（speech time）和参照时间（reference time）的详细定义可参见Reichenbach（1947）。

Wu（2005）观察到，汉语中如[3]一类的句子并不符合语法，至少听起来是不完整的。如要使[3]成立，本文认为必须加入一些句子信息之外的解读。比如“张三每天弹两个小时的钢琴，他昨晚也弹了”。然而这样一来，如果坚持词尾“了”只是完成体标记的说法，那么就很难解释[3]为什么不能说，因为“弹钢琴”这件事完全可以放在完成体视角下看待，就像英语中对应的John played the piano一样。而后者却不需要句子之外的信息就能成立。

另一方面，[4]虽然合法，但语义解读上也受到了限制。其宾语“苹果”只能表达限定性含义，即“张三吃了某个/些苹果”。然而，原则上汉语中光杆名词的解读不会带有限定性取向。从[5]可以看出，至少在“在”标记的进行体中，作为宾语的光杆名词“苹果”具有限定性和非限定性两种解读。也就是说，[5]既可以特指“吃某个/些苹果”，也可以泛指“吃苹果”这个动作。这说明是“了”的出现使[4]的解读受到了限制。而这一限制同样无法用“了”的完成体标记功能作出解释，因为无论宾语是否带有限定性，事件都可以具有完成性。

[5] 张三正在吃苹果。

2.2 观点2：“了”是结果补语

“了”是结果补语的观点主要见于Sybesma（1997，1999）。Sybesma认为“了”最初是位于动词之下的补语，但可以提升并与动词结合。例如，像[6a]中的句子应该是由[6b]的结构转换而来的。

[6] a. 他卖了他的猪。
    b. 他卖[[他的猪][了]]。

在Sybesma的分析中，“他的猪”与“了”首先合并形成一个小句（small clause），其中“了”占据中心语位置。这个小句随后与动词“卖”合并，所以“了”并非动词的后缀。也就是说，“了”在句法中的地位与动结式[7a]中的“死”类似，唯一的不同在于“了”起始的位置更低，如[7b]所示。

[7] a. 他弄死了他的猪。
    b. 他[弄[死[[他的猪][了]]]]。

这种分析为汉语事件结构研究提供了另一种视角。Sybesma认为汉语动词无法直接表达完成体事件，必须借助表结果的补语才能实现。动词如果单独由词尾“了”标记，其表达的事件的结果就可以被取消。这一观点在Tai（1984）和Huang（2006）等的文献中得到支持。他们的论据主要来自以下几个例子。

[8] 我昨天画了一张画，可是没画完。

[9] 我写了一封信，可是没有写完。

（Sybesma, 1997: 218）

值得注意的是，把词尾“了”分析为结果补语可以回避2.1中提到的一些问题，因为出现明确表示结果的成分就意味着有明确的结束点。而“了”无法跟在“弹钢琴”一类短语后面，可以认为弹钢琴这类活动一般没有明确的结果，“了”找不到跟实际相符的语义解读。然而，这种观点仍然存在问题。

首先，用来支撑这一观点的例子不是很完善。Sybesma（1997）也提到，很多母语者并不能完全接受如[8]、[9]一类的句子。而且接受度也会随着句子内容变化，比如[10]大部分人都不能接受，除非加入如“两次”一类的时量词，如[11]。

[10] *张三杀了一个人，可是那个人没死。

[11] 张三杀了李四两次，可是李四没死。

[11]是Tai（1984）中用到的例子。与[10]相比，[11]的确更易接受。然而，[11]中由于多了表达次数的“两次”，在解读上已经完全不同。与其说是“杀”没有明确的结果，不如说动词的解读可以根据句法结构而改变，而[11]中的“杀”在这种语境下被解读成了“尝试杀”的意思。只要张三做出了尝试，那么不管李四是否因此而死，动作都算已经完成了。另外，即使是相同的动词“写”，有时也会出现事件结果无法取消的情况，如[12]就无法表达“没写完八百字”的意思。由此可以看出，结果是否可以取消很大程度上受到语义和语用方面的限制，无法直接支持“动词必须要有结果状语才能表达完成体事件”的观点。

[12] *张三写了八百字，可是没有写完。

其次，Sybesma称“了”作为一个表结果的语素，其功能和分布应该与小句中表结果的其他成分完全相同，如[7a]中的“死”。但是这个观点明显不成立。如[13a, b]所示，“死”可以出现在进行体之中，而“了”就不可以。

[13] a. 张三正在杀死他的猪。

b. *张三正在杀了他的猪。

此外，还有其他例子表明“了”排斥未完成性的语义解读。比如，[14a]中的副词“每天”需要句子具有明确的习惯性（habitual）解读，[14b]中的“能/应该/要”几个情态动词都表明事件还没有结束。两句话涉及的事件都是具有明确结束点的

"吃三个苹果"，但"了"都无法出现在这些句子中。[③]由此可见，词尾"了"的确与完成体存在联系，不能完全抛弃2.1中Smith等人的观点。为了解决这一矛盾，我们需要对于"时体"有更精确的描述。

[14] a. 张三每天吃（*了）三个苹果。
b. 张三能/应该/要吃（*了）三个苹果。

❸ 理论框架与术语定义

3.1 外时体与内时体

在过去的研究中，时体大致分为两类，即Smith（1997）提到的视点体（viewpoint aspect）和情状体（situation aspect）。

视点体也称外时体。这类时体在时间轴上定位一个视点，使人透过这一视点观察事件发展的程度。根据观察到的事件是否已经结束，可以分成完成体（perfective aspect）和非完成体（imperfective aspect）。完成体下事件被作为一个整体看待，包括其起始点与结束点。非完成体则不包含结束点，而是聚焦于事件中的某一部分（Gueron, 2008）。进行体便是一种常见的非完成体。

另一方面，情状体被称为内时体。其原因就在于情状体关注的是事件的内部结构，与外部选取的观察角度无关。内时体一般可根据终结性（telicity）划分：具有终结性的事件语义上存在一个必然的界限，与实际是否结束无关；而非终结性事件没有这样一个界限，即使实际上事件已经结束。换句话说，非终结性事件即使结束，这个结束点也只是观察的结束点（即外时体的结束点），并不存在于原本的语义中。[④]

需要注意的是，在讨论终结性时本文采用Krifka（1992）提出的观点，即终结性是整个谓词短语（VP）的特征，而非动词本身的特征。一个动词既可以出现在终结性事件中，也可用来描述非终结性事件。另外，本文采用Borer（2005b）中对于量化事件（quantity event）的定义，认为终结性事件即量化事件，非终结性事件即同质性事件（homogenous event）。具体定义如[15]所示。

[15] a. P是同质性事件当且仅当P具有积累性和切分性。
i. P具有切分性当且仅当$\forall x\,[P(x) \rightarrow \exists y(P(y) \wedge y < x)] \wedge \forall x,y\,[P(x) \wedge P(y) \wedge y<x \rightarrow P(x-y)]$

---

③ [14b]中情态动词"应该"具有认识（epistemic）和道义（deontic）两种解读（刘亦斌、彭利贞，2010）。只有在道义解读时无法与"了"共现，也只有在道义解读下表达的事件才是未完成的，因此与本文观点相符。

④ 袁毅敏、林允清（2010）把英语中的telicity一词译为"有界性"。而林巧莉、韩景泉（2009）虽如本文一样将telicity译为"终结性"，却将其描述为"时间上的有界性"。本文认为汉语中"有界性"一词实际对应英语中的"boundedness"，其含义比较宽泛。在本文的体系中，时间上的有界性被划分成外时体视角下的"完成性"（perfectiveness），而事件语意上的有界性由"终结性"（telicity）表达。

ii. P 具有积累性当且仅当 $\forall x\,[P(x) \wedge P(y) \rightarrow P(x \cup y)]$

b. P 是量化事件当且仅当 P 不是同质性事件。

（Borer 2005b: 74）

[15ai, ii] 中的逻辑式用自然语言解释就是：如果一个事件具有性质P，而且其任何一个部分都同样具有性质P，那么这个事件就具有切分性；而如果存在两个事件都具有性质P，而两者结合同样具有性质P，那么这两个事件就具有积累性。

举例来讲，在“弹钢琴”这一事件中，任何一个部分都可以描述为“弹钢琴”，因此“弹钢琴”这一事件具有切分性。而两个“弹钢琴”事件叠加，得到的新事件仍可以说是“弹钢琴”，因此“弹钢琴”具有积累性。由于同时具有切分性和积累性，根据[15]中的定义“弹钢琴”就是一个同质性/非终结性事件。另一方面，对于“吃三个苹果”这件事，在吃完第三个苹果之前都不能称作“吃三个苹果”，而把两个“吃三个苹果”事件相加，结果便不再是“吃三个苹果”，而是“吃六个苹果”，因此“吃三个苹果”是个量化/终结性事件。

由于定义不同，外时体的完成性和内时体的终结性之间的四个取值原则上是可以自由组合的。以英语为例，[16a]是一个完成性终结性事件，[16b]是完成性非终结性事件，[17a]是非完成性终结性事件，[17b]则是非完成性非终结性事件。

[16] a. Mary ate an apple.（玛丽吃了一个苹果。）
b. John sang.（约翰唱歌。）

[17] a. Mary was eating an apple.（玛丽正在吃一个苹果。）
b. John was singing.（约翰正在唱歌。）

这种对于时体类型的细分有助于我们解释“了”在句子中的限制。[18]不成立，而[19]中光杆名词也无法取非限定性解读，因为从事件结构来看，它们的共同点就在于描述的都是非终结性事件，即事件都没有一个自然界点，或者说没有被量化。

[18] *张三弹了钢琴。

[19] 张三吃了苹果。

也就是说，只有当[19] 中的光杆名词取限定性解读才会使其量化，因为这种情况下吃掉了固定数量的苹果，事件就会自然结束。也只有在这种解读下[19]才成立。由此，我们可以推导出词尾“了”只能用于标记终结性事件而排斥非终结性事件的结论。[5]但与此同时，2.2中的讨论已经证明“了”与完成体确有关联。为了把这两种功能在句法上统合起来，我们需要借助一种特殊的分析方式。

3.2　外框架理论

本文分析中借用的理论框架是Borer（2005a,b）提出的外框架理论。这一理论的核心观点是一个短语最终的解读由两个部分共同决定：一是其句法结构，二是人们的认知观念。而词汇只是句法结构上的点缀。演算手段上，外框架理论的核心在于空项赋值（range assignment）。Borer认为，一个功能性结构具有两个成对出现的中心语，其中一个是空项（open value），只能决定结构的语类特征（categorial feature），另一个则是它的赋值项。当结构中每个空项都得到合理的赋值时，运算即收敛（converge）。

[20]所示的结构中，$<e>_F$就是空项，而R（F）则是其赋值项，两者均为FP短语的中心语。在R（F）为空时，处于标示词位置的XP也可以通过标示词–中心语一致性关系为$<e>_F$赋值。

[20]

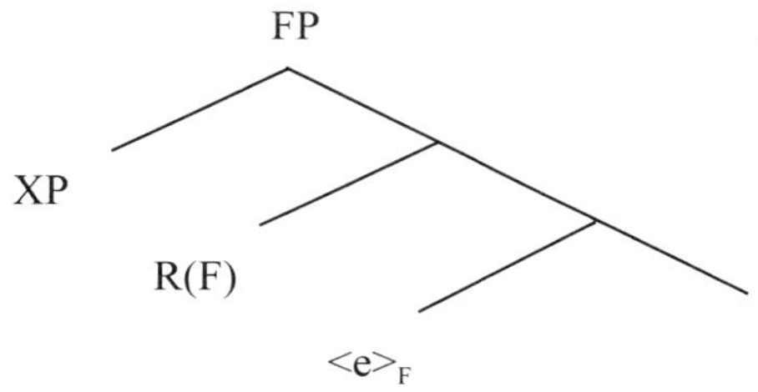

另外Borer（2005b）认为，内时体和外时体一样，句法上具有与其对应的功能结构，记作Asp$_Q$P，其中心语空项记作$<e>_Q$。但Asp$_Q$P只在量化事件结构中出现。也就是说，终结性事件是句法结构中具有Asp$_Q$P的事件，非终结性事件是不具有这一投射的事件。

英语中没有独立的终结性标记，不会有语素出现在[20]中R（F）的位置上。因此需要量化名词短语出现在 [20] 中XP的位置上，然后通过一致性关系进行空项赋值。

---

⑤ 匿名评审认为，汉语词尾“了”可以出现在非终结性句子里，如：他已经喝了水了。本文认为，这句话明显把“喝水”这个事件当作一个既定事项，也就是在上下文中已经出现过的“给定信息”（given information）。语义上，这句话并非单纯描述有一个名为“喝水”的事件发生在会话时间之前，与英语一般过去时句子“He drank the water”所描述的情况完全不同。因此作者认为这句话里“喝水”既然是特指某一既定的事件，解读上就应该是具有终结性的。比较明显的一个例证就是，如果去掉这句话中的句尾“了”，句子便不成立，如[a]所示。

[a]* 他已经喝了水。

这至少证明，“他已经喝水了”之所以成立，句尾“了”起至关重要的作用，不是单纯词尾“了”的问题。

汉语的情况与英语不同，本文认为词尾"了"就是占据R(F)位置的赋值项，可以为$<e>_Q$直接赋值，因此有"了"出现的句子描述的都是终结性事件。下面讨论这一观点的论据。

❹ 词尾"了"的双重标记功能

根据之前关于"了"的讨论，我们可以看到词尾"了"与外时体（完成性）和内时体（终结性）均有不可分割的联系。"了"在句中的分布受到内外时体的双重选择与限制。因此，本文认为词尾"了"应该同时具有标记终结性与完成性的双重功能。

基于Borer外框架理论，本文认为句法结构上"了"是内时体短语Asp_QP的中心语，可以为掌管事件量化与终结性的空项$<e>_Q$直接赋值。同时，"了"还可以通过一致性关系为外时体短语OAspP下掌管完成性的空项$<e>_O$赋值，以此实现"了"的双重标记功能，如[21]所示。

[21]

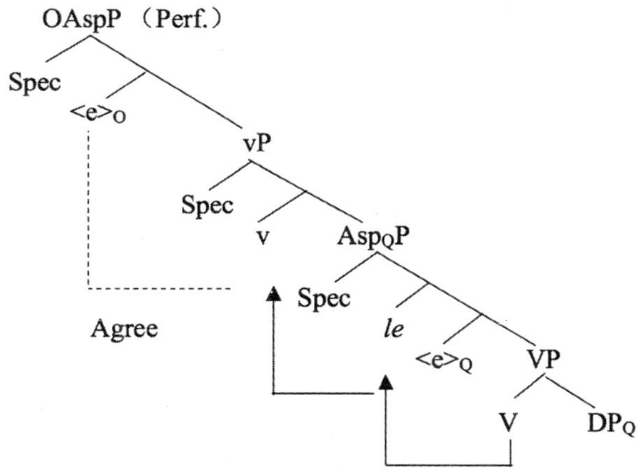

[21] 所示的结构参照了Travis(2010)。这里认为外时体投射位于轻动词结构vP之上，而内时体投射则被夹在vP和实义动词投射VP之间。"了"在为$<e>_Q$赋值之后，动词进行[V-v]提升，在经过Asp_Q位置时与"了"合并，并将其作为一个后缀带着一起提升至轻动词位置，得到[动词–了–宾语]的最终语序。以[1] 为例（在此重复为[22]），其推导过程应如 [23] 所示。

[22] 张三吃了一个苹果。

[23]

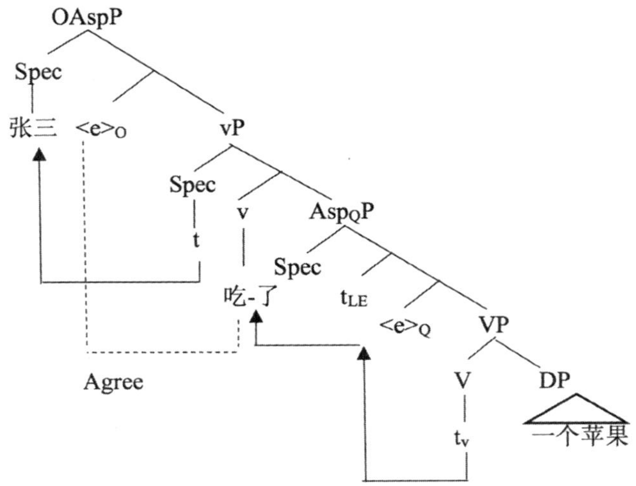

另一方面，[3]之所以不成立，是因为“弹钢琴”这种事件一般认为不存在自然界限。如果强行合并，那么解读上便默认这是一个量化事件，这个量化含义也只能像2.1中讨论的那样由句子之外的信息提供。[13b] 以及 [14a, b] 中的句子不能有“了”，则是因为句中已经有其他成分为外时体空项<e>$_O$赋予了非完成性的值。如果“了”再出现并赋给<e>$_O$完成性的值，那么就有多个赋值项为<e>$_O$赋予冲突的取值，这是不允许的。因此，非完成体中不允许“了”出现。

如[24a]所示的非完成体句子，“每天”限制了句子只能具有习惯性解读，这是典型的非完成体，因此不能与“了”共用。同时由于“吃苹果”不是一个终结性事件，vP和VP之间也不会有Asp$_Q$P出现，如[24b]所示。“每天”即使不出现，句子仍然成立。这种情况下得到的是“张三有吃苹果的习惯”这种笼统的含义。由此我们可以认为，当没有体标记时，<e>$_O$可以得到一个默认的值，而在汉语中这个默认取值就是非完成性的习惯解读。但必须注意的是，“已经”一类的副词虽然语义上与完成体有关联，但却不可以直接给<e>$_O$赋予完成体取值，仍需借助“了”。

[24] a. 张三（每天）吃苹果。

b.

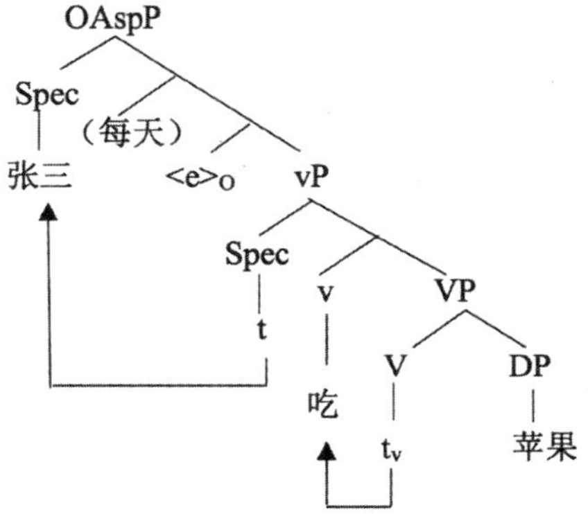

需要注意的是，虽然[24a]所示的例句是非完成体视点与非终结性事件的结合，实际运用中非完成体也可以与终结性事件结合，如[25a]。[25a] 涉及"吃三个苹果"这一量化事件，本质上具有一个自然界限，即吃光三个苹果时事件就会结束。然而[25a]却不包含词尾"了"。这说明"了"虽是终结性标记，可以为<e>$_Q$赋值，但这不是唯一表达终结性的手段。我们认为这种情况下量化名词短语"三个苹果"提升至[Spec, Asp$_Q$]位置，通过标示语–中心语一致性关系为<e>$_Q$赋值，同样可以得到终结性事件结构。而且，由于"每天"的出现，外时体空项只能取非完成性的值，否则语义上便会有冲突，因此这个时候"了"反而不允许出现，只能借助DP为<e>$_Q$赋值，如[25b]所示。

[25] a. 张三每天吃三个苹果。

b.

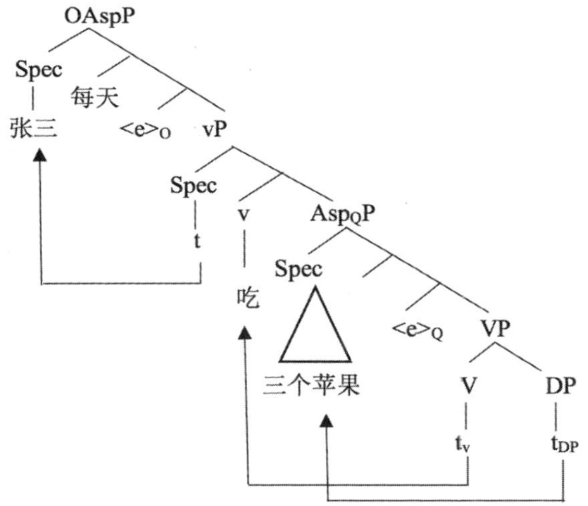

从这里可以看出，Borer的外框架在解释与"了"相关的结构时具有更好的灵活性。如果按照当下最简方案的主流做法，想要让"了"具有两种句法功能就必须假设其具有[+完成][+终结]两种特征，然后使其分别与OAsp和VP核查。然而如此一来，当"了"不出现时，我们便很难解释如[25a]这样的句子中终结性解读从何而来。而在外框架理论中，终结性实际上来自于空项<e>$_Q$,"了"只是为其赋值的手段之一。只要有其他手段能够使<e>$_Q$得到合理的值域，那么即使"了"不出现，仍然可以得到一个终结性的事件结构。这也是本文采用外框架作为分析手段的主要原因。

然而，非完成体虽然可以自由地与终结性或非终结性事件结合，完成体却只能与终结性事件搭配。这在[3]、[4]中已经见到过。在本文框架下这一现象可以得到很好的解释。原因就在于词尾"了"带有终结性标记功能。在非终结性事件结构中"了"是无法出现的，因此也无法像上面分析的那样通过一致性为<e>$_Q$赋值。如此一来，完成体与非终结性事件的组合就无从谈起了。由此可以说汉语本质上缺乏表达这一含义的语法机制。汉语中外时体与内时体取值的组合范围可以概括为[26]中的组合表。

[26] 汉语时体组合表：

汉语时体	完成性	非完成性
终结性	+	+
非终结性	−	+

实际上，这一组合上的限制主要是针对肯定句而言。汉语中另一体标记“有”也可表达完成性。但是在标准普通话中，“有”作为体标记使用时只能与否定前缀“没”一同出现，也就是只能用于否定句。而另一否定标记“不”由于具有“无界性要求”（unboundedness requirement），不能用在完成体中（Ernst, 1995）。[27] 显示“没有”无法与“了”共现，[28] 则显示一般疑问句中“没有”正是“了”的否定形式。这都表明“了”与“有”的功能相同，都是完成体标记。借助“有”，我们便可以得到完成体与非终结性组合的句子：“有”可以直接为外时体空项赋予完成性的值，因此不再受到“了”在终结性上的制约。如[29a, b]所示。

[27] 张三没有吃（*了）三个苹果。

[28] 张三吃了三个苹果没有？

[29] a. 张三没有弹钢琴。

b.

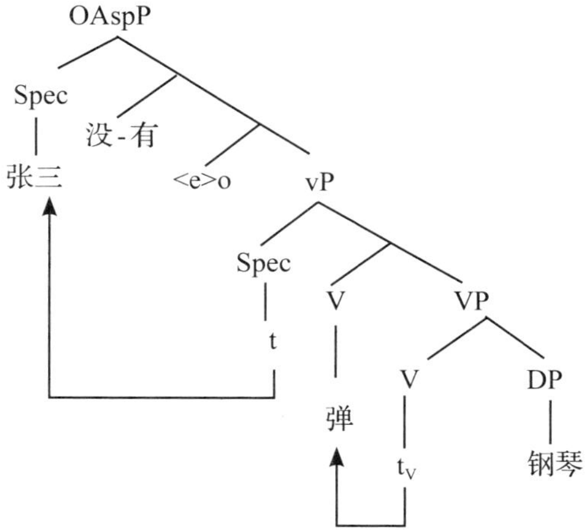

事实上，内外时体共用一个体标记的现象并非汉语独有。其他一些语言也会在

表达完成体和非终结性的组合上存在“缺陷”。Ramchand（1997）观察到，在苏格兰盖尔语中动词的过去式只能用在终结性事件上。想要直接表达英语中“how long did you drink beer for?”或者“how long did you drink the cup of tea for?”这种非终结性含义的句子一般被认为是不合法的，如[30a, b]。

[30] a. *De cho fada's a dh'ol thu leann?
How long REL drink-PAST you-DIR beer
Intended reading: How long did you drink beer for?
（你喝酒喝了多长时间？）
b. *De cho fada's a dh'ol thu an cupa ti?
How long REL drink-PAST you-DIR the cup of tea
Intended reading: How long did you drink the cup of tea for?
（那杯茶你喝了多长时间？）

另外，对于“跑”这样简单的动词想要直接独立使用也是不可以的，如[31a]。想要使其合法必须在语义上加上一个固定的参照点，如[31b]。当然，如此一来句子的含义也就变了。这里“跑”不合法，“跑过”却合法，是因为“跑过”一般认为是跑过了某个参照点。即使参照点没有直接出现在句子中，这一信息也可以从上下文推断得出。因此“跑过”是具有界限的终结性事件。

[31] a. *Ruith e.
Run-PAST he-DIR
Intended reading: He ran.（他跑步。）
b. Ruith gille seachad.
Run-PAST boy-DIR past.
A boy ran past.（一个男孩跑了过去。）

在需要表达非终结性事件的时候，苏格兰盖尔语需要借助一种独特的时态——迂回态（periphrastic tense），如[32]和[33]。而迂回态中用到的词缀ag实际上是苏格兰盖尔语中进行体的标记，这一标记也用于静止状态的标注，如[34]。因此可以断定，这种特殊的迂回态并不是完成体，而是一种非完成体。

[32] Bha mi ag ol leann fad da uair a thide.
Be-PAST I-DIR ag drink-VN beer for two hours.
I drank beer for two hours.（我喝了两个小时的酒。）
[33] Bha e a'fuireach 'san Oban.
Be-PAST he-DIR ag stay-VN in Oban.

He lived in Oban.（他住在奥本。）

[34] Bha mi ’ga chreidsinn

Be-PAST I-DIR ag+he-GEN believe-VN

I believed him.（as stative）（我相信他。）

由上面的例子可以看出，完成体与非终结性的组合在苏格兰盖尔语中同样是没有的。与汉语不同的是，这种语言中并没有像词尾“了”一样独立标注终结性的标记。同时，这种动词的屈折变化具有固定的过去式解读，即只能用于发生在会话时间之前的事件上。这跟“了”的情况不同，因为后者可以用于尚未发生的事件。因此本文认为，苏格兰盖尔语中的过去式实际上是过去时态、完成体视点和终结性事件结构三重作用的结果。另一方面，英语一般过去式对事件结构不敏感，可以跟终结性和非终结性事件自由结合，只有过去式和完成体视点的解读是固定的。总结起来，我们可以得到[35]所示的表格。

[35] 英汉苏时态组合表：

	终结性	完成体	过去式
英语：一般过去式	–	+	+
汉语：词尾“了”	+	+	–
苏格兰盖尔语：过去式	+	+	+

句法运算上，本文假设苏格兰盖尔语过去式带有[+终结]、[+完成]、[+过去]三种特征，由合并位置向上逐级移动过程中，可以依次为掌管终结性、完成性、时态的空项<e>$_{Q}$、<e>$_{O}$、<e>$_{T}$赋值。过程如[36] 所示。

[36]

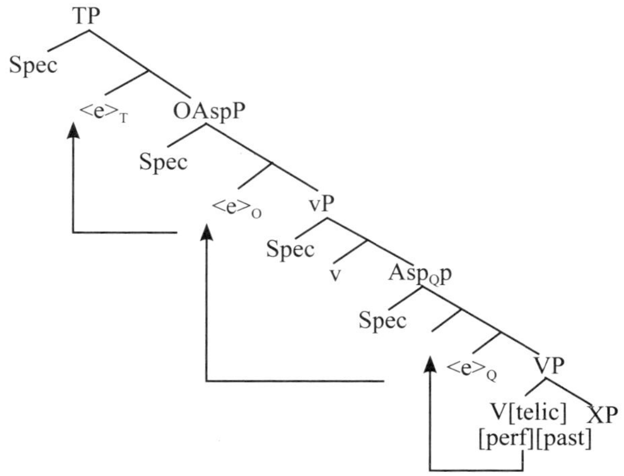

另一方面，英语一般过去式由于不带[+终结]特征，因此无法为<e>$_{Q}$赋值。如果要表达终结性事件，则需要另外的赋值项。一般可以是量化名词短语或者表结果的状语。在此不再赘述。

5 结语

本文探讨了汉语体标记词尾“了”的双重标记功能。在本文的分析中，“了”作为内时体终结性标记同时承担了外时体完成性标记的功能，这使得“了”只能出现在同时具有完成性和终结性的句子中。汉语也因此缺乏在陈述句中表达完成体+非终结性组合的手段。

同时，本文借助Borer提出的外框架理论和空项赋值操作，解释了苏格兰盖尔语、英语以及汉语在内、外时体系统上的异同。这表明内时体与外时体普遍存在紧密联系。这可能是今后时体系统与事件结构研究的重要方向之一。

参考文献

- Borer, H. 2005a. *Structuring Sense Volume I: In Name Only.* Oxford: Oxford University Press.
- Borer, H. 2005b. *Structuring Sense Volume II: The Normal Course of Events.* Oxford: Oxford University Press.
- Ernst, T. 1995. Negation in Mandarin Chinese. *Natural Language and Linguistic Theory* 13: 665-707.
- Gueron, J. 2008. On the difference between telicity and perfectivity. *Lingua* 118: 1816-1840.
- Huang, C.T. 2006. The macro-history of Chinese syntax and the theory of change. Chinese Linguistics Workshop, University of Chicago.
- Huang, C.T., Y. H. A. Li & Y. F. Li. 2009. *The Syntax of Chinese.* Cambridge: Cambridge University Press.
- Krifka, M. 1992. Thematic relations as links between nominal reference and temporal constitution. In I. Sag and A. Szabolsci (eds.), *Lexical Matters.* Stanford: Center for the Study of Language and Information. 29-53.
- Ramchand, G.C. 1997. *Aspect and Predication: The Semantics of Argument Structure.* Oxford: Clarendon Press.
- Reichenbach, H. 1947. *Elements of Symbolic Logic.* London: Collier Macmillian.
- Smith, C. S. 1997. *The Parameter of Aspect (2nd edition).* Dordrecht: Kluwer.

❑ Sybesma, R. 1997. Why Chinese verb *le* is resultative predicate. *Journal of East Asian Linguistics* 6: 215-261.
❑ Sybesma, R. 1999. *The Mandarin VP.* Dordrecht: Kluwer Academic Publishers.
❑ Tai, H-Y. 1984. Verbs and times in Chinese: Vendlers four categories. In T. David, M. Veena, & D. Joseph (eds.), *Papers from the Parasession on Lexical Semantics.* Chicago Linguistics Society. 289-296.
❑ Travis, L. 2010. *Inner Aspect: The Articulation of VP.* Dordrecht: Springer.
❑ Wu, J. 2005. The semantics of perfective *le* and its context-dependency: An SDRT approach. *Journal of East Asian Linguistics* 14: 299-336.
❑ 李梅、赵卫东，2008，现代汉语中体的最简方案分析。《外国语言文学》(1): 9-16。
❑ 李莹、徐杰，2010，形式句法框架下现代汉语体标记研究。《现代外语》(4): 355-362。
❑ 林巧莉、韩景泉，2009，事件终结性的语言表达。《语言教学与研究》(4): 18-25。
❑ 刘翼斌、彭利贞，2010，论情态与体的同现互动限制。《外国语》(5): 41-48。
❑ 王晨、刘伟，2014，最简方案框架下汉语完成标记“了”的研究。《语言科学》(4): 355-368。
❑ 袁毅敏、林允清，2010，再论有界性。《北京第二外国语学院学报》(2): 16-21。

The Dual Function of Mandarin Chinese Verbal *Le*

Abstract: In this paper, I discuss some irregular behaviors of verbal *le* in Mandarin Chinese and argue that *le* with its core function as a telicity marker is also responsible for perfective marking. This provides account for the phenomena that atelic structures cannot have perfective meaning in Chinese, which is unexpected in the previous analyses. A structure from exo-skeletal approach is then proposed to capture this behavior of *le*, in which the availability of telic and perfective readings can be derived from the range assignment to a series of open values at functional heads. Finally, data from Scottish Gaelic are approached from the same perspective to show that it might be a universal phenomenon that there is a strong link between inner and outer aspect.

Key words: syntax; aspect; event structure; verbal *le*; telicity

（责任编辑：师小磊）

语言应用研究

基于语料库的反倾销新闻语篇的介入模式和经济权力关系

李娜自传中女性运动员身份建构的隐喻研究

英语语音意识在维吾尔族儿童英语单词读写发展中的预测作用

基于语料库的反倾销新闻语篇的介入模式和经济权力关系

山东农业大学　厉建娟*

[提　要]　本文运用评价系统的介入子系统分析了反倾销新闻报道中新闻记者的对话性介入模式，通过基于语料库的分析，考察了中西方新闻报道对消息源和话语主体的介入以及反映的社会经济权力结构的差异。研究发现中西方新闻语料库中“对话性扩展”资源要明显地高于“对话性收缩”资源，其中中方新闻语料库的“对话性扩展”资源高于西方新闻语料库；中方记者尤其倾向于传达政府官员的声音，其次是专家的观点；西方记者倾向于选择政府和钢材企业财团的声音。研究发现新闻创造者的立场与其认同的意识形态和所存在的社会经济权力关系密切相关。

[关键词]　对话性；声源主体；介入模式；语料库；权力关系

❶ 引言

中国自加入WTO以来对外贸易迅速发展，贸易摩擦也持续增加。中国特色的市场经济体制和大量廉价的劳动力使得中国出口的产品相对价格较低，由此中国已成为世界各国反倾销的众矢之的。针对反倾销事件的新闻常常成为财经焦点。反倾销绝不是一个单纯的经济问题，而是涉及各国外交政策和内部权力关系的复杂的政治经济问题。中西方新闻报道都会以直接或间接的方式评价倾销和反倾销，如何理解新闻消息源和话语主体（亦称为声源主体）所传达的态度和立场对于正确认识这种贸易现象具有重要意义。

新闻报道中常常借用他人的观点、态度和立场来表达自己的意图。借用哪个新闻消息源，以及以怎样的方式表征都是新闻记者表达态度立场的话语资源和中介工具，具有评价意义（Hanks, 2012; Jullian, 2011; Martin and White, 2005; Mushin, 2001, 2013; White, 2003, 2012）。Caldas-Coulthard (1994)认为在新闻报道中对话语主体的选择是由其重要性决定的，同时反映了文化信仰体系和权力结构。也就是说新闻中消

* 作者简介：厉建娟，山东农业大学外国语学院讲师。研究方向：应用语言学、话语分析。Email：ljj090483@163.com。通信地址：271008山东农业大学外国语学院。

息源的选择不是任意的，引用的声音和声音来源与社会权力结构相关。以往新闻话语的研究主要关注消息源的客观性、真实性等功能，在很大程度上忽视了新闻中话语主体对话立场的协商（White, 2012）。国内学者施旭（2010）及其研究团队提出用文化话语分析法分析贸易纠纷话语主体及其相互关系、话语的内容形式、话语的历史文化关系以及话语的目的和后果等。本文中新闻文本对不同消息源及主体的介入被认为是记者们在理解意识形态和权力关系中对社会文化认知的重构。目前很少有关注中外贸易摩擦新闻消息源的介入模式与权力关系以及意识形态方面的研究。

为了研究记者是如何介入新闻消息源的，我们选用马丁评价系统的介入子系统。介入主要处理不同的态度来源以及不同的声音观点的呈现（Martin & White, 2005:35）。Martin 和 White (2005)认为，介入系统是用来描述那些把某一话语或者语篇建构为一个多声场所的意义类型。这一多声性的场所混杂着先前话语、不同观点的话语和期待所产生话语。国内对于介入系统的研究尚处于探索发展阶段，许多学者就介入系统的框架和理论基础进行了解释。王振华、路洋（2010）、讨论对话性理论和多语性理论对介入系统的影响，认为对话性理论是介入系统的理论基础，介入系统中的自言系统尽管后来得到发展和补充,但仍有较大的研究空间。李基安（2008）探讨了情态的级差与对话空间的关系。赖良涛（2010）指出介入系统和巴赫金对话理论有相似的语言哲学观。国内介入系统的应用研究相对较少，集中于对某些特定语篇的分析。庞继贤、陈明瑶（2006）探讨了电视访谈中介入标记语的人际意义在交互中生成并受语境的制约；袁传有（2008）分析了警察在讯问不同类型的犯罪嫌疑人时所采用的介入模式和所体现的人际意义；刘丹（2013）从跨文化的角度对比分析了英汉语论辩体裁中自言和借言的差异；赵民（2015）分析了同一事件的英语社会语篇的介入方式；狄艳华、柳锦（2016）运用介入系统框架分析了反恐语篇中的否认资源。

本研究以针对中国钢材出口的贸易反倾销新闻报道为研究语料，结合马丁评价系统之介入子系统对新闻话语的对话性进行分析，同时从新闻消息源的话语主体解析中外经济贸易中权力关系的文化差异，以期更好地理解当今世界经济贸易格局中的话语权的分配。

❷ 理论基础

介入系统是马丁评价系统的子系统，是指在语言交际表达自己的态度时，常常假借他人的观点、思想和立场，间接表达自己的观点和态度。介入系统分为自言和借言。借言具有对话性，是暗含有其他声音的语言表达手段。介入的话语在语篇中与先前语篇和读者建立了一种对话关系。

根据主体间的功能，借言分为“对话性扩展”（dialogic expansion）和“对话性收缩”（dialogic contraction），前者允许不同的对话立场和声音出现，后者则挑战、反对或限制其他声音出现（Martin & White, 2005）。“对话性扩展”资源又可细分为包容（entertain）和归属(attribute)：包容指作者的声音表明其态度仅是众多不同立场中的一种，在某种程度上讲，作者的声音为这些不同立场和态度创造了在语篇中对话的空间。归属指通过将命题归因于某种外部声音，从而将该命题与文本内部作者的声音分离开来。归属分为两类：一类对转述的外部声音所表达的立场和观点进行认同（acknowledge），另一类则拒绝为转述内容承担责任，即疏远(distance)。“对话性收缩”压缩了对话空间、减少了话语多样性，包括承认（proclaim）和否认（disclaim）两类。承认将命题表现为公认的、可靠的，从而限制了其他声音的存在，可进一步细分为赞同(concur)、宣布(pronounce)和认可(endorse)。赞同指说者/作者的命题表述在特定的语言团体内是无可争议的，属于常识内容；宣布指说者/作者明显干涉或强调的命题表述形式；认可指说者/作者预设所引用命题是真实可靠的，使说者/作者与这一正确的外部生源结盟（alignment）。否认包括否定(deny)和反预期(counter)两类。否定不是对命题的是非判断，说者/作者通过引用并否定某一观点来提及不同的另一观点，在压缩对话空间的同时维护了声源的权威性；反预期指说者/作者引用与其立场不同或相关的话语，并对引用内容加以反驳，在表达自身观点的同时与说者/作者就某一立场或观点达成一致。介入系统的借言框架（Martin & White, 2005:134）如图1：

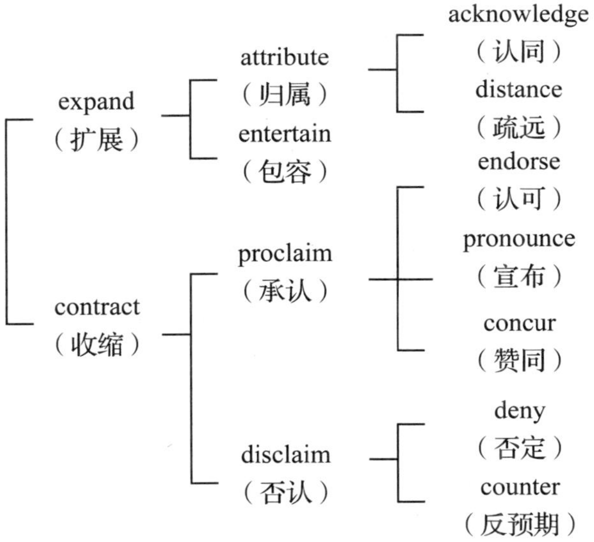

图1　介入系统的借言框架（Martin & White, 2005:134）

❸ 研究设计

3.1　研究问题

（1）从对话性的角度分析中外反倾销新闻语篇的介入模式：对话介入依靠哪些

语言资源实现？这些语言资源在介入系统框架内怎样分布？

（2）从语篇中声源主体的选择分析中西方经济权力关系的文化差异：主要涉及哪些交际主体？这些介入资源所代表的主体立场和态度如何？

3.2 数据收集及方法

钢铁行业作为国家的基础性行业一直是国际反倾销的重点，不仅是全世界被提起反倾销诉讼和制裁最多的行业，也是中国遭受反倾销等贸易摩擦最主要的行业。本研究基于自建语料库，以对华钢材贸易反倾销案例的外国新闻报道和中方新闻报道（2013—2017）为研究语料。外国新闻语料主要来源于AFP / AP / CNN / BBC / CNBC / Reuters / NBC / the Times等新闻机构，共33篇，字数11 639；中方新闻语料主要来源于Xinhua / China Daily等机构的英文报道，共41篇，字数16 279。为了研究中西方新闻报道中体现对话性的介入资源，运用马丁评价系统的介入子系统，我们对原语料中相关语言资源进行了人工编码。然后运用语料库检索软件AntConc 3.4.4对体现“对话性扩展”和“对话性收缩”的介入资源进行频数检索，再对检索结果进行统计分析。定量统计旨在揭示各种介入资源在新闻语篇的分布；定性分析的目的是解释这些分布特征或者介入策略的人际意义，以及背后的交际目的和其他影响因素。

❹ 结果

4.1 语篇介入标记的总体分布情况

表1显示了中外语料库中介入特征的对比结果：

表1 中外新闻语料库中各介入特征的比重

条目	介入特征	中国语料库	百分比	外国语料库	百分比
1	Acknowledge 认同	270	74.79%	167	59.01%
2	Distance 疏远	5	1.39%	12	4.24%
3	Entertain 包容	19	5.26%	10	3.53%
4	Endorse 认可	6	1.66%	18	6.36%
5	Pronounce 宣布	2	0.56%	2	0.71%
6	Concur 赞同	9	2.49%	14	4.95%
7	Deny 否定	29	8.03%	25	8.83%
8	Counter 反预期	21	5.82%	35	12.37%
	Contract 收缩	67	18.56%	94	33.22%
	Expand 扩展	294	81.44%	189	66.78%
总计		361	100%	283	100%

由表1可见，总体来说，中外语料库中“对话性扩展”的资源要明显高于“对话性收缩”的资源，其中中国语料库的“对话性扩展”资源81.44%要明显高于外国的新闻语料66.78%。中外语料库中对所引用的外部声音的态度和立场表示认同（acknowledge）的占主导地位。其中，中国的语料库中acknowledge标记占74.79%，高于其在外国语料库中的59.01%；这说明中国反倾销新闻中引用的声音要更加具有可协商性和对话性。外国的记者对引用的外部声音较偏向于保持不承担责任的疏远态度，distance标记的比重为4.24%高于其在中国语料库中的值。另外值得注意的是，外国语料库中“对话性收缩”的资源33.22%要明显高于中国语料库中18.56%。外国记者更倾向于认可（endorse）所引用的外部声源的权威性，所占百分比6.36%高于其在中国语料库中的数值；或者使用语言表达当前的观点是众所周知或者众所预期的，赞同（concur）所占的比重要高于在中国语料库中的百分比。在反倾销新闻报道中记者会运用相当数量的否认资源，其中包含对外部声音的否定（deny），中外语料库中作者使用语言表达否定态度的比重相当。另外一种就是对外部声音的反驳（counter），外国记者相比较于中国记者更倾向于引用与其观点不同的话语，然后进行反击，使其受挫；外国语料库中counter的比重为12.37%，高于其在中国语料库中的比重5.82%。通过这几方面，外国新闻记者就在文本中大大收缩了与外部声音对话的空间。中外反倾销新闻语料库中表明记者明显介入或者强调某观点的宣布（pronounce）特征都很少使用，所占比重都很少，因为这样的语言表述与新闻记者的专业水准是不相符的。例句：

[1] The European Commission is merely posturing when it complains that Chinese steel manufacturers have received “illegal” subsidies, a senior Ministry of Commerce official said on Tuesday.（“对话性扩展”，中国日报）
（一位来自中国商务部的官员周二说，当欧盟抱怨中国钢材企业收到非法补贴的时候，欧盟仅仅是在做姿态。）

[2] In particular, the world’s second largest economy has been accused of “dumping” cheap steel on to global markets, due to a slowdown in domestic demand, in a bid to gain market share. However, Beijing has denied any wrongdoing and has said that its costs are lower than other producers.（“对话性收缩”，美国CNBC）
（尤其重要的是，世界第二大经济体因为国内需求减缓试图开拓国际市场而被谴责在全球市场上倾销便宜的钢材。然而，北京否认这种行为并且认为价格低廉是由于成本低。）

例[1]中国日报的报道中记者使用“a senior Ministry of Commerce official said（据一位中国商务部的官员说）”，说明所引用的话语只是一种可能性观点，有一定的主观性，也存在其他不同的观点，留有一定的对话空间和可商榷的余地。例[2]中美国新闻记者使用“in particular”（尤其是）这一短语表明作者的态度，即赞同并强调中国在世界市场范围内倾销是由于国内需求减缓所以开拓国际市场。“however（然而）”这一转折词汇说明北京的立场出乎作者的预期。这些语言资源的使用表明了记者态度的明确介入，回应并反对其他人的观点，紧缩了对话空间。

4.2 表征Acknowledge（认同）的词汇资源对比

通过语料库的数据，中外记者对引用外部声音的态度和立场表示acknowledge（认同）的占大多数比重，在很大程度上增强了对话扩展资源。新闻记者对引用声音的选择，以及使用什么样的语言手段来表述声音，都是有目的的。Fairclough（1989:116）特别强调在词语选择中的意识形态意义，他认为“一个文本对词语的选择决定于，同时也有助于建立参与者的社会关系”。表2列出了从语料库检索来的表征acknowledge（认同）的转述动词，其中可以看出中外媒体在反倾销事件中立场的差异。

表2 中外语料库中表征acknowledge（认同）的转述动词

外国语料库acknowledge（认同）	频数	中国语料库acknowledge（认同）	频数
Say（说）	112	Say（说）	208
Announce（声明）	14	Rule（判定）	6
Add（补充说）	10	Insist（坚持）	6
Tell（告知）	9	Urge（敦促）	4
Warn（警告）	6	Tell（告知）	4
Argue（争论）	4	Note（提到）	4
Accord（依据）	4	Announce（声明）	3
Report（报告）	4	Accord（依据）	3
Note（提到）	2	Warn（警告）	3
Claim（承认）	2	Reiterate（强调）	3
Complain（抱怨）	2	Maintain（保持）	2
View（认为）	1	Claim（承认）	2
Highlight（强调）	1	Point（指出）	2
Allege（声称）	1	Deem（认为）	1
Criticize（批评）	1	Confirm（确认）	1

表征acknowledge（认同）的转述动词中“say”（说）占最大比重：在外国语料库中say（说）的词频为112，占总比重的67%；中国语料库中say（说）的词频为208，占总比重的77%，表明大多数新闻记者对转述的声音保持客观中立的态度。除

say（说）这个转述动词外，在中国语料库中记者还会使用一些带有明显评价意义的转述动词，比如rule（判定）、insist（坚持）、urge（敦促）、reiterate（强调）等，体现了新闻记者承认所引用外部声音的坚定立场和强烈态度。例句：

[3] Spokesman of Ministry of Commerce Shen Danyang ruled it out at press conference last month, saying "China has not injected export subsidies for the steel companies."
（中国商务部发言人沈丹阳在上月的记者招待会上断定中国没有对钢材企业给予出口补贴。）

[4] Langhammer insisted that bilateral relationship would strongly benefit from a clear policy of the Chinese government to abstain from any trade-distorting subsidization policies in favor of their steel plants.
（朗哈默坚持认为中国政府明确的政策不参与任何支持本国钢材企业的贸易扭曲补贴行为，对双边的关系利好。）

[5] The Ministry of Commerce has repeatedly urged the United States to abide to its commitment against protectionism and work together with China and other members of the international community to maintain a free, open and just international trade environment.
（中国商务部反复敦促美国遵守反对贸易保护主义的承诺并同中国和其他国家一起为维护自由、开放和公平的国际贸易环境努力。）

[6] It (the Ministry of Commerce) reiterated that it is the anemic global economy and weak demand that are to blame for difficulties facing steel industries across the world.
（中国商务部强调是全球经济不景气和需求疲软导致世界范围内钢材工业的困境。）

由上述例句可以看出，在中国的反倾销新闻中记者们引用的外部声音都是强调或者坚持世界范围内钢材工业的困境根源于全球经济的疲软，而不是中国对出口钢材施加补贴。新闻记者积极宣传中国反对贸易保护主义，而致力于建立一个自由、开放和公平的国际贸易环境。

在外国语料库中也有类似评价意义的转述动词，比如argue（争论）、complain（抱怨）、criticize（批评）等。通过例句分析得出，这些动词体现出外国记者承认转述声音所抱怨的中国钢材的大量倾销对欧洲经济造成不良影响。例句：

[7] The duties follow a formal complaint in April 2015 from European steel groups, who argue that surging imports from China are to blame for last year's price collapse.

(欧洲钢铁企业集团2015年4月严正声讨来自中国的大量进口是去年钢材价格暴跌的主要原因，从而采取关税措施。)

[8] Beijing faces mounting criticism from the United States and Europe over a flood of low-cost steel that Western governments complain hurts their producers and threatens thousands of jobs.

(北京面临大量来自美国和欧洲的指责，抱怨中国低价的钢材涌入市场伤害本国企业并威胁到成千上万个就业岗位。)

4.3 表征Acknowledge(认同)声源主体的中外语料库对比

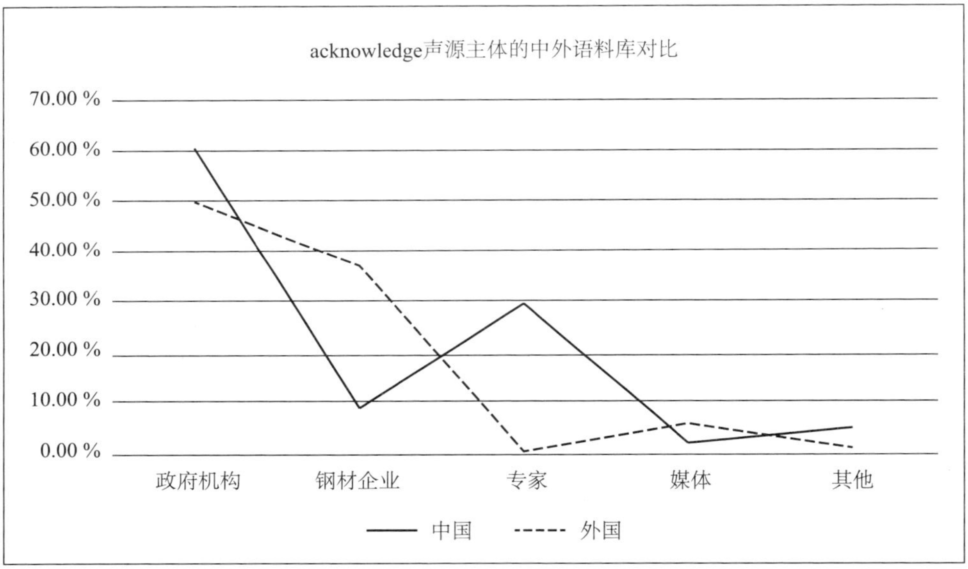

图2 中外新闻语料库中acknowledge的声源主体对比

由中外语料库的统计得出，记者们都倾向于通过使用acknowledge(认同)语言资源来表达对外部声音的承认，从而在语篇中扩大了对话的空间。通过AntCorn 3.4.4检索acknowledge(认同)的concordance(索引行)，再统计出每个acknowledge(认同)声源的主体，我们发现中外所引用声源主体存在明显的差异。如图2所示，中外记者所介入的声源主体主要分成政府机构、钢材企业、专家、媒体和其他几大类。中外新闻记者都普遍承认来自政府官方机构的权威声音，官方声源主体的比重最高。在中国的语料库中，记者们对专家声音的承认(28%)要高于国外记者(1%)，而对于来自钢材企业的声音中国记者的介入要明显低于国外记者，仅为8%，而国外记者对来自钢材企业声音的引用频率高达37%。

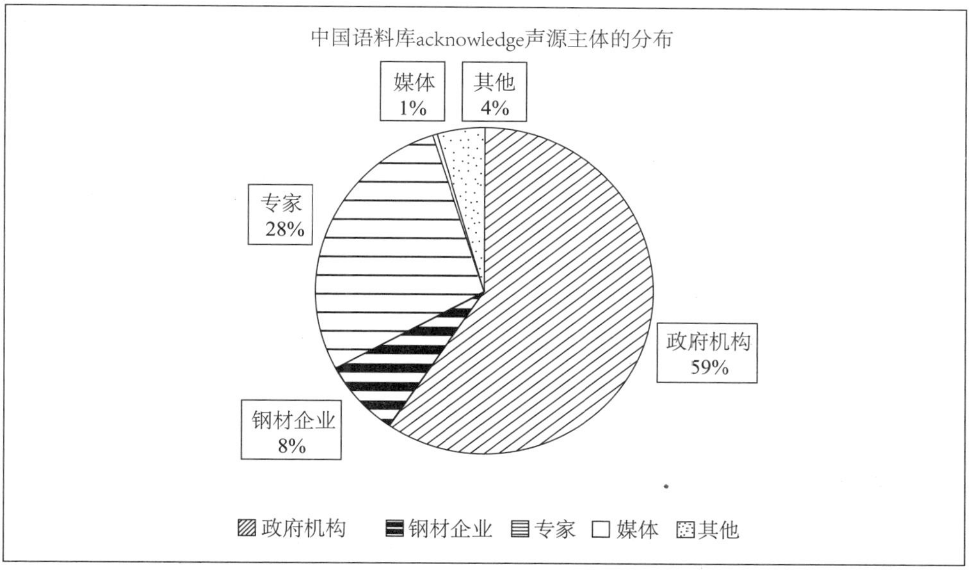

图 3　中国新闻语料库中acknowledge声源主体的分布

在中国语料库中，acknowledge（认同）声源主体的分布如图3：政府机构的声音占59%，主要是来自中国商务部（Chinese Ministry of Commerce）和欧盟委员会（the European Commission）；其次是专家的声音占28%，钢材企业的声音占8%，媒体的声音占1%，其他占4%。这里的其他声源指的是新闻语篇中很难直接找到的声源主体。例句如下：

The Ministry of Commerce called for full compliance regarding a WTO ruling against the European Union's anti-dumping measures on Chinese fastening pieces on Wednesday. (官方)

（周三中国商务部大声呼吁遵从世贸组织的裁决：反对欧盟对中国紧固件的反倾销措施。）

"There is a likelihood of recurrence of dumping to the Union market, should the measures be allowed to lapse," the European Commission said in an official statement. (官方)

（欧盟委员会在官方声明中说如果停止相关措施，很可能在欧洲市场上再度出现倾销。）

The amount of steel products exported to the European market declined largely in 2012..., said Wei Zengmin, an analyst at the industry information consultancy Mysteel. (专家)

（"我的钢铁网"工业信息咨询专家魏增敏认为中国出口至欧洲市场的钢材产品在2012年大幅度减少……）

"China is a large steel exporter and a big importer of special steel.... Yet import prices are three times the export price on average," says Zhao Ying, a researcher at the Chinese

Academy of Social Sciences' Institute of Industrial Economics in Beijing.(专家)

（中国社会科学院工业经济研究所的研究员赵颖说，中国是钢材出口大国也是特种钢材进口大国，然而进口价格平均来说是出口价格的三倍。）

Sun Jin, director of communications for Wuhan Iron and Steel, one of China's largest iron producers by capacity, says even though the company announced two months ago that it would cut up to 50 000 jobs,...（钢材企业）

（武汉钢铁集团公关部主任孙瑾说，作为中国最大的钢铁生产企业之一，武钢两个月前宣布裁减50 000个工作岗位……）

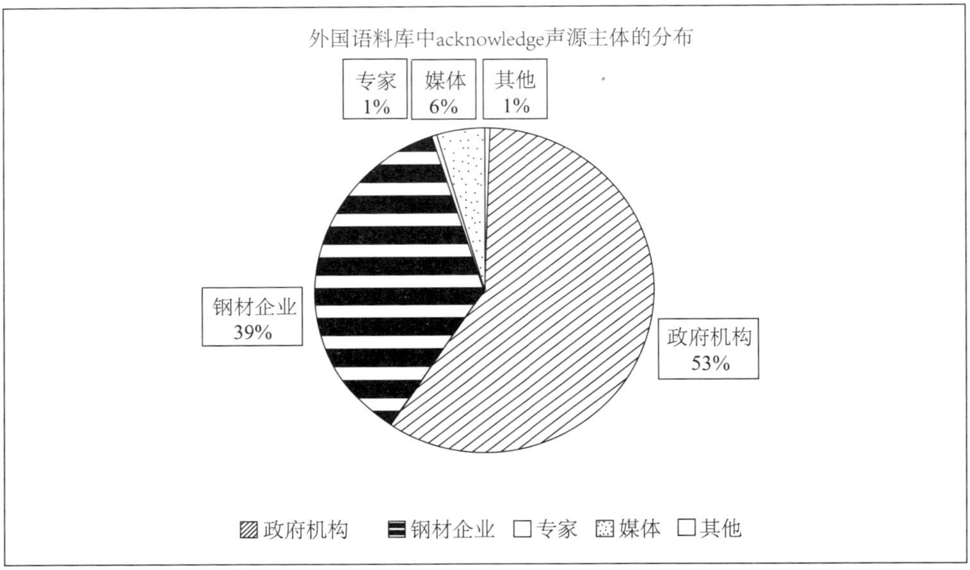

图4 外国新闻语料库中acknowledge声源主体的分布

由图4可见，在外国语料库中，acknowledge（认同）声源主体的分布如下：政府机构的声音占53%，主要来自欧盟和中国商务部；其次来自钢材企业的声音占39%，专家的声音占1%，媒体的声音占6%，其他占1%。可以看出，外国记者在报道反倾销新闻时特别关注直接的利益相关者比如钢材企业的声音。例句如下：

The new tariffs "will also be levied retroactively on imports registered during the two months that preceded the adoption of provisional measures on Feb. 12," the European Commission, the 28-nation bloc's trade authority in Brussels, said in a statement on Thursday.(官方)

（位于布鲁塞尔、代表28个成员国贸易权威的欧盟委员会周四发表声明称，对于在二月十二日采取临时措施之前两个月登记的进口产品，也将追加征收新的关税。）

China's Ministry of Commerce called the EU decision "unreasonable" and said it discriminated against Chinese products. (官方)

(中国商务部称，欧盟的决定是不合理的，而且对中国的产品具有歧视性。)

The Brussels-based European Steel Association representing all steel production in the European Union, which is the second largest steel producer in the world after China, said the time had come for Europe to act.(钢材企业)

(总部位于布鲁塞尔、代表欧洲所有的钢铁生产企业的欧洲钢铁联盟，是继中国之后的世界第二大钢铁生产者，它认为欧洲该采取行动了。)

ArcelorMittal (AMSYF) said last year it was shutting two plants in South Africa and one in South Carolina.(钢材企业)

(ArcelorMittal说，去年它关闭了非洲的两家工厂和南卡罗莱纳州的一家工厂。)

Philippe Chalmin, head of the Paris-based Cyclope commodities research institute, said Europe had no comparative advantages in basic steel production.(专家)

(位于巴黎的商品研究机构Cyclope的首席专家菲利普·切尔敏认为，欧洲在基础钢材生产中没有比较优势。)

5 讨论

首先，中西方反倾销新闻报道都倾向于扩大对话空间，尤其是使用表达acknowledge(认同)外部声音和立场的转述言语，也包括部分拒绝为转述内容承担责任的归属资源，如distance(疏远)。这一方面表明了新闻话语的客观性和事实性特征，另一方面也暗示了在反倾销贸易摩擦中各参与主体都期望通过协商、合作和对话来解决贸易争端。新闻记者借用外部声源在语篇中建立了一个异声同啸的场所，将不同的态度和立场呈现出来，与先前的话语、读者和将来的话语创造了一个对话的空间。中国语料库中的“对话性扩展”资源要明显高于外国语料库，这说明在反倾销事件中尽管中国被斥为倾销大国，但是在新闻报道中我国记者坚持一种开放、对话的态度，大量引用来自政府机构和专家的声音，以证实中国钢材企业未得到任何政府补贴以及世界市场对钢材需求扩大的事实。西方新闻语料库中表达“对话性收缩”的资源要明显高于中国新闻语料库，这说明西方记者在表达自己的观点、态度和立场上倾向于否认或者反驳对话人的观点，更多地收缩对话空间。根据西方媒体语料库的数据显示，反映对话收缩的介入资源中使用较多的是counter(反预期)。反预期常用的词汇资源比如however(然而), but(但是), not only ... but also(不但……而且)等，说明了西方媒体在反倾销问题上的坚定立场，大大收缩了对话空间，使新闻记者与读者在反倾销问题上达成共识，论证了反倾销的必要性和保护本国贸易的合理性。

其次，新闻记者通过引用消息源及其表达的观点来介入自己的态度和立场，而对于声源主体的选择反映了意识形态和文化的差异。选择的声源是相关的、有信息价值的，也是能够与读者结成一致联盟的，是读者所期望听到的信息和观点。新闻生产者对转述言语的巧妙表达可以使转述的声源主体态度尖锐、思虑周全或者魅力十足；如果使用讽刺性语言表达手段，那么声源主体就呈现出残酷、幼稚或者笨拙。新闻记者在引用外部声音的时候，同时在评价声源并赋予其新的特征。由中外语料库中声音来源的主体统计得出，中外新闻生产者都一致高度关注反倾销争端两头的官方机构：中国商务部和欧盟委员会。根据中外媒体语料库中acknowledge（认同）声源主体的统计，中国记者尤其倾向于传达政府官员的声音。在中国当前的社会政治体制下，新闻从业人员的首要任务是传播代表人民利益的政府的声音。中国记者倾向于将来自官方和学者/专家的观点结合起来，以构建起一种中国独特的政治语境下"典型的权威性"，提高新闻语篇的说服力，促使读者接受渗透在语篇里的作者的观点。西方媒体记者在反倾销报道中同样传达（尽管有时候挑战）权力阶层的社会政治观。但是西方媒体追求的根本目标是将经济利益最大化，维护股东（其中包括某些钢铁企业）的权益；赞同或批评政府的观点也只是为这一目的服务。在西方的政治经济体制下，社会精英们比如企业家或者是政府官员牢牢把握着话语权。西方媒体记者传达的是欧洲钢材企业主和部分政府财团的利益，保护本国工业，借反倾销之名扬起反倾销之剑打击中国的对外贸易，增强其在国际贸易格局中的话语权。

最后，新闻语篇的创作不仅仅是个人观点表述的方式，更是作者建构立场、表达评价并与读者展开意义协商的社会化过程（Duff, 2007）。新闻创造中选择哪个声音，以什么样的方式表征，一方面介入了作者的态度和评价，另一方面揭示了新闻创造的社会经济文化背景。新闻话语在某种程度上就是权威声源的观点，声源主体越是社会精英，越代表统治阶层的意志，新闻语篇越有价值（Jullian, 2011）。对话性是语篇的重要特征和本质属性之一。评价的过程既是作者与先前话语、作者与读者以及作者与未来话语对话的过程，也是建构社会认知的过程。反倾销新闻语篇具有显著的对话性特点，而在话语之外又反映了中西方社会经济权力关系的差异。

❻ 结语

本文运用马丁评价系统的介入子系统分析了反倾销新闻话语的对话性，采用了语料库对比的方法，考察了中西方新闻声源主体的选择以及反映的社会经济权力结构的差异。研究发现，中国新闻记者在反倾销新闻报道中倾向于扩大对话空间，积极传达政府官员和相关专家的权威声音，以增强观点的说服力；西方新闻记者在报道中倾向于缩小对话空间，论证反对中国倾销的重要性，积极引用政府和大量钢材企业财团的声音，保护其经济利益。新闻语篇在介入不同声音的同时揭示了语篇创造的特定的社会经济文化背景，评价具有对话性和社会建构性。本研究为从语言的角度解析世界经济贸易摩擦做出了一个尝试，只提供了部分的有关贸易摩擦新闻介入模式的对话性分析，将来的研究可以从更全面的评价视角分析贸易话语及其人际意义。

参考文献

- Caldas-Coulthard, C. R. 1994. On reporting: The representation of speech in factual and factional narratives. In M. Coulthard (ed.), *Advances in Written Text Analysis*. London; New York: Routledge. 295-308.
- Duff, P. A. 2007. Problematizing academic discourse socialization. In H. Marriott, T. Moore & R. Spence-Brown (eds.), *Learning Discourses and the Discourses of Learning*. Melbourne: Monash University Press. 1-18.
- Fairclough, N. 1989. *Language and Power*. London: Longman.
- Hanks, W.F. 2012. Evidentiality in social interaction. *Pragmatics and Society* 2: 169-180.
- Jullian, P.M. 2011. Appraising through someone else's words: The evaluative power of quotations in news reports. *Discourse & Society* 6: 766-780.
- Martin, J.R. & White, P.R.R. 2005. *The Language of Evaluation*. Basingstoke: Palgrave Macmillan.
- Mushin, I. 2001. *Evidentiality and Epistemological Stance: Narrative Retelling*. Amsterdam: John Benjamins.
- Mushin, I. 2013. Making knowledge visible in discourse: Implications for the study of linguistic evidentiality. *Discourse Studies* 5: 1-19.
- White, P.R.R. 2003. Beyond modality and hedging: A dialogic view of the language of intersubjective stance. *Text & Talk* 2: 259-284.
- White, P.R.R. 2012. Exploring the axiological workings of 'reporter voice' news stories: Attribution and attitudinal positioning. *Discourse, Context & Media* 2: 57-67.
- 狄艳华、柳锦，2016，评价理论介入视角下的反恐语篇否认资源分析。《东北师范大学学报（哲学社会科学版）》（3）：125-129。
- 赖良涛，2010，巴赫金的对话理论及其对介入系统的启示。《江西社会科学》（11）：203-207。
- 李基安，2008，情态与介入。《外国语》（4）：60-63。
- 刘丹，2013，英汉论辩体裁介入系统跨文化对比研究。《外语学刊》（3）：31-35。
- 庞继贤、陈明瑶，2006，电视访谈中介入标记语的人际功能。《浙江大学学报（人文社会科学版）》（6）：168-175。
- 施旭，2010，文化话语研究：探讨中国的理论、方法与问题。北京：北京大学出版社。
❑ 王振华、路洋，2010，“介入系统”嬗变。《外语学刊》(3)：51-56。
❑ 袁传有，2008，警察讯问语言的人际意义——评价理论之介入系统视角。《现代外语》(2)：141-149。
❑ 赵民，2015，关于同一事件的英语社论的结尾对比分析——介入系统视角。《当代外语研究》(4)：25-27。

A Corpus-Based Study on Antidumping Journalistic Engagement Patterns and Economic Power Relations

Abstract: This article explores the ways in which journalists engage with different news sources in Chinese and Western antidumping news. Based on the analysis of comparable Chinese and Western corpus, the study investigates the cultural variability of subjects in news sources and indicates how texts are distinct in the ways economic power relations are reproduced in news production processes. Corpus findings show that both Chinese and Western journalists tend to open up dialogic space than closing it down. Chinese journalists tend to report the voice of government officials and experts while Western journalists choose to report the voice of governments and steel enterprises and exploits the words of working class.

Key words: dialogism; source subjects; engagement patterns; corpus; power relations

（责任编辑：郑萱）

李娜自传中女性运动员身份建构的隐喻研究

天津外国语大学 张 蕾 陈菲菲*

［提　要］　本研究通过自传这种叙事语篇探讨女性运动员身份自我建构过程中的隐喻功能。李娜自传《独自上场》的个案研究显示，"战争""自然环境""生命体"等隐喻构建的概念框架与场景凸显了李娜生平中的比赛与情感经历，体现了运动员群体身份的共性。表征概念框架的语言结构即及物系统及其蕴含的评价意义构建了自传者在这些概念框架中承担的角色，实施的行为及其相应的态度，凸显了女性运动员身份的特性。隐喻使用体现出优秀女性运动员兼具男性与女性的性格特征，构建出她们在赛事与情绪认知与管理方面的强势身份。

［关键词］　女性运动员；自传；身份建构；隐喻；及物性

❶ 引言

随着女性参与运动机会的增加，对女性运动员身份的探究可以揭示特定文化对女性运动员这一特殊群体的态度，体现性别差异与性别文化。以往对女性运动员的研究主要探讨媒体语篇对她们的表征，指出媒体缺乏对她们的关注，在描述女性运动员时通常强化社会大众接受的传统女性形象（被动、脆弱、性感、孩子气），而弱化她们积极主动的运动员身份（Knight & Giuliano，2001；Harris & Clayton，2002；孟祥武、张永龙，2014；赵鑫，2015）。近来学者们开始关注女性运动员身份的自我建构过程，指出女性运动员会在互动交流中主动对自我身份进行协商，但仍然倾向于接受性别关系主导话语给予她们的身份，间接参与男性霸权再构建过程（Kavoura et.al.，2015），也有个别研究探究了机构语篇中，如记者招待会上女性网球选手强势身份的语言建构（如 Sznycer，2010）。

* 作者简介：张蕾，天津外国语大学教授、博士。研究方向：隐喻研究、话语分析、系统功能语言学。Email：zhanglei@tjfsu.edu.cn。通信地址：300204 天津外国语大学英语学院。
陈菲菲，天津外国语大学研究生。研究方向：语篇分析。Email：1244243065@qq.com。通信地址：300204 天津外国语大学研究生院。
作者感谢匿名评审专家对本文提出的宝贵建议。

本研究旨在通过自传这种叙事语篇探讨女性运动员身份自我建构的过程。自传是自传者自我塑造的话语实践，具有一定的主观性，体现了自传者对女性运动员身份的认同。而隐喻作为一种语言、认知、交际手段，决定着自传者的感知与认知框架，成为自传中构建身份的语言策略之一（Wagner & Wodak，2006）。研究将通过个案研究探讨隐喻如何在语言与概念认知层面帮助自传者完成身份建构，揭示优秀女性运动员的自建身份是否弱化或强化了传统女性形象，是否凸显了运动员的强势身份。

❷ 理论基础

与身份的本体论观点相反，身份的建构理论不再认为个人或群体身份是与生俱来的，而是在特定社会和文化语境下，个人与群体在交往过程中建构的（Bucholtz & Hall, 2005；Golden & Lanza, 2013）。身份同时具有复合性，多重身份在不同语境中会有不同程度的体现（Norma et al., 2014）。另外，身份具有动态性，某种身份在由文化价值观念塑造的现实表征中被建构后，会经历变异、再建构的过程。

作为一种社会行为，语篇成为上述过程中的重要中介机制（Ivanic，1998）。分析语篇中的各种语言现象可以为身份建构研究提供自下而上的实证研究路径（Ochs, 1993；Bucholtz & Hall, 2005；Schnurr, 2012）。其中叙事语篇赋予人们经历、知识及思维结构，是研究身份构建的一个很好的途径。人们可以通过讲述不同的故事来塑造不同版本的自我（Benwell & Stokoe，2006；Golden & Lanza，2013）。作为一种叙事语篇，自传是叙述者向他人讲述自己的故事，并通过这些故事了解自身，了解自身与他们的关系，赋予世界意义的过程（Chamberlayne et al.，2000；Haynes，2006），是自传者基于身份认知进行自我塑造的过程，带有鲜明的主体性。其中关键之处就是自传者对自我身份的认同，而这种认同会受到各种因素的影响（Wierzbicka, 1995）。因此，自传是在一定的社会文化背景下自传者的社会文化、心理以及职业等方面的自我建构。

作为一种思维认知方式和语言表达手段，隐喻涉及不同概念域之间具有选择性的映射，伴随着与其他认知元素的互动，同时又隐含着对待相关事物的态度、观点和立场。在自我建构的语篇实践中，隐喻存在于自传者的语言、思维当中，是其无意识认知系统的一部分，左右着他的意识活动，包括对自我身份的认知，识别它们成为透视自传者叙事话语背后概念框架的有效途径（Maalej, 2007；张蕾、苗兴伟，2012）。本研究将基于自传语篇中的隐喻表达，挖掘自传者意欲建构的事件认知概念框架，并通过研究表征事件认知概念框架的语言结构细节，包括表征自转者内心世界和外部世界的及物性系统以及所蕴含的评价意义，揭示自传者在故事叙述中凸显的概念框架中的视角与元素以及它们构建身份的功能。

及物性系统（Halliday, 2000）将事件认知概念框架中自传者的所作所为，所见所闻表达成若干过程，并指明“参与者”和“环境成分”。其中物质过程、心理过程和关系过程最常见。物质过程是表示概念框架中某件事的过程，一般包括“动作者”

和“目标”两个参与者，即过程的发出者和受过程影响的人或事，也可以只有“动作者”一个参与者。心理过程可以细分为“感知类”“情感类”和“认知类”，分别表述概念框架内的各种感受、情感、意识活动，一般有两个参与者：心理活动的主体“感知者”和客体，即被感知的“现象”，包括事物或事实。关系过程是指反映事物之间处于任何关系的过程，可分为“归属类关系过程”和“识别类关系过程”。前者对事物进行描写，参与者包括“载体”和“属性”；后者对事物进行限定，包括参与者“被识别者”和“识别者”。实现及物性系统的语言资源会直接或间接表明自转者对概念框架中表征事物或事件所采取的态度，包含情感、判断及鉴赏与其强烈程度，蕴含正面与负面的评价意义（Martin & White, 2008）。

本研究尝试揭示隐喻建构的概念框架以及表征框架的语言资源如何帮助女性运动员完成身份自建的社会实践过程。

❸ 研究方法

研究语料来自李娜自传《独自上场》（2012）。李娜不仅是当今中国最出色的女性网球运动员，而且因为言论大胆受到国内外媒体和大众的关注（程文灵，2015）。学者们通过报道中的主题与关键词探讨了媒体对李娜的形象塑造（刘静、邓秀军，2013；刘钊，2014），但缺乏具体的语篇分析。本研究拟从隐喻视角分析李娜对自己体育生涯的回顾，挖掘她对自身女性运动员身份的建构过程。

自传包括李娜丈夫和她的密友撰写的两篇序言、李娜的自序，以及她对自己网球生涯的回顾。研究旨在揭示自我身份建构的过程，所以去除了开始的两篇序言，去除后用于分析的语料共计134 152个汉字。在识别过程中，产生语义不协调，即基本义与上下文的含义来自不同语义框架的词或短语被标记为隐喻词（Steen et al., 2010）。如小句“我开始了四处征战的日子”描述了李娜作为职业网球运动员需要经常参加比赛的经历。短语“征战”最初在战争语义域中使用，意指出征打仗，与上下文语境中的体育语义域形成语义不和谐，形成从战争域到体育域的语义映射，用战事形容比赛，被标记为“战争”隐喻。在隐喻识别过程中，我们没有区分新奇和传统隐喻，也没有考虑空间以及时间等基本隐喻。

自传中共出现1 434个隐喻表达，隐喻密度达到每千字10.689个。这些隐喻表达按照它们所属的语义域进行分类，在此基础上总结出隐喻模式，并根据主要隐喻模式的目标域，即自传的主题归纳出主要的概念映射。为了更准确、深入地揭示隐喻再现与身份建构的相关性，研究除了分析主导性的不同概念域之间的类比映射，还关注由词汇所激活的同一概念域中不同的概念场景（scenario）（Musolff，2004；Semino，2008）。它在语义上属于源域的下义范畴，却具有更丰富的心理再现，涉及和源域概念有关的形式、事物和行为。

我们用分析软件AntConc 3.2.4（Anthony, 2004）的检索功能对以上概念框架与场景出现的频率与密度进行了统计。同现行功能有助于在隐喻表征的概念框架内进行更细致的语言表征分析，包括及物系统中实现过程的动词以及参与者和环境成分。

❹ 研究发现

除去自序，《独自上场》共有33章节，从回忆李娜网球生涯的巅峰时刻（夺得法网公开赛冠军）开始，涵盖了幼年打球经历、职业生涯、大学生活、家庭和婚姻、病患等人生经历。在叙述过程中，李娜共使用了16种隐喻模式，其中又以“自然环境”（18.2%）、“旅行”（17.9%）、“战争”（17.8%）、“生物体”（13.9%）所占隐喻表达总数的比例最大（表1）。

表1 李娜自传中的隐喻模式

源域	隐喻词出现次数	每1000字出现频率	占总次数的百分比(%)	隐喻词个数
自然环境	261	1.95	18.2	103
旅行	256	1.91	17.9	65
战争	255	1.90	17.8	90
生物体	200	1.49	13.9	81
容器	174	1.3	12.1	19
机器和工具	126	0.94	8.8	20
经济	29	0.22	2.02	11
建筑	28	0.21	1.95	20
游戏/竞赛	28	0.21	1.95	10
表演和艺术	25	0.19	1.74	11
小说和电影	18	0.13	1.26	12
烹饪	16	0.12	1.12	6
学习	4	0.03	0.28	4
宗教	3	0.02	0.26	3
服装	3	0.02	0.2	2
量具	2	0.01	0.12	2
其他类	6	0.04	0.4	5
共计	1 434	10.689		464

而这四种隐喻模式的目标域凸显了“网球比赛”和“情感”两大主题，形成了

频率较高的概念映射。其中隐喻“网球比赛是一场战争”出现次数占“战争”隐喻模式总次数的14.99%，突出了作为一名职业运动员所经历的体育赛事。另外，情感概念作为目标域也比较突出，涉及以下三个隐喻“情感是自然环境”“情绪管理是场战争”“情感是生物体”，出现次数分别占“自然环境”“战争”和“生物体”隐喻模式总次数的8.5%、5.1%和1.7%。基于此，下面着重分析网球赛事与情感经历的隐喻表征对李娜自我身份的建构。

4.1 网球赛事中人物身份的建构

自传中有217例“战争”隐喻表达出现在李娜对各种赛事的回忆中，占所有“战争”隐喻表达的96.4%，建构出“网球赛事是场战争”的概念框架。它们建构出战争的各种概念场景，包括“战争准备”“战事”“战况”“战术”“战果”“武器”、“各种参战人物”，与“比赛”场景中的“比赛准备”“赛事”“比赛情况”“比赛策略”“比赛结果“比赛用品”和“参赛选手”形成一一概念映射关系（表2）：

表2 “网球比赛是场战争”的隐喻再现

源域概念	目标域概念	隐喻词	总频率
战争准备	比赛准备	备战（3）、练兵（1）	4
战事	赛事	征战（12）、挑战（8）、战（7）、战斗（7）、出征（4）、作战（4）、战役（4）、出战（3）、实战（2）、转战（1）、决战（1）、役（1）	54
战况	比赛情况	险象环生（2）、战况（1）、战局（1）、势如破竹（1）、挨打（1）	6
战术	比赛策略	交锋（9）、对抗（5）、对阵（5）、进攻（3）、对决（3）、防守（3）、（拼）杀（3）、战术（3）、反攻（3）、反击（3）、缠斗（2）、过招（2）、攻势（2）、发号施令（2）、出击（2）、攻击（2）、战略（1）、回击（1）、搏（1）、抗衡（1）、交手（1）、包围（1）、火力（1）、号角（1）、短兵相接（1）、会师（1）	62
战果	比赛结果	击败（22）、打败（12）、战胜（11）、战无不胜（3）、胜负（1）、战平（1）、战绩（1）、战功（1）、败北（1）、败军（1）、铩羽而归（1）、所向披靡（1）、攻无不克（1）、首战告捷（1）	58
武器	比赛用品	装备（3）、暗器（1）、武器（1）	5
参战人物	参赛选手	名将（9）、老将（6）、小将（3）、兵家（3）、功臣（1）、敌人（1）、阵营（1）、阵容（1）、兵家（1）	26

李娜运用多达12种表征战争的词汇再现了她经历的网球赛事。对残酷、暴力和血腥的战争场面的认知会让读者体会到比赛的激烈、残酷和无情。其中“征战”出现的频率最高，并且多与“四处”“再”“几乎每周”等副词一起出现。这些表征战

争事件中空间与时间的环境成分揭示了李娜参加比赛的广度与频率，凸显了她作为一位职业网球运动员的身份。

[1] 很快，我开始了四处**征战**的日子。

[2] 等到法网打完，回慕尼黑调整一下，再去**征战**温网。

[3] 而对几乎每周都**征战**于各个赛场的我来说，……

表2也同时显示在建构的战争框架中，最为突出的是“战术”与“战果”两个概念场景，分别将战争中的防守、进攻、反击等战争策略以及战争结局投射为李娜比赛中选用的各种比赛技巧和比赛结果。在建构的“战术”场景中，有近80%的小句都以李娜为战术的实施者，如在以下表征网球比赛的物质过程小句（Halliday, 2000）中，“我”作为动作者出现，描述了李娜为赢得比赛主动采取各种比赛技巧，反映了她的智慧与胆识。过程中的目标均为其他世界顶级网球选手，包括“辛吉斯”“一流好手们”“克里斯特尔斯”。这种指称方式在能力方面给予目标正面的社会评判（Martin & White，2008）。对她们的描述，包括前置修饰成分“火力全开的”与“国外装备精良的”以及关系过程小句的属性成分“世界顶尖的高手”，加强了这种正面评判，体现了比赛对手的强大。环境成分中与“装备精良”形成对比的“战争”隐喻“要靠小米加步枪的打法”以及“自然环境”隐喻“顶着山呼海啸”，强化了李娜比赛装备落后以及客场比赛时需要面对的巨大压力。这些都反衬出李娜勇敢、果断、坚强的个性。

[4] 辛吉斯是世界顶尖的高手，在与她的**对抗**中，我并没有一味地被动挨打，而是找到了一些与之**抗衡**的方法。

[5] 我一边要靠小米加步枪的打法去和国外装备精良的一流好手们**过招**，一边不断地承受着“不能打前十”的冷言冷语。

[6] 我曾在莫斯科的球场上顶着山呼海啸与俄罗斯选手**交锋**，我赢下了首盘，但火力全开的克里斯特尔斯简直是完美的。

而在“战果”概念场景中，李娜无疑也是比赛结果的主要促成者和承受者。在建构这一场景的隐喻表达中“击败”与“打败”出现频率最高，描述了李娜比赛取得的胜利，如在下面这些场景中，李娜回忆起自己战胜世界高手的经历：

[7] ……最终**击败**了七位排名高于自己的选手夺冠。这个成绩算是蛮不错的，我一直在**进步**。

[8] 在**击败**了当时世界排名前30的扬科维奇、前50的杜舍维娜之后，我进入了决赛。

表征比赛的“战争”隐喻经常与“旅途”隐喻交织在一起，如上面各个小句中隐喻表达“进步”和“进入”激活了“旅途”概念中的“前进”场景，体现了比赛的胜利推动了李娜网球事业的发展。除此之外，李娜描述了自己取得胜利之后的情绪，包括自信心的增长和负面情绪的消减。下面一节将着重探讨情感经历中李娜对自身身份的建构。

4.2 情感经历中人物身份的构建

情感是人对客观事物的态度体验及相应的行为反应,包括情绪和感情两个方面，前者主要包括喜怒哀乐等情绪表现，而后者主要是爱恨亲疏等人际情感（Wierzbicka，1995）。作为一名优秀网球运动员，李娜经历了退役与复出、伤痛与手术、挫折与胜利，体验过挫折、胜利、失落与收获。同时作为女儿与妻子，她也收获了亲情、友情与爱情。在自传中，李娜用隐喻形容了这些外人无法触摸的、难以表达的、抽象的情感体验，形成了“情感是生物体”“情感是自然环境”以及“情绪管理是场战争”三个主要的概念框架，其中出现频率最高的是“情感是自然环境”。

在122处隐喻中，李娜选用“自然环境”来形容自己复杂的情感世界，包括它的下义概念范畴“天气”“火与光”“地形”“色彩”与“水”。“涌动”“滔滔”“倾注”等“水”隐喻描述了李娜某种强烈的情感，包括获胜的喜悦、与其他运动员的友情、对网球事业的热爱以及赛场上情绪失控之后的懊恼之情。网球是种对抗性运动，运动员的情绪容易起伏。李娜在自传中对自己的不稳定情绪进行了描述，如在下面的比赛场景中，李娜将自己不平稳的情绪形容为涨落的波浪。

[9] 每当感到**情绪波动**的时候，我会看看自己团队的包厢，……

而“地貌”与“色彩”隐喻几乎都用来形容李娜的低迷状态、伤痛以及公众误解带来的挫败感，如下面的“巨石”和“灰暗”体现了李娜承受的巨大压力，以及有可能无法继续比赛时产生的沮丧心情。

[10] 我心里也没底，这件事就像**巨石**一样，沉重地压在我心上。

[11] 骨头都裂了，肯定不能继续比赛。我的**心情**瞬间**灰暗**下来。

相反，“天气”隐喻与“火与光”隐喻既用糟糕的天气状况和暗淡的光芒映射了李娜的负面情绪，同时也用晴朗的天气与强烈的光芒表征了她正面的情感。如面对外界的质疑，“如影随形”将李娜的焦灼与无助形容为时刻跟随她的影子；“阴霾”原指阴暗的天气，在自传中形容李娜紧张焦虑的状态。而“燃烧的小火苗”映射了李娜渴望胜利的迫切愿望。

[12] 外界质疑的声音不断传来，焦灼、无助的心态**如影随形**。

[13] 我一下子就放松下来，失眠、焦虑都忽然离我而去，多日的**阴霾**一下子散开。

[14] 有一股好胜的小火苗在我心里偷偷地**燃烧**。

而对于突然产生的强烈的负面情绪，李娜多次用“爆发”来形容。如：

[15] 无奈、绝望、无助，千头万绪都在胸中盘旋，……今天还是在输球的刺激下彻底**爆发**了。

爆发的基本语义是形容火山内部的岩浆冲破地壳，向四外突然迸出的自然现象。李娜用它来形容自己积蓄很久的负面情绪因为比赛中的困境突然释放出来，描述了这种情绪的强烈程度，也表明了它的危害。

以上各种自然环境投射到情绪认知域，说明了情绪的不可控性，突出了李娜作为一名女性运动员感性的一面。另外，自传中24例“情感是生物体”隐喻（表3）突出了李娜的情感兼有生物与社会的属性。它的下义范畴“人”的隐喻、“动物”隐喻以及“植物”隐喻，赋予了抽象情感“人”的思维和行为、“动物”的行为特征以及植物的生长特点。

表3 “生物体”隐喻对情感的再现

李娜的情感	源域	隐喻词
正面情感（12）	“人”的行为	抱（4）、歌唱（1）、呐喊（1）、苏醒（1）
	“动物”的行为	飞（3）、咆哮（1）
	“植物”的生命	旺盛（1）
负面情感（12）	“人”的行为	喘息（1）
		抓住（1）
	“人”的社会关系	转嫁（2）
	“动物”的行为	吞噬（2）
	“植物”的生命	荒芜（1）
	“人”的疾病与不适	疙疙瘩瘩（1）、头痛（2）、伤疤（1）、鲜血淋淋（1）

从表中可以看出“生物体”隐喻兼顾李娜的正面与负面情感。正面情感主要指李娜作为一名运动员参赛时的积极心态。如在大满贯最后一场决赛中，下面自述中的“歌唱”“呐喊”、“咆哮”等隐喻词描述了李娜对这场比赛的渴望，内心大声的助威声让李娜强烈的情绪跃然纸上，体现了她饱满的斗志；而成为大满贯冠军后频繁参加社会活动让李娜感到厌倦，一个“飞”字生动地描写出李娜迫切返回赛场的

心情。

[16] 我的心在**歌唱**，我的灵魂在**呐喊**，我心底深处的那个“李娜”在咆哮。
[17] 我的心**飞**到了温布尔登的草坪上，甚至对没完没了的活动有些厌倦。

而负面情感主要描述了李娜事业上的迷惘和困惑，以及被公众误解后的委屈与痛苦，如下面两个关系过程小句中的“荒芜”和“疙疙瘩瘩”。“荒芜”源自“植物”概念域，描写无人管理杂草丛生的田地，凸显了李娜在事业达到顶峰后的迷惘，体现了大满贯冠军对未来发展的困惑。而源于“人体”概念的“疙疙瘩瘩”描写了李娜网球生涯起步时期的迷惑和不适。

[18] 我心中一片**荒芜**，我不知道在这种情况下我还怎么打，以及为什么打。
[19] 和好朋友“竞争”，心里总是**疙疙瘩瘩**的，……

被公众误解的心情在“动物”隐喻“吞噬”和“人体疾病”隐喻“伤疤”与“鲜血淋淋”中得到很好的诠释。读者对动物撕咬的疼痛和鲜血流出惨痛的认知会让他们体会到李娜内心的挣扎，而“伤疤”则形象地指出“炮轰国家队体制”事件留给李娜的持久苦痛。

[20] 百口莫辩的委屈，被曲解误读的气愤，被悔恨和痛苦**吞噬**的难眠之夜。
[21] “炮轰国家队体制”这件事，我再也没有在公开场合澄清过，这是我心中的**伤疤**，一碰就**鲜血淋淋**，……

与正面情感表征多采用行为与物质过程不同，负面情感的表征多采用关系过程，客观地体现了李娜的情感体验。另外，表征情感的语言结构常与心理过程（Halliday, 2000）一同出现，如“我知道”，体现了李娜对自身情绪的感受与认知。

以上对正面与负面情绪的描述可以显示李娜能够体验、表达自己的情绪，对它们进行解释，体现出较强的情绪感知力（affectability）（Kopytko，2002）。另外，作为一名优秀运动员，李娜还进行情绪管理（affect management），主要包括排解、释放、克服压力等负面情绪。她用“水”隐喻、“战争”和“冲突”隐喻来记录这种过程。“宣泄”本意指让积水流出，李娜用它指代排解或释放不良情绪的方法和过程：

[22] 我的**宣泄**方式就是吼姜山。

上面识别关系过程的语言结构非常明确地表明李娜处理自身负面情绪的独特方式，也暗示着李娜丈夫对她的支持与包容。而以下叙述中出现的隐喻词“敌人”“击败”“对手”建构了“战斗”与“冲突”的概念框架，其中心理障碍被她形容为战斗中的“敌人”和对抗中的“对手”，而李娜作为行为者，实施的“击败”等物质过程，显示了李娜克服负面心理因素的决心。

[23] 球场对面的敌人容易击败，我们内心深处的**敌人**才是真正可怕的魔，当我们试图迈向更高境界时，我们首先要**击败**的，就是我们自己心中的**对手**，我们自己的心魔。

以上分析显示“情感是自然现象”“情感是生物体”以及“情绪管理是战争”等隐喻让读者体会到李娜作为女性运动员对复杂情感的感受、认知以及应对。面对复杂情感，李娜的消极与积极心态反映了她柔性与坚强的性格特点。

5 讨论与结论

自传中李娜主要使用“战争”隐喻对职业生涯中经历的赛事进行了回忆，反映了李娜作为运动员其职业的竞技性。高频率的“战争”隐喻凸显了战争概念框架中的“战术”与“战果”场景，强调了李娜所经历赛事的对抗性，并突出了比赛技巧与战略战术同等重要的地位。物质过程表征的这些场景中李娜被塑造为主动的行为者，成为比赛技巧的实施者，构建出比赛胜利者形象，而环境成分对比赛对手强势的表征，反映了李娜为赢得比赛面临的压力以及她超强的比赛技能和聪慧的比赛策略，凸显了李娜作为优秀女运动员具备的男性特质，即传统文化强调的勇敢、果断与坚强。

作为运动员李娜同样经历着竞技体育项目引发的情感波动。她使用大量的“自然环境”隐喻与“生物体”隐喻对抽象的情感进行了建构，与读者分享自己复杂的情感经历。这些隐喻表达激活的概念框架对李娜的正面、负面情绪进行了生动再现。表征情绪的物质过程将李娜的各种情绪表征为行为者，强调了情绪的不可控性，同时表征负面情绪的关系过程强调了它的客观性，而心理过程则将李娜表征为感受者，突出了她对自我情绪的感知。作为优秀运动员，李娜并没有局限于对情绪的被动认知，而是对情绪进行了主动管理。“自然环境”隐喻所在的关系过程以及表征“战争”隐喻所激活的“战斗”场景的物质过程结构体现了她应对负面情绪的策略与过程，突出了她的理性。

以上分析显示李娜的自我身份建构含有女性的感性特征，包括丰富细腻的情感与波动的情绪，体现了作为女性运动员的弱势，但也描述了她的理性、果断、勇敢，凸显了传统意义上的男性特征，塑造了李娜的强势运动员身份。因此，李娜的自我身份建构表明优秀女性运动员兼具男性与女性的性格特征。

本研究的个案分析体现了李娜自我身份构建所运用的隐喻模式触发的概念框架与场景与她的体育职业与体育文化有紧密的联系，凸显了运动员都要经历的对抗性以及复杂的情感经历，在概念层面突出了运动员群体的身份共性，同时也显示隐喻的使用与使用者的亲身经历密切相关。但是对表征这些框架的语言结构即及物系统的分析显示出自传者在这些概念框架中承担的角色、实施的行为，突出了表征概念框架的独特视角和丰富内涵，能够凸显所建构身份的独特性，同时通过各种修饰成分表达出正面与负面的评价意义，从情感角度强化隐喻建构的认知概念框架，凸显自传者身份的个体特性。因此，对隐喻建构身份的研究要关注概念与语言两个层面，兼顾较宏观的概念框架和微观的语言机构。

参考文献

- Anthony, L. 2004. AntConc 3.2.4. http://www.laurenceanthony.net/software.html
- Benwell, B. & Stokoe, E. 2006. *Discourse and Identity*. Edinburgh: Edinburgh University Press.
- Bucholtz, M. & Hall, K. 2005. Identity and interaction: A sociocultural linguistic approach. *Discourse Studies* 7: 585-614.
- Chamberlayne, P., Bornat, J. and Wengraf, T. 2000. *The Turn to Biographical Methods in Social Science*. London: Routledge.
- Golden, A. & Lanza, E. 2013. Metaphors of culture: Identity construction in migrants' narrative discourse. *Intercultural Pragmatics* 2: 295-314.
- Halliday, M.A.K. 2000. *An Introduction to Functional Grammar (2nd edition)*. Beijing: Foreign Language Teaching and Research Press.
- Haynes，K. 2006. Linking narrative and identity construction: Using autobiography in accounting research. *Critical Perspectives on Accounting* 17: 399-418.
- Harris, J. & Clayton, B. 2002. Femininity, masculinity and physicality in the British tabloid press: The case of Anna Kournikova. *International Review for the Sociology of Sport* 37: 397-415.
- Ivanic, R. 1998. *Writing and Identity: The Discoursal Construction of Identity in Academic Writing*. Amsterdam: John Benjamins.
- Kavoura, A., Ryba, T.V., & Stiliani, C. 2015. Negotiating female judoka identities in Greece: A Foucauldian discourse analysis. *Psychology of Sport and Exercise* 17: 888-898.
- Knight, J. L. & Giuliano, T. A. 2001. He's a laker; she's a looker: The consequences of gender-stereotypical portrayals of male and female athletes. *Sex Roles* 45: 217-48.
- Kopytko, R. 2002. *The Mental Aspects of Pragmatic Theory: An Integrative View.* Pozna ń : Motivex.
- Martin, J. R. & White, P. R. R. 2008. *The Language of Evaluation: Appraisal in English.*

Beijing: Foreign Language Teaching and Research Press.
- Maalej, Z. 2007. Doing Critical Discourse Analysis with the contemporary theory of metaphor: Towards a discourse model of metaphor. In C. Hart, and D. Lukes, D. (eds.), *Cognitive Linguistics in Critical Discourse Analysis*. Newcastle: Cambridge Scholars Publishing.132-158.
- Musolff, A. 2004. *Metaphor and Political Discourse Analogical Reasoning and Debates about Europe*. Basingstoke: Palgrave Macmillan.
- Norma, B., Jorge, M., & Gillian, M. 2014. The use of appraisal resources in the construction of second language teacher-researcher identity. In O. Gerard, B. Tome, & F. Lise (eds.), *Choice in Language: Applications in Text Analysis*. Sheffield, Bristol: Equinox Publishing Ltd.. 86-108.
- Ochs, E. 1993. Constructing social identity: A language socialization perspective. *Research on Language and Social Interaction* 26: 287-306.
- Schnurr, S. 2012. *Exploring Professional Communication: Language in Action*. New York: Routledge.
- Semino, E. 2008. *Metaphor in Discourse*. Cambridge: Cambridge University Press.
- Steen, G. J., Dorst, A.G., Herrmann, J.B., Kaal, A., Krennmayr, T., & Pasma, T. 2010. A *Method for Linguistic Metaphor Identification: From MIP to MIPVU*. Amsterdam/ Philadelphia: John Benjamins Publishing Company.
- Sznycer, K. 2010. Strategies of powerful self-presentations in the discourse of female tennis players. *Discourse & Society* 21: 458-479.
- Wagner, I. & Wodak, R. 2006. Performing success: Identifying strategies of self-presentation in women's biographical narratives. *Discourse & Society* 17: 385-411.
- Wierzbicka, A. 1995. *Semantics, Culture, and Cognition*. New York and Oxford: Oxford University Press.
- 程文灵，2015，网络体育新闻中女性运动员媒介形象呈现——以“李娜退役”网络新闻专题为例。《新闻及传播研究》(4)：8-12。
- 李娜，2012，《独自上场》。北京：中信出版社。
- 刘静、邓秀军，2013，明星运动员媒介形象的全媒体塑造策略研究——以李娜的“大满贯”参赛经验为例。《武汉体育学院学报》(9)：19-22。
- 刘钊，2014，李娜媒介形象建构的考察：摆脱脸谱化的多面向体育明星。《传播与版权》(6)：104-106。
- 孟祥武、张永龙，2014，现代传媒对女性运动员性别角色与身体形象的构建。《体育与科学》(3)：88-92。
- 张蕾、苗兴伟，2012，英汉新闻语篇隐喻表征的比较研究——以奥运经济隐喻表征为例。《外语与外语教学》(4)：20-24。
- 赵鑫，2015，电视体育报道中的性别差异研究。《新闻战线》(7)：120-121。

Identity Construction of Female Athletes Through Metaphors —An Analysis of Li Na's Autobiography

Abstract: This study explores the metaphor function in a female athlete's self-construction through autobiographical narrative discourse. The analysis of tennis player Li Na's autobiography *Play Alone* shows that the conceptual framework and scenarios stimulated by WAR, ENVIRONMENT and LIFE metaphors construct her game and emotional experiences, which reflect common features of athletes' identity. Meanwhile, the linguistic structure of transitivity and its entailed appraisal meaning characterizes the role, action, attitude of the autobiographer in these conceptual frameworks, which reveals specific characteristics of the constructed female athletes' identity. The analysis at both cognitive and linguistic levels reveals the mixture of male and female characteristics in outstanding female athletes' identity, highlighting their strength in sports games, emotional perception and management.

Key words: female athlete; autobiography; identity construction; metaphor; transitivity

（责任编辑：高一虹）

英语语音意识在维吾尔族儿童英语单词读写发展中的预测作用

华东理工大学　韦晓保*

［提　要］　本研究通过两项实验测查了英语语音意识的不同成分（音位意识、首尾韵意识和音节意识）对四至六年级维吾尔族双语班儿童英语单词阅读及拼写发展的预测作用。通过偏相关和分层回归分析方法，研究发现：（1）不同语音技能在不同阅读水平儿童单词阅读中的预测作用存在差异，其中，音位意识在阅读正常组儿童单词阅读中具有重要作用，首尾韵意识在阅读较差组儿童单词阅读中作用明显；（2）英语单词阅读与拼写对语音意识的依赖程度存在差异，其中，只有首尾韵意识对英语单词阅读的预测作用显著；而首尾韵和音位意识对单词拼写均有显著预测作用。结论显示，Ziegler 和 Goswami（2005）提出的心理语言学纹理理论对儿童拼写能力发展具有较好的解释力，其对儿童阅读能力发展的解释力可能会受儿童母语语音结构、汉语拼音和英语读写水平的影响。

［关键词］　维吾尔族儿童；语音意识；单词读写发展；纹理理论

❶ 引言

大量研究表明，作为一种元语言意识，语音意识在儿童早期读写能力发展中有着重要作用（如Adams，1990；McBride-Chang & Kail，2002；Schatschneider et al.，2004）。随着语音意识研究在广度和深度上的拓展，研究者们开始关注英语作为L2习得过程中，语音意识在读写发展中的预测作用及该作用是否以及在多大程度上受其他因素（如L1语音结构、读写发展阶段或水平）影响。例如，Gottardo等（2001）通过对加拿大ESL粤语儿童的研究发现，儿童在英语音位删除上的表现与其汉语押韵及声调奇异判断显著相关，其中，英语音位删除和汉语押韵奇异判断对其英语单

*　作者简介：韦晓保，华东理工大学外国语学院副教授、博士。研究方向：心理语言学、神经语言学、语言习得。Email：wishop80@163.com。通信地址：200237 华东理工大学外国语学院。

本文系国家社科青年基金项目“维吾尔族双语儿童英语学习者语音意识及其读写能力获得和发展的关系研究（批准号15CYY019）”阶段性成果。

词认读和假词拼读均有显著预测作用；陶沙等（2007）的研究则发现，英语首音–韵脚意识对汉语儿童英语阅读具有显著预测作用，汉语首音–韵脚意识和声调意识则是通过英语首音–韵脚意识对英语阅读产生影响。此外，语音意识对读写能力发展的预测作用还可能受阅读不同阶段或发展水平调节。如，有研究发现，首音–韵脚意识能够更好地预测儿童早期阅读成绩或拼写水平（Goswami & Bryant，1990；丁朝蓬、彭聃龄，1998）；而音位意识只在儿童具备了文字读写能力后才发展起来（Morais，1991），它可预测更高年级的阅读成绩（Goswami & Bryant，1990；Muter et al.，1997）。陶沙等（2007）的研究发现，语音意识的不同成分对汉语儿童单词阅读的预测作用受其英语阅读水平调节：首尾韵意识对正常水平儿童阅读具有显著预测作用，而音节意识仅对低水平儿童阅读有着显著预测力。

此外，语音意识的不同成分与阅读和拼写的关联程度也引起了研究者们的广泛关注。李蓓蕾等（2011）指出，阅读和拼写属于两种不同的心理语言加工过程：阅读是指从书面文字中获取语音和（或）语义信息的过程，拼写则要求把书面语言的心理表征外化为标准书写形式。可见，对于儿童来说，拼写的难度可能更大，要求更高。拼写过程是儿童使用特定的书面（标注）符号对语音进行表征、描述和输出的过程。相关研究显示，由于拼写更依赖个体语音解码能力，因此语音意识在儿童拼写能力发展中的作用可能更大（Bradley & Bryant，1983；Landerl & Wimmer，2008；Verhagen et al.，2010）。Furnes 和 Samuelsson（2011）也指出，语音意识对拼写发展的预测作用更稳定、持续时间也更久。

作为一个多民族的国家，研究少数民族学生外语学习应该成为我国语言习得研究的一个重要组成部分。然而，受各种客观条件的制约以及语言习得复杂性因素的影响，少数民族地区外语教学发展相对缓慢，针对少数民族学生外语学习的研究也相对匮乏。究其原因，可能与少数民族地区外语教学一直套用通用外语教学模式，而忽略了少数民族学生已有语言经验对外语学习的影响有关。二语习得研究指出，学习者的个体差异和语言环境对学习成效有显著影响，不同地域、母语背景、语言接触下的民族在外语学习时，会表现出明显的差异。为此，本研究拟以维吾尔族儿童为研究对象，着重探讨下列两个问题：

（1）英语语音意识的不同成分在不同阅读水平维吾尔族儿童单词阅读中的预测作用是否存在差异？这种差异与其母语语音结构的特点是否存在关联？

（2）英语语音意识的不同成分在维吾尔族儿童单词阅读和拼写中的作用是否存在差异？

❷ 实验设计Ⅰ：英语阅读水平在维吾尔族儿童英语语音意识与单词阅读之间的调节作用

2.1 方法

2.1.1 被试

被试为乌鲁木齐市37和78中小学部四、五、六年级维吾尔族双语儿童。采用英语单词认读任务测查两所小学三个年级的102名学生，并求得z分数。根据z分数的分布情况、学生平时阅读表现和任课教师的评价，我们将z分数高于0.5以上的界定为阅读正常的学生，z分数低于−0.8的界定为阅读较差的学生，由此最终确定阅读正常儿童43名，阅读较差儿童37名。所有被试均由同一名教师教授，英语学习时长在2—3年，英语学习主要以阅读学习为主，对拼写不作要求。阅读水平正常组和较差组非言语智力测试成绩均值（标准差）分别为34.84（8.02）和32.30（7.53），组间差异不显著，$t[78]=1.45$，$p>0.05$。

2.1.2 研究工具

本研究的测量工具包括瑞文推理测验、英语语音意识测试和英语阅读测试。

非语言智力测试 采用北京师范大学张厚粲和王晓平（1985）主持修订的瑞文标准推理测验（RSPM）。该任务目的是测试受试的推理能力或智能诊断，共60个题，分为5组，每组12题。5组题难度逐步增加，每做对1题得1分，总分60分。

英语语音意识测试 该测试参考了Hulme等（2002）和陶沙等（2007）英语语音意识测试任务。该测试从音位意识、首音–韵脚意识和音节意识三个方面考察被试的英语语音意识情况。验证性因素分析表明，该测试有着较好的结构效度。对各成分的测查均采用删除任务设计，[①]音位和首音–韵脚意识测试所用的单音节词均为辅音丛开头（如CCVC）或辅音丛结尾（如CVCC）两种结构的单词。音位意识测试考察被试对首、末和中间音位的删除能力，共10项；首音–韵脚意识测试考察被试对首音和韵脚的删除能力，共10项；音节意识测试考察被试对多音节词首、末和中间音节的删除能力，共10项。每个正确项目计1分，整个测试的内部一致性信度为0.82（n=80）。

英语单词阅读测试 采用真词和假词认读两种形式考察被试认读单词的能力。（1）**真词认读测试** 所选单词均为被试学过的单词，共20个。以名词为主，也有少量的动词和形容词；以单音节词为主，也有少量的双音节和三音节词。被试得分是其正确读出单词的个数。（2）**假词认读测试** 研究者参照Woodcock（1998）编制的Word Attack Test设计了24个假词项目。假词按由易到难排列，以单音节词为主，包括少量的双音节词，所有单词均符合英语单词的发音规则。主试鼓励被试尽可能地读出所给的假词，如果被试连续5个都读错时，停止测验。被试每正确认读1个假词得1分，被试得分为其正确认读假词的个数。

① Perfetti（1987）指出，语音删除任务与阅读能力发展有着密切关联。

2.1.3 研究程序

正式收集数据前，对语音意识和读写水平测试进行了试测，并根据试测结果对测试的材料和程序进行了调整。首先，对瑞文推理测验采用分班集体施测，大约持续40分钟。对英语语音意识任务和英语单词阅读采取个别施测，交由经过培训的5名新疆大学研究生进行，每人大约为20分钟。数据录入后使用SPSS19.0进行数据的管理与分析。

2.2 结果

2.2.1 阅读正常和较差两组儿童英语语音意识的特点及与单词阅读的偏相关分析

表1列出了阅读正常和阅读较差两组儿童在英语音节、首尾韵和音位删除任务上的得分。从表中我们可以看到阅读正常组儿童在语音意识的各个成分上的表现均好于阅读较差儿童。MANOVA分析显示，阅读水平在语音意识上具有显著的主效应，Wilks' Lambda=0.67，$F[3,76]=12.53$，$p<0.001$；组间差异在三个成分上均显著，$Fs[1,78]\geq 10.45$，$ps<0.01$。

从表1中的偏相关分析结果可以看到，控制了非言语智力和年龄因素的作用后，阅读正常组儿童的音位意识与单词阅读显著相关；阅读较差组儿童语音意识的三个成分与单词阅读均显著相关。可见，英语语音意识与单词阅读的相关性在不同阅读水平儿童中有着较大差异。下面，我们通过构建调节变量来探讨阅读水平对于语音意识不同成分与维吾尔族儿童英语单词阅读关系的调节效应。

表1 阅读正常和较差两组儿童英语语音意识不同成分的特点及其与阅读的偏相关分析（控制瑞文成绩和年龄）

	阅读正常组（n=43）M(SD)	1	2	3	4	阅读较差组（n=37）M(SD)
1. 音节意识	7.93（1.91）		.58***	.67***	.56**	6.51（2.01）
2. 首尾韵意识	6.58（1.92）	.59***		.57***	.62***	3.81（2.25）
3. 音位意识	7.88（1.59）	.31*	.42**		.57***	5.89（2.41）
4. 单词阅读	25.95（4.01）	.18	.19	.40**		10.24（4.17）

注：$^*p<0.05$, $^{**}p<0.01$, $^{***}p<0.001$，下同。

2.2.2 英语语音意识的不同成分与维吾尔族儿童英语单词阅读关系的组间差异分析

我们运用分层回归的方法探讨阅读水平在维吾尔族儿童英语语音意识与单词阅读关系之间是否存在调节作用。借鉴陶沙等（2007）的分析方法，我们采取下列步骤：第一步，构建预测变量：（1）依据阅读水平进行组别编码，1为阅读正常组，0为阅读较差组；（2）对瑞文成绩和语音意识的各个成分进行标准分转化；（3）将编码后的阅读水平组别变量与语音意识各成分的标准分相乘，构建调节变量。第二步，将真词认读和假词拼读分别转换为标准分，合并后作为被预测变量。第三步，将瑞文成绩、阅读水平组别变量和语音意识各成分的标准分首先引入回归方程，将调节变量最后一步引入回归方程。按上述步骤，将各个变量分别引入回归方程，结果显示，最后一步进入回归方程的调节变量对单词阅读仍具有显著独立预测作用，$\triangle R^2=0.01$，$F_{变化}[1,73]=7.45$，$p<0.01$。可见，阅读水平在语音意识与维吾尔族儿童英语单词阅读关系之间存在调节效应。下面，我们采用分层回归方法进一步分析语音意识不同成分对两组儿童英语单词阅读的预测作用是否存在差异。

表 2　阅读正常和阅读较差儿童英语语音意识不同成分与单词阅读的关系

回归步骤与变量	阅读正常儿童（n=43）				阅读较差儿童（n=37）			
	B	β	t	△R²	B	β	t	△R²
1. 年龄	.07	.09	.60	.02	-.15	-.16	-.89	.07
瑞文成绩	.01	.10	.62		-.02	-.15	-.85	
2.(语音意识)				.16				.44
音节意识	.03	.07	.33		.08	.17	.93	
首尾韵意识	-.01	-.01	-.06		.16	.37	2.27*	
音位意识	.24	.41	2.33*		.09	.24	1.30	
	F[5,37]=1.62　R²=.18				F[5,31]=6.31　R²=.51			

表2显示，阅读正常组儿童的音位意识对英语单词阅读具有显著预测作用，而阅读较差组儿童的首尾韵意识对英语单词阅读具有显著独立贡献，可见，英语语音意识的不同成分与单词阅读的关系受阅读水平的调节，这一点与陶沙等（2007）的研究发现一致。不同的是，陶沙等（2007）对汉语儿童的研究发现，阅读正常组儿童的首尾韵意识对英语单词阅读具有显著预测力，而阅读较差组儿童的音节意识对英语单词阅读具有显著独立贡献。

2.3　讨论

研究发现，语音意识的不同成分对维吾尔族儿童英语单词阅读的影响受其阅读水平的调节。研究显示，音位意识在阅读正常组儿童的单词阅读中具有重要作用，而首尾韵意识在阅读较差组儿童单词阅读中的作用明显。可见，不同语音技能在不同阅读水平儿童单词阅读中的作用存在差异。结论支持Bryant 等（1990）和Hulme等（2002）的研究发现。由于音位意识反映的是语音表征质量或完备性（Muter et al.，2004），体现的是语音加工的精细化程度，因此，本研究中，阅读正常组维吾尔族儿童有着较完备、具体的语音表征。可见，随着阅读水平的提升，儿童音位意识水平及其在阅读发展中的作用也会随之提升，结论支持李蓓蕾等（2011）的研究发现，即较高水平的读写能力发展有赖于精细化程度较高的音位切分及其和字形的对应。然而，需指出的是，本研究结论与陶沙等（2007）对汉语儿童的研究发现存在差异。他们研究发现，在阅读正常的儿童中，首尾韵意识作用显著。为什么会存在上述结论上的差异呢？我们认为，这可能与母语语音学习经验有关。由于汉语拼音教学多围绕声母（首音）和韵母（韵脚）展开，极少细化到音位，因此，汉语儿童在拼读英语单词时，很可能借用了汉语拼音声韵母拼读的方法。与汉语儿童不同，维吾尔族儿童在学习维吾尔文时，大多接受的是小单位的音位式教学法（买合甫来提·坎吉、刘翔平，2011）。因此，对于同是拼音文字的英语，阅读水平较好的维吾尔族儿童在拼读英语单词时很可能受到了母语音位式拼读习惯的影响。

与阅读水平较高组不同的是，首尾韵意识对阅读水平较差组维吾尔族儿童具有显著预测力。究其原因，可能与阅读水平较差组儿童在语音加工的精细化程度和完备性方面不及阅读水平正常组儿童有关。由于英语的形音对应在纹理结构较大的首尾韵水平上是最为一致的（Castle & Coltheart，2004），因此，对于语音表征不够完备的儿童而言，只需通过较为简单的类比和推理就能进行单词认读，而无需进一步的音位加工。同时，需要指出的是，阅读水平较差组儿童在单词阅读任务中的较差表现很可能与其首尾韵意识水平较低有关，重复测量方差分析结果显示，阅读较差组儿童首尾韵意识水平显著低于音节和音位意识（Wilks’ Lamba=0.34；$F[2,35]=34.26$；$p<0.001$）。维吾尔族儿童首尾韵意识水平较低可能与维吾尔族儿童很不习惯英语辅音丛和字母组合的发音方式有关，这一点与汉语儿童英语学习者极为相似（见陶沙等，2007）。受母语音位式教学和汉语拼音认读的影响，维吾尔族儿童在拼读带有辅音丛和字母组合的英语单词时，要么在辅音与辅音之间穿插元音从而将辅音丛变成两个或多个音节，要么将字母组合拆分开来拼读。

❸ 实验设计Ⅱ：英语语音意识在维吾尔族儿童英语单词阅读和拼写中的作用

3.1 方法

3.1.1 被试

本研究选取新疆乌鲁木齐市78中小学部维吾尔族双语班四、五、六年级儿童98名，剔除6份数据不完整问卷，最终回收问卷92份。四年级儿童33名（平均年龄9.99，标准差0.67）；五年级儿童23名（平均年龄11.13，标准差0.98）；六年级儿童36名（平均年龄12.06，标准差0.83）。被试儿童维吾尔语熟练，基本能够使用汉语进行日常交流，且都只有一年左右的英语读写经验，英语教学以阅读为主，对拼写不做要求。教师和使用的教材相同，学习进度也基本一致。

3.1.2 工具

英语语音意识测试 该测试参考了Hulme等人（2002）编制的英语语音意识测试。该测试从音位意识、首音–韵脚意识和音节意识三个方面考察被试的英语语音意识情况。验证性因素分析表明，该测试有着较好的结构效度。为了更加全面地考察被试英语语音的掌握情况，对各成分的测查均采用辨析和删除两类操作，测试所用音节均为辅音丛开头（CCVC）或辅音丛结尾（CVCC）两种结构的单词。音位意识测试考察被试对音节首、末和中间音位的操作水平，共24项（包括12项音位辨析和12项音位删除）；首音–韵脚意识测试考察被试对首音和韵脚的操作水平，共28项（包括16首音或韵脚辨析和12项首音或韵脚删除）；音节意识测试考察被试音节的识别和对首、末和中间音节的操作水平，共12项（包括6项音节的识别和6项音节删除），每项测试任务开始前都有2道练习项目。每个正确项目计1分，该测试的内部一致性Cronbachα系数为0.71（n=92）。

英语单词阅读测试 采用真词和假词认读两种形式考察被试认读单词的能力。（1）真词认读测试 所选单词均为被试学过的单词，共20个。以名词为主，也有少量的动词和形容词；以单音节词为主，也有少量的双音节和三音节词。被试得分是其正确读出单词的个数。（2）假词认读测试 研究者参照Woodcock（1998）编制的Word Attack Test设计了27个假词项目。假词按由易到难排列，以单音节词为主，包括少量的双音节和三音节词，所有单词均符合英语单词的发音规则。主试鼓励被试尽可能地读出所给的假词，如果被试连续5个都读错时，停止测验。被试每正确认读1个假词得1分，被试总得分是其正确认读假词的个数。

英语单词拼写测试 测试中，要求被试写出听到的英语单词及对应的汉语意思。所选单词为被试学过的或正在学习的单词，共15个，单音节词为主（11个），包括少量的双音节（1个）和三音节词（3个）。单词拼写正确得1分；单词拼写基本正确且只错一个字母得0.5分（如将“sing”写为“sin”）；按照相应读音拼写的得0.5分（如将“car”写为“kar”）。汉语意思每对1个得0.5分，错误得0分。

非言语智力测试 采用北京师范大学张厚粲和王晓平（1985）主持修订的瑞文标准推理测验（RSPM）。该任务目的是测试受试的推理能力或智能诊断，共60个题，分为5组，每组12题。5组题难度逐步增加，每做对1题得1分，总分60分。

3.1.3 数据收集程序

正式收集数据前，对语音意识和单词阅读及拼写测试进行了试测，并根据试测的结果对测试的材料和程序进行了调整。首先，对瑞文推理测验和汉字读写水平测试采用分班集体施测，大约分别持续40分钟和10分钟。其次，对英语语音意识测试采取集体施测和个别施测相结合的方法进行。其中，语音辨析任务采用的形式是事先录制音频再由计算机呈现，约15分钟；语音删除任务和单词认读采取个别施测的形式，约30分钟。最后，单词听写任务采取集体施测的形式，要求受试写出听到的单词及相应的汉语意思（听一遍），大约持续10分钟。数据由经过培训的小学英语教师按照统一程序收集。数据录入后使用SPSS19.0进行数据的管理与分析。

3.2 结果

表3显示，在控制了年龄和非言语智力的因素后，语音意识的三个成分与真词认读和假词拼读至少在$p<0.01$水平上显著相关；语音意识的三个成分中，只有首尾韵意识和音位意识与单词拼写显著相关（$p<0.001$）。

表3 英语语音意识各成分与单词读写的偏相关分析（控制年龄和瑞文成绩）

	M（SD）	1	2	3	4	5	6
1. 音节意识	10.83（1.23）	—					
2. 首尾韵意识	20.18（4.17）	.54***					
3. 音位意识	17.76（3.10）	.44***	.56***				
4. 真词认读	11.22（4.76）	.34**	.54***	.42***			
5. 假词拼读	12.60（5.01）	.37***	.53***	.37***	.80***		
6. 单词拼写	9.04（5.07）	.19	.42***	.42***	.51***	.48***	—

表3的相关分析结果显示，真词认读和假词拼读在p<0.001水平上高度相关，为了方便后续回归分析，我们将其转换成z分数之后进行合并得到一个有关单词阅读的总体评价。为进一步探明语音意识不同成分对维吾尔族儿童英语单词阅读和拼写各自预测作用，采用回归分析方法进行分析。由表4可见，在控制年龄和非言语智力的因素作用后，语音意识的各成分中，只有首尾韵意识对单词阅读具有显著独立预测作用（p<0.001），而首尾韵和音位意识对单词拼写均存在显著预测力（p<0.5）。

表4 英语语音意识各成分对单词读写的回归分析（控制年龄和瑞文成绩）

回归步骤与变量	单词阅读				单词拼写			
	B	β	t	△R2	B	β	t	△R2
1. 年龄	.34	.22	1.99*	.06	.11	.03	.25	.12
瑞文成绩	.02	.08	.71		.20	.33	3.15**	
2.（语音意识）				.31				.21
音节意识	.11	.07	.67		-.42	-.10	-.90	
首尾韵意识	.23	.51	3.88***		.42	.35	2.52*	
音位意识	.09	.14	1.24		.48	.29	2.49*	
	F[5,86]=10.39 R^2=.38				F[5,86]=8.17 R^2=.32			

3.3 讨论

Ziegler 和 Goswami（2005）提出的心理语言学纹理理论（grain size theory）指出，对于形音对应不太一致的语言（如英语）来说，较大单元和较小单元的语音意识均是建立有效语音编码（recoding）和早期读写能力发展所不可或缺的。然而，本研究通过对维吾尔族儿童的调查发现，英语单词阅读与拼写对语音意识的依赖程度存在差异。在所有的语音意识成分中，只有首尾韵意识对英语单词阅读的预测作用显著；而首尾韵和音位意识对单词拼写均有显著预测作用。结论表明，Ziegler 和 Goswami（2005）提出的心理语言学纹理理论很可能仅对儿童早期拼写能力发展具有较好的解释力；对于儿童早期阅读能力发展而言，该理论的解释力可能会受到儿童母语语音结构、英语读写水平等因素的影响。

本研究中，与汉语儿童英语学习者（见李蓓蕾等，2011）不同的是，只有首尾韵意识对维吾尔族儿童英语单词阅读具有显著的预测作用。李蓓蕾等（2011）研究发现，音位和首尾韵意识对五年级汉语儿童英语学习者单词阅读均有显著的预测力。语音意识的不同成分在维吾尔族和汉族儿童英语单词阅读中的作用差异表明，多数维吾尔族儿童很可能是根据母语发音特点类比和推断来认读英语单词的，如运用维吾尔语发音规则来类比或推断英语单词的首尾韵发音，具体表现为，将“fat”和“jat”中的“at”读成/ɑt/），或在认读带有辅音丛的首音（如“sm”）时，在中间穿插一个元音/e/。本研究中，无论真词还是假词在首尾韵层面具有较高的相似性②，因此，为降低认知加工负荷，维吾尔族儿童只需运用母语音位式发音规则类比推断英语单词发音，而不用再进行额外的英语音位加工。相比之下，单词拼写对语音意识的依赖可能更大。在英语单词拼写中，较大纹理结构的语音意识成分（如本研究中的首尾韵意识）和音位意识都是不可或缺的，这一点与汉语儿童英语学习者相似（见李蓓蕾等，2011）。儿童在拼写中不仅要分解接收的或者已经存储的语音，还要进行更为精细化的语音加工（如音位辨认、组合、判断）和音形转换。可见，无论对于维吾尔族儿童还是汉语儿童来说，由于音形转换（拼写）的可预测性要低于形音匹配（阅读），因此，仅凭类比和推理在较大纹理结构的首尾韵层面建立音形对应关系还远远不够。

4 结论

本研究以维吾尔族儿童为研究对象，通过两项实验设计调查了英语语音意识不同成分在阅读水平不同儿童英语单词阅读以及读写能力发展中的预测作用差异。结果显示，不同语音技能在不同阅读水平儿童单词阅读中的预测作用存在差异，其中，音位意识在阅读正常组儿童的单词阅读中具有重要的预测作用，首尾韵意识在阅读较差组儿童单词阅读中预测作用明显；英语单词阅读与拼写对语音意识的依赖程度存在差异，在所有的语音意识成分中，只有首尾韵意识对英语单词阅读的预测作用显著；而首尾韵和音位意识对单词拼写均有显著预测作用。结论显示，Ziegler 和 Goswami（2005）提出的心理语言学纹理理论对儿童拼写能力发展具有较好的解释力，其对儿童阅读能力发展的解释力可能会受到儿童母语语音结构、汉语拼音、英语读写水平等因素的影响。

② 本研究的单词阅读任务中，多数假词在构造时借用的是真词的首尾韵，因此，真词和假词在首尾韵层面具有很高的相似性，如首音多以辅音丛的形式出现。

本研究揭示出英语首尾韵和音位意识在维吾尔族儿童英语单词读写中有着重要的预测作用。在英语单词阅读学习早期，由于语音意识水平较低，维吾尔族儿童可能更多地借助母语发音规则来类比和推断英语单词发音。鉴于英语单词在首尾韵层面具有较高的相似性，易于类比和推断，因此，尽管维吾尔族儿童首尾韵意识水平还很低，但仍然在其英语单词阅读学习早期有着独特的意义。然而，随着阅读水平的提高和拼写能力的发展，音位意识在维吾尔族儿童英语单词读写发展中的作用日益突出。与英语单词阅读不同的是，音位和首尾韵意识在维吾尔族儿童英语单词拼写中同样不可或缺。研究结果对于我们认识维吾尔族儿童与汉语儿童英语语音意识发展差异和改进维吾尔族儿童英语语音教学具有一定的启示。鉴于维吾尔族儿童英语音位意识发展要早于汉语儿童，教师在帮助维吾尔族儿童发展英语语音意识时，应采取与汉语儿童不同的训练方案，即遵循从较小单位到较大单位语音意识训练方案，充分发挥维吾尔族儿童母语音位学习的优势，提升其英语音位感知和辨析能力。在此基础上，有意识地引导其关注音位组合发音及音位组合发音与音位单独发音的差异，帮助其克服母语音位式发音在英语单词认读中的干扰。如，在日常的英语语音教学中，教师可通过有针对性的辅音丛训练，如辅音丛对比训练（如，“bl” vs. “br”），尽可能地帮助维吾尔族儿童摆脱母语或汉语拼音拼读习惯带来的干扰，提升其英语首尾韵意识，促进其读写能力发展。

参考文献

- Adams, M. J. 1990. *Beginning to Read: Thinking and Learning about Print.* Cambridge, MA: MIT Press.
- Bradley, L. & Bryant, P. E. 1983. Categorizing sounds and learning to read: A causal connection. *Nature* 310: 419-421.
- Bryant, P. E., Mac Lean, M., Bradley, L. L., & Crossland, J. 1990. Rhyme and alliteration, phoneme detection, and learning to read. *Developmental Psychology* 26: 429-438.
- Castles, A. & Coltheart, M. 2004. Is there a causal link from phonological awareness to success in learning to read? *Cognition* 91: 77-111.
- Furnes, B. & Samuelsson, S. 2011. Phonological awareness and rapid automatized naming predicting early development in reading and spelling: Results from a cross-linguistic longitudinal study. *Learning and Individual Differences* 21 (1): 85-95.
- Goswami, U. & Bryant, P. E. 1990. *Phonological Skills and Learning to Read.* Hove, UK: Psychology Press.
- Gottardo, A., Yan, B., Siegel, L. S., & Wadewoolley, L. 2001. Factors related to English

reading performance in children with Chinese as a first language: More evidence of cross-language transfer of phonological processing. *Journal of Educational Psychology* 93: 530-542.

- Hulme, C., Hatcher, P. J., Nation, K., Brown, A., Adams, J., & Stuart, G. 2002. Phoneme awareness is a better predictor of early reading skill than onset-rime awareness. *Journal of Experimental Child Psychology* 82: 2-28.
- Landerl, K. & Wimmer, H. 2008. Development of word reading fluency and spelling in a consistent orthography: An 8-year follow-up. *Journal of Educational Psychology* 100 (1): 150-161.
- McBride-Chang, C. & Kail, R. V. 2002. Cross-cultural similarities in the predictors of reading acquisition. *Child Development* 73: 1392-1407.
- Morais, J. 1991. Phonological awareness: A bridge between language and literacy. In D. Sawyer & B. Fox (eds.). *Phonological Awareness in Reading: The Evolution of Current Perspectives*. New York: Springer-Vela. 31-77.
- Muter, V., Hulme, C., Snowling, M., & Taylor, S. 1997. Segmentation, not rhyming, predicts early progress in learning to read. *Journal of Experimental Child Psychology* 65: 370-396.
- Muter, V., Hulme, C., Snowling, M., & Stevenson, J. 2004. Phonemes, rimes, vocabulary, and grammatical skills as foundations of early reading development: Evidence from a longitudinal study. *Developmental Psychology* 40: 665-681.
- Schatschneider, C., Fletcher, J. M., Francis, D. J., Carlson, C. D., & Foorman, B. R. 2004. Kindergarten prediction of reading skills: A longitudinal comparative analysis. *Journal of Educational Psychology* 96: 265-282.
- Verhagen, W., Aarnoutse, C. & Van Leeuwe, J. 2010. Spelling and word recognition in Grades 1 and 2: Relations to phonological awareness and naming speed in Dutch children. *Applied Psycholinguistics* 31: 59-80.
- Woodcock, R. W. 1998. *Woodcock Reading Mastery Test-Revised*. American Guidance Service, Inc.
- Ziegler, J. C. & Goswami, U. 2005. Reading acquisition, developmental dyslexia and skilled reading across languages: A psycholinguistic grain size theory. *Psychological Bulletin* 131: 3-29.
- 丁朝蓬、彭聃龄，1998，汉语儿童英语语音意识与拼写。《心理学报》(3)：248-253。
- 李蓓蕾、陶沙、董奇，2011，英语语音意识在汉语儿童英语单词阅读及拼写中的作用。《心理发展与教育》(4)：388-392。
- 买合甫来提•坎吉、刘翔平，2011，维吾尔语发展性阅读障碍儿童语音意识特点。《中国特殊教育》(11)：72-76。

❑ 陶沙、冯艳皎、李伟，2007，语音意识的不同成分在汉语儿童英语阅读学习中的作用。《心理发展与教育》(2)：82-92。
❑ 张厚粲、王晓平，1985，《瑞文标准推理测验手册》(中国城市修订版)。北京：北京师范大学出版社。

The Predictive Powers of Phonological Awareness in Uyghur Children's English Word-Level Reading and Spelling

Abstract: In this study, two experiments were conducted to examine the predictive roles of different components of phonological awareness, including phoneme awareness, onset-rime awareness and syllable awareness, in English word-level reading and spelling among Uyghur bilingual children from Grade 4 to Grade 6. Partial correlation analysis in combination with stepwise regression analysis of the data showed the following results: (1) The components of phonological awareness play different roles in word-level reading in English among Uyghur children of different reading proficiency levels. To be specific phoneme awareness assumed a significant role in word-level reading among normal readers, whereas onset-rime awareness was the only significant predictor for poor readers. (2) Uyghur children's English word-level reading and spelling vary in their degree of dependence on phonological awareness in English. While onset-rime awareness was a significant predictor for word-level reading, both onset-rime awareness and phoneme awareness had a significant predictive power on word-level spelling. Such results give partial support to Ziegler & Goswami (2005)'s grain size theory.

Key words: Uyghur children; phonological awareness; word-level reading and spelling; grain size theory

(责任编辑：郑萱)

经典译文

汉语普通话中的时间解读

汉语普通话中的时间解读

［美］卡洛塔·S·史密斯、玛丽·S·厄尔博（著）
北京大学　刘雨晨（译）李桂东（审校）*

［提　要］　本文对汉语普通话中的时间理解问题提出了这样一种解释：体信息、词汇信息、状语信息、语用原则都会为解读时间定位做出贡献。在缺乏显性时间表征形式时，体视点和情状类型负责提供主要信息。最主要的也是默认的解读模式是指示型的。语用原则包括有界事件限制、解读简约性原则和时间图示原则。词汇信息和时间状语信息可以导出非默认解读。另外两种时间模式——叙述动态性和回指模式分别出现在话语模式为叙述型和描写型的文本中。

本文首先展示合语法的表达形式的语义，然后对指示模式进行解释。根据Reichenbach（1947）的观点，对时间解读进行解释需要三类时间。普通话时间形式编码了特定的视角时间，即参照时间和情状时间之间的关系。这样的编码在书面语文本中通常是冗余的。它们同说话时间之间的关系则不一定通过语言形式编码，而可能通过上下文来传递。

❶ 引言

在所有语言中，句子都会传递出让人们在时间流中对情状（situations）进行定位

* 本文原文为Carlota S. Smith / Mary S. Erbaugh, "Temporal interpretation in Mandarin Chinese"; in: van der Auwera, Johan (ed.) *Linguistics*, 43. 4, Published Online: 2005-07-29 | DOI: https://doi.org/10.1515/ling.2005.43.4.713; Publisher: De Gruyter, pp.713-756.

译者简介：刘雨晨，北京大学中文系博士生。研究方向：汉语方言学。Email: liuyuchen330@126.com；通信地址：100871 北京市海淀区北京大学畅春园宿舍65号楼515。
校者简介：李桂东，北京大学外国语学院语言学研究所博士生。研究方向：认知语言学。Email: lgd0701@foxmail.com；通信地址：100871北京市海淀区北京大学外国语学院语言学研究所。

的信息。这里，我们要讨论汉语普通话中这样的时间信息是如何被传递的。[①]传统观点认为，普通话在这一点上高度依赖副词和语用。这其实只说对了一部分，我们将会展示出体信息也在其中起到关键性作用。我们会呈现在时间解读背后起作用的不同类型的信息和原则。这些原则本质上是语用的，因为它们依赖推理、上下文，以及由语言形式传递出来的信息。

在文章开头，我们先要问在时间定位中我们需要什么语义信息，然后再考虑那些传递这类信息的语言资源。尽管我们主要讨论普通话，但我们的讨论和时态语言（tensed languages）、无时态语言（tenseless languages）均具有相关性。语言资源因语言不同而不同，因此对于具体某一语言而言，那些原则的应用方式也与其他语言不同。没有直接的时间信息出现时，体信息，如一个情状是正在进行中还是已经结束，就为所表达情状的时间定位提供了语用线索。

时间是无界的（unbounded）、单维的（single dimension）。像空间一样，时间需要导向点（orientation point）才能被定位。说话人是典型的语言交际的中心，而说话时间，即现在，则是典型的时间导向点。因此，时间解读的基本模式是指示型的：句子所表达的情状通过和说话时间相关联而在时间上进行定位。[②]这是时态的默认解读，也是无时态语言默认的时间解读。默认解读的方式我们将在下文详谈。

在普通话的时间定位中起作用的语言形式有时间状语、词汇形式和体。时间副词给出直接的有关时间定位的信息。词汇形式，如：情态词、指向将来的动词（future-oriented verbs）会辅助时间定位。体给出关于情状类型的信息，如：事件（*run a mile* 跑一英里，*build a house* 建座房屋）和状态（*believe* 相信，*be happy* 快乐），以及视点（完整体、非完整体、中性体）。情状类型和视点表达出情状是离散的、有界的，还是进行中的、无界的，或未确定的。我们提出三条语用原则来解释指示模式：（1）有界事件限制；（2）解读简约性原则；及（3）时间图示原则。副词和其他信息可能会补充或推翻体信息。在本文中，我们会陈述这些原则，并且讨论相关语言形式。本文例句均为来自普通话书面语文本的自然语料。

并非所有时间解读都是指示型的。至少还有另外两个重要的模式是叙述文的时间推移（the temporal advancement of narrative），以及描写文或其他文体的静态时间

① 本文的想法最早见于Smith（2000a）、Smith 和 Erbaugh（2001）。非常感谢Qing Wu博士和His-Yao Su女士为我们准备本文研究所用到的文本。我们也要感谢听过我们两人或我们其中一人在如下论坛或会议报告这些材料的听众：
文本与话语社团年会（The annual meeting of the Society for Text and Discourse），法国：里昂，2000年7月；
"今后十年的语言学"会议（The conference, Linguistics in the Next Decade），台湾"中央研究院"，台湾：台北，2000年8月；
德克萨斯第三届文本结构工作坊（The Third Texas Workshop on Text Structure），2000年10月；
为庆祝进入新世纪的第一届现代汉语语法国际会议（The First International Conference on Modern Chinese Grammar for the NEW millennium），香港，2001年3月；
我们也非常感谢两名匿名审稿人给出的意见。通信地址：卡洛塔·史密斯教授，语言学系，德克萨斯大学，奥斯汀，德克萨斯州，邮政编码：78712-1196，电子邮箱：carlotasmith@mail.utexas.edu。

② 指示词（deictic terms），如："later（过会儿）"或"here（这儿）"，只有参照一个确定的时间或地点才能被解读。

解读（the static interpretation）（Smith, 2000b, 2003）；或许还有其他模式。在后文，我们会展示所有这三种时间解读的模式都能在普通话书面语文本中找到。

（本文结构如下：）第2部分讨论指示模式，并介绍与体和时间定位相关的基本概念。第3部分对指示模式进行解释，并附以它在普通话中如何得以实现的例子。第4部分用取自普通话书面语文本的例子介绍叙述文的时间推移和静态时间解读。第5部分作结。

❷ 指示模式：体信息和语用限制

至少就我们目前所知，以说话时间为中心的指示模式是世界语言普遍的。指示模式或将情状定位在说话时间，或给出情状时间和说话时间之间的关系。“现在”等于说话时间，“过去”早于说话时间，“将来”晚于说话时间。

在指示系统中，默认解读是将进行中的事件和状态定位在现在（*running*跑着，*believe*相信），将有界事件定位在过去（*run*跑，*break*打碎）。其他可能性均受到限制，要求有额外的显性的信息。指示模式背后的关键因素是情状是有界的还是无界的。“有界性”（boundedness）是一个体概念：它是句子所表达的情状的一种特性。有界情状在时间上被隐性或显性的界限所封闭（*ran*跑了，*broke*打碎了）；无界情状是进行中的，时间上是开放的（*running*跑着，*breaking*打碎着）。有界性既依赖体视点，也依赖情状类型。下文会对此进行详谈。

指示模式陈述如[1]，简而言之可以概括为[1’]：

[1] 时间形式及其解读的默认指示模式
a. 进行中的事件定位在现在：即定位在说话时间
b. 状态（无界的）定位在现在：即定位在说话时间
c. 有界事件定位在过去：即定位在早于说话时间的时刻
d. 显性时间信息可以推翻（a）—（c）

[1’] a. 无界情状定位在现在
b. 有界事件定位在过去

时间可能性当然不限于[1a]—[1c]和[1’]中的默认情况。有界事件也可能定位在将来，状态和进行中的事件也可能定位在过去或者将来。这些对指示模式的偏离会通过额外的信息来表达，就像[1d]说的那样。然而，没有有界事件是定位在现在的。这是这一模型中非常重要，也是并非偶然的空缺。这是由一条普遍的限制导致的，即：现在事件不可能是有界的。

指示模式的实现依赖于涉及体信息和时间信息的语用限制。对现在事件的限制是一条语用交际习惯所产生的语义后果。在采取现在视点时间时，说话人都会遵循一条默认的习惯，即交际是瞬时的（instantaneous）。因此现在时的视角和有界事件不相容，因为事件的界限会超出过这个视点时间的范围。就像Kamp和Reyle说的那样：

> 现在时的句子描述了：事件（eventuality）（或者说情状）刚好发生在句子被说出的时候，也是句子所表达的想法被传达的时候。因此，这一想法必须包含该事件：事件发生在某个时间，从这个时间的视点看来它正在进行。一个句子如果描述在某一时间某事正在进行，即当这个时间到来的时候该事件还没有到达终点，这个句子就无法表达一个完整的事件。因为事件必须被完整地包含在所定位的时间内，不能超出它的范围。（Kamp & Reyle, 1993: 536-537）

由于这一限制，所有简单现在时的句子都表达无界情状。我们称之为“有界事件限制”（参考Smith, 2003）。该限制可陈述如[2]：

[2] 有界事件限制：
有界事件不能定位在现在。

有界事件限制是指示模式中最基本的一个影响因素，因为它部分地解释了条款[1c]：有界事件的默认解读。几乎相同的概念在Giorgi和Pianesi（1993: 163）中被称作“准时限制”（punctuality constraint），更早期的形式化表达见Lyons（1977）。

这一限制解释了英语现在时情状的时间解读限制。它们可以是进行中的事件（*John is talking.* 约翰在讲话）；具体的状态（*Ella is sick.* 艾拉病了）；或者一般性的状态（generalizing statives）和类指（*Tom feeds the cat. Elephants eat grass.* 汤姆喂那只猫。大象吃草。），但不能是有界事件。一些例外来源于常见的特殊解读。③

一般性的状态采用简单动词形式。在现在时情况下，它们表达的是一类情状，而不是一个具体事件或状态，因此在语义上是静态的（stative）。不同语言以不同的方式来实现有界事件限制。在俄语中，完整体视点加现在时的句子表达将来时间，罗曼语则没有完整体现在时形式。

指示模式提供的有界事件的默认解读是在过去而不是将来。为了解释这一点，我们提出一条普遍的信息加工的简约性原则。当所面对的信息不足以确定解读时，

③ 简单动词形式在英语中传递完整体视点。至于状态动词，完整体视点关注状态的整体时间图示，该整体时间图示并不包含终结点；详见Smith（1997 [1991]）的讨论。因此，像“*Tom feeds the cat*”（汤姆喂那只猫）这样的句子的时间解读在英语中和其他状态动词的解读是一样的。转换为状态情状是由有界事件限制强制触发的。
当然也有例外，如：运动解说员的播报和舞台指导（*Now Jones throws to third base.* 现在琼斯传给了第三垒）、文学评论（*Here the author creates an interesting metaphor.* 此处作者创造了一例耐人寻味的隐喻）。在这些例子中，时间是被压缩的。注意施为句（performatives）（*I pronounce you husband and wife.* 我宣布你们为夫妻）不是例外：施为句更多是一种表演（performance）而不是报告（report）。（Austin, 1961）
现在时叙述文有另外一种解读：它们表达相互关联的事件，而不是和说话时间关联。关于叙述文时间模式的讨论见第4部分。

人们会选择最简单的那种解读去解决。这一点在感知上已经得到了有力的论证。如果人们看到部分的或模糊的图片或形状，视觉系统会构建一个简单的、完整的感知对象（Kanizsa, 1976），而不是一个复杂的或不完整的对象。对时间定位的解读，我们也采取这一简约性准则。

我们认为，过去比将来更简单。这两个时间在与说话时间的关系上是对称的，过去早于说话时间，将来晚于说话时间。但是将来有额外的不确定性，包含有情态意义（如：*will*将要，*may*可能）（Lyons, 1977；Kamp & Reyle, 1993）。由于情态因素，我们认为将来比过去更为复杂。因此我们预测人们会优先把有界事件解读为在过去，而不是在将来，除非有显性的信息指向将来。而事实也证明了这一点。我们把这一发现归纳为一条普遍的限制解读的简约性原则。

[3]　解读简约性原则：
选择所要求的额外信息最少的那种解读。

以Grice（1975）的观点来看，这一原则限制了人们在推断没有显性表达的、不确定的信息时所做的推理。给定一个句子，假设它表达了刚好必要的最少的信息，或许根据Grice的第二条准则——数量准则，人们可能会将解读的空缺填补完整。（参考Levinson [1983] 的“信息足量原则”，或Horn [1984] 的“R-原则”）。相似的原则也被用于限制计算机的推理过程。

我们认为这两条语用原则是时间解读的指示模式的基础。在下面的讨论中，我们会提出第三条原则——时间图示原则，用在既没有显性时间信息，也没有体视点信息的句子。根据Klein 等人（2000）的观点，我们把没有显性的体视点语素的小句称为“零标记”小句。

与时间解读相关的信息主要编码在时间状语上，还是时体上，这因语言而异。本文主要着眼于普通话，偶尔会和英语进行比较。指示模式根据不同语言的不同资源会以不同的形式被表达。我们假定普通话是无时态的语言，而英语是时态语言。在普通话中，体因素起到至关重要的作用，下文将对这种作用方式给出解释。在英语中，时和体相互作用：现在时表达现在的无界情状，过去时表达过去的情状。④

既然我们在讨论时间解读，我们实际上是在从听话人的角度而非说话人的角度考虑问题。然而，根据Grice（1975）的理论，说话人和听话人的计算过程基本上是一样的。在本文中，我们试图呈现是什么信息以及它们如何对时间解读起作用。我们不采用心理语言学的解释，因为心理语言学主要处理与解读过程相关的问题：我们也不对这些过程实际发生的先后顺序作任何断言。

④　现在时并不总是表达现在的时间，过去时也并不总是表达过去时间。这一常见的事实与我们这里的讨论并不相关。

2.1 指示模式的关键因素：体和时间定位

体涉及的是进入话语的情状的内在时间结构。基于话语表征理论（discourse representation theory）（Smith, 1997 [1991]；Kamp & Reyle, 1993），我们假定体系统包含两个组成部分：情状类型和视点。情状类型间接地区分了一个句子表达的是某种状态还是某种事件。事件和状态这两种类别的划分其实是一种理想化的处理方式，这种划分认为它们是具有完全不同的时间特性的不同情状类型。在小句层面，情状类型由动词及其核心论元的组合，即"动词词组"（verb constellation），来实现。给定情状类型的动词词组有特定的分布和语义特性，因此在Whorf（1956）的理论中被看作为隐性语言范畴。

三组二元的时间特征区分了主要的情状类别：动态/静态（dynamic/static），终结/非终结（telic/atelic），持续/瞬时（durative/instantaneous）。事件和状态的区别，终结事件和非终结事件的区别，都会影响时间解读。事件是动态的，连续发生的。状态是静态的，在一段时间里持续地保持，不包含终结点。进入某种状态和脱离某种状态的改变过程本身是事件。终结事件有内在终点；持续性非终结事件，或活动，有任意的潜在的终点。[5] 对于情状类型而言，时间图示决定它的定义性特征，而时间图示则按照一定规则体现在动词词组上。

这些特征与语言相关联，Vendler（1957）和其他学者已经讨论过这一点。基于部分–整体关系的异质性和同质性特征，也会形成不同的情状类型。终结有界事件是异质的，因为其中部分和整体不同类。只有完整的终结事件才拥有事件的全部特征，如："walking to school"（走到学校）的一个部分就不是"walking to school"了。与之相对，状态和非终结事件在语言上经常有相同的表现模式。

体视点使得对情状整体或部分进行语义解读成为可能。更准确地说，是对与某一情状类型相关的时间图示进行解读成为可能。小句的体值（aspectual value）是情状类型和体视点两种信息的综合。每一个体视点的语义因语言而异，但是仍可以总结出一般性的规律。只要语言允许，同样的情状可以从不同的体视点出发来描述。大多数视点在小句层面通常是合语法的（尽管它们在一个给定的语段中可能不太合适），除了在个别特定的上下文情境下。体视点有三类：完整体（*open the door*，开门）使得事件可见，因为它包含了终点，且有界。非完整体（*opening the door*，在开门）使得情状可见，但不包含终点，是无界的。中性视点是灵活的，如果给出充足

---

⑤ 我们认为一共有五种主要的情状类型（Smith 1997 [1991]）。分类基于Vendler（1957），我们在他的基础上又增加了一类：瞬间（semelfactive）。
状态（states）：*know the answer*（知道答案），*love Jean*（爱珍），*be expensive*（很贵）.
事件（event）：
活动（activity）–非终结（atelic），持续（durative）：*sing*（唱），*walk*（走）；
瞬间（semelfactive）–非终结（atelic），瞬时（instantaneous）：*cough*（咳嗽），*flap a wing*（拍打翅膀）；
完结（accomplishment）–终结（telic），持续（durative）：*build a house*（建房屋），*walk to school*（走到学校）；
达成（achievement）–终结（telic），瞬时（instantaneous）：*win the race*（赢得赛跑），*reach the top*（到达顶部）。

的信息则既可以允许有界解读，也可以允许无界解读。英语没有中性视点；中性视点具体可参见下文普通话的例子。中性视点与零标记小句，即不包含显性视点语素的小句，相关。[⑥] 视点语素在普通话的大部分小句中都是非强制的。

有界性和无界性可以通过情状类型、视点或其他方式来表达，这要依不同语言的资源而异。界限通常由完整体视点来传递，也可以单独通过时间状语或其他信息来传递（Depraetere, 1995）。

在双部理论（two-component theory）中，情状类型和视点是有区别的。非完整体（*Leigh is cooking*，雷在做饭）和状态（*Leigh is happy*，雷很快乐）很相似——举例来说，二者都具有子区间特性（sub-interval property）：当它们在时间段I成立，那么它们就在包含在I里的更短的时间段内也成立。但是它们也有不同。一个重要的不同就是，状态在某些特定语境中可以看作开始体（inchoative），但是非完整体不可以。为了明白这一点，试比较：*Leigh was smiling when John broke the glass*（约翰打破玻璃杯时雷在笑）和 *Leigh was angry when John broke the glass*（当约翰打破玻璃杯时，雷很生气）；只有后者主句才可以有开始体的解读（Smith，1997 [1991]）。

上文已经讲过，语言中时间定位的表达要求有一个导向点，通常默认是说话时间，即说话的那个时刻。[⑦] 一个情状发生的时刻或时段——情状时间（situation time），需要通过与说话时间关联才能被理解。过去情状发生在说话时间之前，将来情状发生在说话时间之后。

在语言中，时间定位的表达通常还包含另外一种时间，即参照时间（reference time）。我们对时间解读的理解来自于Hans Reichenbach（1947）的观点，该观点之后被包括Partee（1984），Hinrichs（1986），Smith（1997 [1991]）在内的众多学者修正和扩充。在对时态语言的讨论中，Reichenbach告诉我们在说话时间和情状时间之外，情状的时间定位还包含一个指定的参照时间。这个指定的时间传递了“说话人想要听话人去考虑事件”（Taylor，1977: 203）的时间视点。我们会展现出参照时间的概念和普通话也是相关的。

情状时间可以是一个时点，也可以是一个时段，取决于上下文信息。根据体值的不同，情状被全部或部分定位在情状时间（SitT）。有界情状（完整体，*cooked*，做了饭），是完全被包含在情状时间内的（e ⊆ SitT）；无界事件（非完整体，*is cooking*，正做饭）和状态（*believe*，相信）或和情状时间有交叠，或包围情状时间（e 0 SitT）。这一洞见至少要追溯到Jespersen（1931: 79）。另一个关于体和时间定位

⑥ 中性视点体是一个默认选项，携带有正语义值（positive semantic value）。它出现在允许句子不带显性视点语素的体系统中。从经验上来说，零标记的，体值模糊的句子的解读，被显示可以既不是完整体，又不是非完整体。这样的句子比完整体或非完整体的句子都更灵活，因为它允许开放的和封闭的两种解读。更详细的讨论参见Smith（1997 [1991]）。现已发现的零标记句子的语义解读的范围，和理论内部对可见性的要求，启发我们这些句子有开放的但并非无限制的视点体。

⑦ 在Reichenbach（1947）的系统中，时传递关于三类时间的信息，说话时间（SpT）、参照时间（RT）、事件时间（等价于本文的情状时间），和它们之间的相互关系。时的语义告诉我们这三类时间之间的关系。Smith（1997 [1991], 2003）；Kamp 和 Reyle（1993）基于英语语料，在话语表征理论，或叫DR理论的框架下，对这一做法进行了修正和形式化表达。

的解释来自于Klein（1994）和Klein 等（2000）。在他的解释中，体编码了情状的运行时间（run-time ）和话题时间（topic time）之间的关系，话题时间即给定的参照时间。[8] 对于完整体事件而言，事件完全包含在话题时间之内，非完整体则情状时间和话题时间有交叠。

Reichenbach（1947）对参照时间的存在给出了各种证据；他着眼于英语的时态系统。其中一条证据是过去时句子和现在时完成体句子之间的对立。[9] 另一条证据是参照时间阐明了语言所表达的情状之间的时间关系。状语小句和其他上下文给出定位情状和其他情状之间关系的信息。采用参照时间的概念，Reichenbach展示了时间上有交叠的情状共享参照时间，时间上是先后关系的情状则不。指示视角转换（shifted deixis）现象也支持参照时间这一概念。时间指示状语，如*now*（现在），*in 3 days*（三天之内），通常锚定的是说话时间，但也可以锚定一个过去（或将来）的时间，比如说：*Leigh sat down at the desk. Now he was ready to start work*（雷在桌边坐了下来，现在他准备好开始工作了）。 在这样的上下文语境中，所指发生转换的*now*（现在）给出了雷的视点。参照时间锚定了这一视点。

我们采纳这一观点，同时也认可赵元任（1948: 54）“汉语动词没有时态”的说法。在本文中，我们采纳传统的观点，“时态”指出现在句子的主要动词短语上并且有时间意义的显性语素，或者是屈折语素，或者是助动词。Huang（1984）及其他一些学者指出，普通话也有限定非限定的区别，说明普通话可能也有抽象的时态。Hu 等人（2001）则给出了有力的证据强烈反对这一观点。Lin（2003），讨论了普通话时间的语义，也赞成Hu 等人（2001）的观点。我们的观点与后两位学者相同。我们不认为有证据能证明普通话有句法上的时态，更别说小句间系统性的限定非限定的区别了。时态作为一个语言范畴在Smith 等人（2003）中有更多的讨论。

指定的参照时间的概念并不依赖于时，但对语言的时间定位来说是基本要素。事实上，参照时间对普通话来说也有解释时间定位的功能。参照时间可以部分地解释完整体标记“了”和“-过”之间的区别。这二者都包含时间信息。时间状语，如“已经”，编码了与参照时间之间的关系；而且对情状之间的时间关系和转换视角指示来说，参照时间也很有用。

体语素可能会编码参照时间和情状时间之间的关系。然而，它们并不编码参照时间和说话时间之间的关系。在普通话中，参照时间与说话时间之间的关系是从文本或语境信息中推断出来的。在时态语言中，比如说英语，时编码参照时间和说

---

⑧ 对于Klein和它的同事来说（1994，2000），每一个句子引出一个话题时间。话题时间是句子说出时所关联的时间。话题时间的概念和本文及Smith（1997 [1991]）中参照时间的概念是类似的。Kamp和Reyle（1993）的理论，尽管基于Reichenbach（1947），但采用的方法略微有点不同。

⑨ 这两者有相同的真值条件，尽管它们在概念意义上有差别。参照时间的概念解释了这种差别。过去时的句子毫无疑问是被定位在过去的，比如：*Leigh arrived*（他到了），参照时间和情状时间都是过去。但是现在时完成体的句子则采用现在时的视点，如：在*Leigh has arrived*（雷已经到了）中，参照时间是现在，情状时间是过去。在一些句子中，确定真值条件需要这三类时间，如：过去时完成体*Leigh had already arrived*［雷（在过去某个时间点之前）已经到了］完成体结构既有时语义，也有体语义；从体的角度来讲，完成体是一种状态。

话时间的关系。对状态而言，英语强制要求在现在时和过去时之间做出选择（*The Great Wall is/was impressive.* 长城给人印象深刻。），而普通话则没有这种要求。将普通话和时态语言区分开来的是普通话不采用语法形式来编码参照时间和说话时间的关系。

❸ 普通话中的时间信息

在这一部分，我们讨论普通话中被体、副词和某些特定具体词汇形式所传递的时间信息。然后，我们将展示指示模式是如何实现的。尽管我们的呈现相对不够正式，但我们对在话语表征理论框架下更加形式化的解释非常感兴趣。话语表征理论建立了话语中被传递的信息的动态表征。句法表层结构被输入到该理论的结构规则中去。与时间信息相关的规则会使情状实体、不同时间以及它们之间的关系都进入到语义表征中去。

3.1 普通话中的参照时间

普通话的体视点语素既提供体信息，也提供时间信息。从时间上来说，“了”和“-过”表达了参照时间（RT）和情状时间（SitT）之间的不同关系。“了”传递情状时间和参照时间是同时的，“-过”传递情状时间是在一个不同于参照时间的时间段内，早于参照时间（RT）。举例来说，考虑下面造的例句：

[4] a. 她打了麻将。
b. 她打过麻将。
c. 她结了婚。
d. 她结过婚。

用英语过去时和现在时完成体来翻译只能呈现出这些句子的部分差异。更精确的是，“了”在（4a）中传递的是事件是有界的，情状时间和参照时间同时。回到我们之前讲过的就是：有界事件是被包含在情状时间（SitT）中的。根据有界事件限制规则，默认解读应该是过去：情状时间和参照时间均早于说话时间。在（4b）中，“-过”传递的是，至少存在一个时间点，该时间点包含在情状时间中，事件发生在该时间点，且情状时间早于参照时间。情状时间按默认解读仍然是过去时。[10]

副词，如“已经”和“才”传递出事件或状态发生在参照时间之前，可以在过

⑩ 为简单起见，我们通过一些自己造的不含时间副词的例句来进行说明。在特定的语境下，带“-过”的句子可能有时间副词，如：Smith（1997 [1991]）中举到的例子。在下面的句子中（由一个审稿人提出），过去时间副词“昨天”指明了情状时间，该情状时间早于参照时间，而参照时间等于说话时间。

张三　　昨天　　打　　过　　麻将。

解读类似于英语中的现在时完成体，但是英语在这样的语境下不允许出现表达过去时间的副词。

去时语境，也可以在将来时语境，有时会和“了”共现：

[5] a. 他已经走了。
b. 我才到。

这些副词的时间意义是将情状时间定位在参照时间之前。

上文已经提到，支持Reichenbach（1947）提出的时态需要三类时间的另一原因是过去时完成体句子的时间解读要求有三类时间。普通话同样有句子需要这三类时间。比如下面这个带有表示过去时间的副词和体语素“-过”的句子例（6），该例句来自潘海华：

[6] 三年前，他（就）去过美国。

对一些母语者来说，这个句子有两种解读，对应两种英语翻译（He had been to America 3 years ago. / He (just then) went to America 3 years ago.）。一种解读要求有三类不同的时间：参照时间是“三年前”，在说话时间之前，这一时间由副词来表示。“离开”的时间，即情状时间，早于参照时间，由“-过”来表示。在另一解读中，情状时间和参照时间是一样的，都早于说话时间。[11] 为了更清楚地说明这一点，我们给出另外一个明显表过去的句子，用“已经”标记情状时间早于参照时间，如[7]：

[7] 三年前他已经去过美国。

这些例子告诉我们普通话有些句子的时间解读也需要三类时间。

参照时间在表示普通话不同情状之间的时间关系时也是必须的。小句上下文给出定位一个情状与另一情状之间关系的信息，如例[8]，该例句来自Mangione 和 Li（1993）：

[8] 她吃了饭才走的。

对“走”来说，该结构所决定的参照时间是“吃饭”的时间（Mangione & Li, 1993: 67）。这两个事件在时间上是先后发生的，或者时间上可能有交叠。如果有交叠则它们会共享参照时间，如果是先后发生则不会。因此，参照时间提供某种路径使人们能用某种方式把几个情状关联起来，Hinrichs（1986）用英语语料对此做过解释。

---

⑪ 我们找其他一些母语者核实过这些例子，发现了相当大的变异。有些人接受三类时间的解读，尤其是在“就”出现的时候，也有一些人不接受。

关于参照时间的最后一个论点来自于带有指示视角转换形式的小句。指示系统通常将事件锚定在说话时间，但也可以锚定在一个其他时间。发生视角转换的指示词传递出说话人基于特定参照时间的视角。我们从一本小说中取了一个片段作为例子。说话人将她现在的好运气和她先前在上海的艰难生活作对比，发生视角转换的指示词加下画线显示。这个片段来自于一篇自然书面文本，为写作这篇论文，我们专门对文章做过核查。（英语）翻译是我们自己的[译注：英语翻译从略。]，某些地方改自于出版的双语版本，所有例句都和母语者做过确认。文章末尾列出了文本例句来源的详细出处（参见附录）。

[9] a. ……想到给那个杀千刀客人打巴掌的事，
b. 种种不幸人的情景
c. 和现在生活一比较
d. 真是不胜回首
e. 我现在索性能够嫁给毕先生

这里，作者用“现在”谈论的是她过去某个时刻的想法。

我们认为参照时间在普通话句子的时间解读中起着至关重要的作用。在默认情况下，参照时间和情状时间是一致的，是情状发生的时刻或时段。参照时间可能会通过语言形式表达出来，也可能是通过语境给出。注意只有参照时间并不能够完成具体的时间定位，因为它没有被锚定到说话时间或其他的导向时间上。在普通话中，参照时间和说话时间的关系，即时间定位，是通过显性的时间信息或语用来决定的。我们还认为默认的参照时间是“现在”。

3.2 普通话的语言资源

我们讨论体信息、时间状语、词汇信息，所有这些对时间定位起作用的要素。讨论基于小句展开。我们将每个小句都分开处理，但要注意补足语小句是依附于主要动词的。在某些情况下，主句核心动词的特性会决定补足语小句的时间定位。我们只非常简要地讨论一下补足语小句；对补足语小句和其他从属小句的时间语义的详细解释参看Lin（2003）。

这里以及下文，我们会给出书面语的例子。例句来自于一次非正式的研究，在这次研究中，我们集中分析了六篇来自当代报纸杂志的完整文本。这些文章反映了标准汉语书面语风格。我们也零零散散分析了其他一些文章。集中研究用的文本是发表在香港的，但有一些是内地作者写的。有三篇是来自于《明报》的社评。《明报》是常被用来让中国文学专业的学生学习典范文体写作的传统报纸。另外三篇更长的文章来自于《明报月刊》《亚洲周刊》《前哨月刊》。我们有意回避了一些常见于香港小报或漫画书上的，风格带有俚语式的、受广东话影响的文章。与之相反，我们选择的都是用标准书面汉语写成的文章，这些文章的语言很接近普通话日常口语。

中国的写作者，尽管方言各异，都被教育用这种权威的书写方式进行写作。⑫

3.2.1 体

体视点在普通话中由词尾“了”、无声调的经历体标记“-过”、体语素“在”、无声调的后缀“-着”、以及零标记的小句来表达。⑬ 对以上每种表达方式，我们都会给出和语用解读相兼容的语义。我们认为语义是伴随在每一个语素上的。在本文中，我们进行总结，描述那些没有争议的特性；这些语素已经被很多作者详细地讨论过了，而我们的主要兴趣是考察它们对时间解读的贡献。⑭ 回忆一下我们之前总结过的，体视点使得一个情状的整体或部分在情状时间中在语义上可见。情状时间定位在参照时间，除非有显性的形式指出它们不一样。

带有完整体语素的句子表达有界情状。动词后缀“了”和“-过”都是完整体标记。完整体（perfectivity）也可以通过结果补语动词（resultative verb complements）来表达，如后缀“完”（在“尝试体”结构里也通过重叠来传递，这里不考虑这种情况）。“了”传递出事件是有界的，尽管界限不一定恰好和终结事件的结束时间吻合（例子见Smith，1994；Wu，2003）。事件包含在情状时间中，SitT = RT。“了”和包含起始点的事件动词词组共现。⑮

---

⑫ 我们所用的社论每篇大约700字，杂志文章每篇大约2000字。六篇文章共7640字，包含176个句子，699个小句。

我们对每个小句都标注了情状类型（事件、状态、一般状态–惯常体）、显性体视点或结果补语动词、时间副词或其他时间形式、情态词、特殊动词词汇，以及是否在前文时间副词的论域中。

我们还不那么密集地考察了其他一些来源。对于叙述文，我们考察了五个短篇故事和一篇小说。对于非虚构文学，我们另外考察了两篇来自《明报》的社论，以及博物馆的目录和旅行指导手册，还有一本关于客家文化的书，一本关于上海生活的散文的书。更多精确的信息见附录部分文本例句来源。

⑬ 汉语罗马字母拼音的标准正字法将“了”打成一个跟在动词后的后缀，没有连字符。例外是当“了”出现在句末的时候，就是一个单独的语素，跟在一个空格后面（就像同形的语气词“了”一样）。

我们不把介词用法的“-着”看作体标记（如：沿着、边着）。

[译注：相关汉语语料是“沿着边放着”，作者给了“yanzhe和“bianzhe”两个拼音，将“边”译成“edging”，疑对语料理解有误。“边”在此是名词，不是介词。]

⑭ 动词后的“了”和“-过”有非常多的研究，这里无法全部引用。除了传统的解释外，最近的研究有Huang（1987）、Shi（1990）、Mangione 和 Li（1993）、Yeh（1996），以及Klein 等（2000）。Lin（2003）给出了更完整的清单，但仍然只是其中一部分。Wu（2003）讨论了很多关于体标记的传统解释和最新解释。

⑮ 在起始体（ingressives）和开始体（inchoative）小句中，完整体“了”都是和状态动词词组共现。起始体着眼于事件起始点；开始体着眼于状态的到来。它们都是由一个规则的过程强制推导出来的事件（derived events）。根据Lin（2003），有一些带“了”的例子，情状可以被认为是持续的。下面是Lin举出的其中一个例子：

他　　养　　了　　一　　只　　土　　鸡。

我们把这里的持续解读看作是起始体的结果：有界“了”着眼于活动事件的起始。在起始之后，事件无疑会持续进行。注意我们的解释与Lin（2003）不同，因为我们允许“了”小句表达不一定完整的终结事件。也就是说，界限不一定要与自然的终结点重合。

我们的解释与Klein等（2000）、Mangione 和 Li的说法很像，“‘了’标记一个具体的事件时间，这个时间早于句子参照时间，且和参照时间密切相关，‘-过’则提供了一个远远早于小句的参照时间存在量化（existential quantification）”（Mangione & Li, 1993: 68）因此，刚刚发生在话题时间之前的事件用“了”来标记。这显然和叙述文直接相关：随着叙述时间（narrative time）的推移，参照时间也会推移到该有界事件之后一点点；详见下文第3部分。

Lin（2003）考察了“了”在独立小句和不独立小句中的情况，为“了”提出了一个“相对居先（relative anteriority）”参数。此外，Klein等（2000）提出“了”也可以表达断言。

包含“-过”的小句传递出情状时间早于参照时间。对于可恢复先前状态的情状来说，“-过”传达出了情状的不连续性，那就是句子所表达的结果状态不再保持（赵元任 1968）。“-过”传递出一个情状一定曾经至少出现过一次，但次数通常不确定。“-过”通常搭配事件动词词组，很少搭配状态动词词组。[16]“-过”小句还包含另一重体信息：这些小句通常是状态的，着眼于一个情状发生之后所导致的状态（曾经有过结婚/打麻将/吃小吃的经历）。像通常的静态动词那样，这些小句不会使叙述时间发生推移。“-过”小句的动词词组基本层面的解读经常是动态的，因此这些小句的静态性是衍推出来的。（关于基本层面的情状类型和衍推出来的情状类型的讨论参见Smith, 1997 [1991]）。按照Mangione和Li（1993）、Klein等（2000）的方法，我们用两类时间对“过”和“了”的时间语义进行解读，一个是情状发生的时间，一个是指定的参照时间。“过”将情状时间定位在早于参照时间的地方，而“了”，以及其他体语素，却都是指明情状时间和参照时间同时。

带有非完整体标记的句子表达无界情状。“在”是一个表达进行体的非完整体标记，出现在事件小句中动词前位置。与之相反，“-着”是一个有着更多限制的非完整体标记，经常用来表示情状的结果、移动的终点位置、或作为背景。它出现在从属小句比出现在主句中更为常见。带有“在”的小句由于其本身的动态性而有“进行中”的语义。而“-着”小句则是静态的。这两种非完整体，情状时间都等于参照时间。

零语素传递中性的体视点：给出足够的信息，它既允许开放的解读，也允许封闭的解读。普通话中性体视点的概念在Smith（1997 [1991], 1994）中有讨论。中性体视点着眼于情状的一部分，给出情状是否可能超出情状时间所在时间段的信息。

这四类显性视点语素以及零标记体语素所传递的体和时间信息可简要总结如下，其中“情状”这一概念包含“事件”和“状态”：

[10] 普通话的体语素：
了：有界事件，终结但并不必然完成，包含在情状时间里；情状时间等于参照时间；
-过：先前的有界情状；包含在情状时间中；情状时间早于参照时间；
在：进行中的无界事件，包围着（surrounding）情状时间；情状时间等于参照时间；
-着：无界情状：包围着情状时间；情状时间等于参照时间；
零标记：情状全部或部分包含在情状时间内；情状时间等于参照时间。

这些总结只着眼于有界性以及它们和时间定位的关系。

---

⑯ 这只是“-过”的部分特性，其他可说的还有很多。比如，Klein等（2000）提出“-过”所传递的是情状的结果早已成为过去，而英语完成体传递的是结果状态至今仍然保持。

现在，我们会对这些带有体视点语素的小句的语义给出更为形式化的表达。[17] 我们需要足够灵活的语义以作为语用解读的基础。下文给出的形式化的语义只关乎时间和体，而不包含这些语素的分布范围或在特定语境中细微的附加语义。

我们采用话语表征理论，用结构规则来对句法结构进行解读。句法结构允准实体和其他信息进入不断发展的话语表征，即话语表征结构（DRS）。比如说，一个小句包含一个句法结构ϕ和一个体视点语素，该句法结构ϕ表达一个情状e。结构ϕ允许情状实体e进入话语表征结构，该情状带有由体语素表达的种种特征。回想我们之间讲过：体语素使一个情状全部或其部分的语义解读可见。体语素同时也表达了情状时间和参照时间之间的关系。我们将情状时间形式标记为t_1，参照时间标记为t_2。

下文的形式化表述包含三部分内容。我们首先呈现由体语素表达的t_1和t_2之间的关系；对除"-过"以外的语素来说，$t_1 = t_2$。然后，将小句ϕ所表达的情状实体e与相应的情状类型相联系，这一点通过给出e属于带有事件情状（E）还是状态情状（S）的情状构成的集合来呈现。在某些情况下，e和完整的事件e'相关联。

关于e的其他信息则因视点不同而不同。完整体视点聚焦于带有可见终结点的情状，因此e的所有部分都包含在情状时间t_1中；记为$e \subseteq t_1$。非完整体聚焦于不带终结点的情状，因此e和情状时间存在交叠，记作$e \circ t_1$。中性体视点聚焦于一个情状的起始点（initial endpoint），对持续性情状（durative situations）来说，还有至少一个中间阶段。被关注的部分包含在情状时间内（$t_1 \subseteq e$）；其他部分，如果有的话，则不包含其中。只有部分信息包含其中允许中性体视点解读的不完全确定性）；用$I(e)$来标记事件的起始点。

[11] 普通话体视点语素的语义

a. Φ了 is true iff $t_1 = t_2$ & $\exists e \exists e'$ [$e' \in E$ & $e \leq e'$ & $e \subseteq t_1$]

b. ϕ-过 is true iff $t_1 < t_2$ & $\exists e$ [$e \in E/S$ & $e \subseteq t_1$]

c. ϕ在 is true iff $t_1 = t_2$ & $\exists e$ [$e \in E$ & $e \circ t_1$]

d. ϕ-着 is true iff $t_1 = t_2$ & $\exists e$ [$e \in E/S$ & $e \circ t_1$]

e. $\phi\emptyset$ is true iff $t1 = t_2$ & $\exists e$ [$e \in E/S$ & $t_1 \subseteq e$]

我们用文字再把以上公式解释一遍。条件（a）表示ϕ"了"传递了以下信息：（1）情状时间等于参照时间（SitT = RT）；（2）"了"小句ϕ所表达的实体e属于事件实体的集合E，e包含一个完整的情状e'的全部或一部分；这就允许了有界但不完整的终结情状；（3）e包含在情状时间（t_1）的时刻或时段内。条件（b）表示：ϕ"-过"传递了情状时间早于参照时间；"-过"小句ϕ所表达的实体e属于事件或状态实体的集合E/S，e完全包含在时刻或时段t_1内。条件（c）和（d）的区别仅仅是"在"用

[17] 非常感谢Bernhard Schwarz为形式化这部分内容跟我们进行了很多有益的讨论，并在真正形式化操作时为我们提供了很多帮助。

于事件，但“-着”既可以用于事件，也可以用于状态；这两种条件中，*e*都会和t_1有交叠。条件（e）用于零标记语素，表示：情状时间等于参照时间（SitT = RT）；实体*e*属于状态或事件实体的集合E或S；情状时间（t_1）包含*e*的全部或部分。这一陈述非常薄弱，它解释了中性视点的不完全确定性，因为*e*可能会超出或不超出情状时间，但它还需要下文（12）的时间图示原则来补充。

情状类型由动词词组实现（普通话情状类型的讨论参见Smith（1997 [1991]，1994）。情状类型最主要的类别是事件和状态。终结事件有自然的终结点，非终结事件有任意的潜在的终结点。状态和非终结事件不同，尽管它们都是非终结的（参见 Smith, 1999）。非终结事件，如*walking*（走着）和*chuckling*（笑着）只是部分同质，像Taylor（1977）评论的那样，“只是在小范围内同质”。瞬时事件由一个时间点构成，状态没有终结点。

状态这一类别包含一般性的/惯常的和类指的句子。这样的句子可能包含事件或状态类基本动词词组。它们在语义上是静态的，表达一种模式而不是一个特定的情状。正如Krifka 等（1995）所指出的，一般性状态小句（generalizing stative clauses）通常有表达惯常义的副词，或者允许加上这些副词而不改变小句的含义。这类副词包括“总”“每天”“常常”，这类小句也可以被改写为：每次X，Y。

事件动词词组和这四种体语素都可以共现，尽管通常不和任何一个共现。状态动词词组可能在很少的情况下，或在非常严格的条件下，会和“-过”或“-着”共现（赵元任，1968: 664-668）。

零标记小句有一个一致的默认解读是：表达终结和/或瞬时事件的动词词组被认为是有界的；状态动词词组被认为是无界的；活动事件（*run*跑，*cook*做饭）是无界的。严格来说，这些解读应该和每种情状类型的时间图示一致，它们是事件和状态的基本层面的解读，因此是默认解读。显性的时间信息可以推翻默认解读。

零标记小句的默认解读在我们对时间解读的解释中是以语用原则的形式出现的。

[12] 时间图示原则：
在一个零标记的小句中，解读一个动词词组要依据它的情状类型的时间图示，除非有显性信息或上下文信息表示和这样的解读矛盾。

注意这些解读要和有界事件限制相一致。零标记小句非常普遍，对普通话叙述文的一项研究发现中性体视点的终结小句是最普遍的（Yang, 2002:83,117）。这一说法的更早版本由Smith 和 Erbaugh（2000）提出。

在一个与此相关的分析方法中，Bohnemeyer 和 Swift（i.p.）提出了一个“事件实现”的概念，它会触发“默认体”视点：完整体用于终结事件；非完整体用于非终结事件和状态；Lin（2003）采纳了这个观点。但是这一观点和我们观点还是有些不同。“默认体”通过特定的体视点来解读零标记小句，但我们的方法更为灵活。时间图示原则通过情状类型图示的特性给予零标记小句以默认解读。但是我们指出小句中的额外信息可以推翻这种默认解读。

在特定的上下文中，零标记小句可能会被解读为有界的（完整体）或无界的（非完整体）。[18] 上下文可能会给出可以从语用上推断是完整体还是非完整体解读的信息。举例来说，如果一个终结事件是在一个现在时的上下文语境中表达，它可能会被认为是在将来。或者，在回答一个明显是表达进行事件的问题时，或在一个现在时间状语的论域里，零标记终结事件小句可能会有现在时进行体的解读。由于普通话更倾向于用一个动词而不是用“是”或“不”来回答问题，这一点就尤其相关。“我们（今天）去不去？”“去”。

默认原则必须和零标记小句的语义相联系。时间图示原则是默认的。它允许零标记小句又取决于上下文的灵活解读，即：零标记事件小句可能被认为是开放的，也可能是封闭的。

我们认为小句所传递的信息被解读要经历两个步骤：先由结构规则对句法表层结构进行解读，然后进入语义表征，比如用话语表征理论进行解读。小句的情状类型由动词词组以及与之相关的时间图示构成。规则允准情状实体携带着表明它们时间特性的条件一起进入话语表征。体语素，包括零标记语素，出现在句法树上的体节点下。它们允准了各类时间及对它们进行解读的各种条件进入进行中的话语表征结构。解读由相关语素和动词词组的语义以及上文提到的语用原则共同决定。

3.2.2 词汇信息：动词和情态动词

传递与时间定位相关的词汇信息的成分有：结果补语动词、指向过去或将来的动词和情态动词。在这里我们只列出会影响解读的几个主要因素。

结果补语动词（RVCs）会和很多事件动词词组共现，它们是给动词词组添加词汇和体意义的动词后缀。RVCs，如“-完”，传递了终结事件最后的终结点已经达到。例如“她做完了功课”（RVCs加下画线表示）。此外还有“结果”RVCs，它们将事件的结果状态具体化，传递出那个状态已经达到，如“打破了花瓶”“拉长了绳子”“张三杀死他了”。其他RVCs是表达方向的，标明动作的方向，如“拉下来”。表达完成或结果的RVCs提供了关于有界性的显性信息。Yang（2002）和Christensen（1994）都发现大多数主句的叙述事件都带有结果补语动词（RVCs）。[19]

时间信息也会由指向将来的动词，如：“计划”“准备”等，来传递。这些动词在性质上是情态动词。它们的补足语表达态度、计划或提出但还未实现的情状；在意义上与时间的关系是间接的。然而，时间线（the temporal strand）会影响补足语小句的解读。

---

⑱ 有一些语境中如果要表达有界的含义，“了”是强制出现的。比如，单音节动词如果没有结果补语就只能表达“进行中”的情状。

a. 我吃 vs. 我吃了。

b. 我跑 vs. 我跑了。

⑲ Yang（2002）发现在前景小句中，结果补语倾向于包含“了”，而方向补语则倾向于没有“了”。不包含动词补语的单音节动词和主句动词更可能包含“了”。在连续事件中，第一个小句经常省略“了”，但是最后一个小句则经常包含“了”。终结动词强烈倾向于包含“了”，非终结动词的典型用法则是省略“了”。与母语者相反，非母语者经常对RVC不敏感，但是过度关注副词和“了”。

指向将来的动词，其补足语的默认解读是未实现的或在将来的。它推翻了上文所提出的语用原则。[13]说明了这一点：主要动词“准备”表达了一个现在的状态。上标指出了小句所表达的情状类型，是事件（E）还是状态（S）。补足语的情状类型在方括号中给出。

[13] 我准备天黑以后我和张三一起来。S[E]

动词“准备”是指向将来的：它将补足语小句作为未实现的事件定位在将来。而依据语用推理，会得到事件已经实现的结论，因为没有信息告诉我们是其他情况。该例句来自Hu等人（2001）。

指向将来的动词可以出现在不同时间语境的文本中。在指明为过去时间的副词的论域中，这些动词表达从过去某一参照时间来看的将来，即过去的将来。片段[14]很好地说明了这一点。该片段取自2000年出版的一篇杂志文章。我们对小句[14d]非常感兴趣。动词“决定”是一个指向将来的动词，带一个表达未实现事件的补足语。它在指明为过去时间的状语小句[14a]的论域之内。在该语境中，“决定”便有了“过去的将来”的解读。

我们发现这个例子以及下文的其他例子都不像人为构造的语料那样清晰、简单，它们总是相当复杂，且信息冗余。很多真实本文语料都是这样。然而，我们相信，这会使它们比人为构造的语料更有意思，跟本文讨论的问题更相关，而不是相反。时间定位在普通话书面语语料中很少有歧义。

[14] a. 九九年九月二日，
b. 联想召开新闻发布会宣布E从九月一日起
c. 正式解聘原总工程师倪光南院士E，
d. 并决定交给中国科学院五百万元E。

在这个过去的语境中，我们可以很自然地做出这样的推断：这个决定已经做出，基金已经转移，这些事件都已经实现。

带有时间成分的动词集包括如下几类动词：表达将来拥有的动词，如：“预支”“保证”；描述将来情状的动词，如：“提议”“计划”“准备”；希望愿望类动词，如：“要”“妄想”“需要”“向往”；表达将来事件的动词，如：“预告”“想”“预言”；表达阻止未来发生的动词，如：“排除”“阻止”。（参见Levin, 1993）

情态动词也会指明将来并影响时间解读。⑳ 情态动词“会”“要”“将”包含明显的时间成分：它们默认为补足语提供一个将来时间。在某些方面它们相互有所区别：“要”基本上是主观的，指个人意愿；“会”是表达预测的；“将”用于计划

⑳ 在普通话中，Hu等（2001）评论说，将来经常是情态。这对很多语言来说都是事实，参见Stassen（1997）。

中的情状。其他认知情态词和道义情态词也倾向于包含将来时间成分，包括“应（该）”“可能”“可以”。在例[15i][15ii]和[15iii]中，出现了情态词“要”“将”“应”；“要”和“应”有复杂的补足语小句。这些情态动词用下画线强调显示。

（15i） ……政府和民间要有足够的空间和时间深入讨论$^{S[S[E]]}$
（15ii） a. ……国泰似乎已经认识到这个因素的重要性$^{S[E]}$，
b. ……今年将招募课增加至四十八人$^{S[E]}$

（15iii） a. ……此外，政府更应考虑投资
b. ……创办更多的在职员工自修大学$^{S[S[E]]}$，
c. ……尽可能令更多人接受高等教育$^{S[E[E]]}$。

情态词有清晰的时间作用，即将补足语小句定位在将来。（在这个语境中，“可能”不是一个情态词，它的含义是“最大的努力”。）这些情态词的将来时间性推翻了时间图示原则，因为这些小句在体视点上都是零标记的。我们忽略了动力情态词，如：“能”，因为这类词是属于命题内部的（Lyons, 1977），并不是指向将来的。显性的条件连接词，如：“如果”“假如”“即使”，也会产生将来、未实现的解读。

情态词对文本的贡献还有很多值得讨论的地方，但是以上这个简短的回顾对于本文的目的而言已经足够了。指向将来的情态词影响补足语小句的时间定位。

3.2.3 副词

普通话有很多不同类型的时间状语。定位副词（locating adverbs）或框架副词（frame adverbs）（如：星期二）形成了一个可以对情状进行时间定位的副词集。这些副词差不多准确注明了一个时点或时段，并且可能会将情状定位在不同于默认时间的地方。它们的论域经常超出它们所在的小句。在下面的片段中，状语小句描述了一个过去事件，并且锚定了接下来一系列小句中事件和状态的发生时间。

[16] a. ……在意见被否决后^{E}，倪光南便开始向
b. ……中国科学院领导控告主要负责人$^{E(E)}$，
c. ……内容从个人工作作风到严重的经济问题^{S}。

[16a]中，状语小句设定了一个过去的语境，在实际文本中是由之前小句中的显性过去副词来表达的。[16c]中的状态也被锚定在了状语小句所指的时间上。

也有副词以两个小句之间连接词的身份出现，包括“以后”“就”“才”。副词如“刚”“已经”也对时间信息有所贡献，像我们上文提到的，它们将情状定位在早于参照时间的地方。

频率副词如“常常”是和带有体意义的情状类型相关的，因此也会影响时间定位。当它们出现在小句中的时候，小句描述的是一个被定位在现在的一般性的状态

而非一个事件，除非有时间信息显示与之相反。时间形容词，如“现时”“从前”也和时间解读相关。

3.2.4 普通话的指示模式

下文中，我们将列出普通话中实现指示模式的语言形式，并且就主要情况给出例句。顺序按它们和说话时间的关系排列。

[17] 普通话指示模式
- a. 现在时情状是无界的，定位在说话时间，由以下形式表达：
  - i) 带有体标记“在”或“-着”的小句；
  - ii) 动词词组为状态或活动情状的零标记小句；
  - iii) 一般状态/惯常体零标记小句。
- b. 过去情状是有界的，定位在早于说话时间的时刻，由以下形式表达：
  - i) 带有体标记“了”或“-过”和/或RVC的小句；
  - ii) 动词词组为终结事件的零标记小句。
- c. 其他情况：
  - i) 在过去或将来的无界情状小句；
  - ii) 将来的有界情状。由以下形式来表达：
    - aa) 带有将来情态词的小句；
    - bb) 带有指向将来的动词和表达形式的小句；
    - cc) 带有时间状语或时间连接词或处在其论域中的小句。

这个模式遵循了上文提出的语用限制。有界事件限制将有界事件定位在过去。时间图示原则将零标记状态和活动定位在现在，将零标记终结事件和瞬时事件定位在非现在时间。瞬时事件在过去，它们是内在有界的，因为它们只包含一个时间点。解读简约性原则将非现在情状优先定位在过去而不是将来。

我们关于指示模式的陈述包含了一系列对普通话中时间解读的预测。我们现在就要通过一系列例子来展示这些预测是基于我们的分析自然得出的。我们从定位在说话时间的无界情状的时间定位开始。这里有四组例子。第一组是带有非完整体语素“在”和“-着”的情状。见例[18a]和[18b]：

[18] 被标记为非完整体的情状：定位在现在
- a. 在
  - i. 香港的教育已经过度制度化[S]，
  - ii. 一切都<u>在照搬</u>合理化的模式[E]。
- b. -<u>着</u>
  - i. 天井中只有一眼水井[S]，
  - ii. 别无其他设施[S]。

iii. 沿着边放着几块洗衣板[S]，
iv. 不大平整的卵石地面闪耀着[S]
v. 一代又一代住民所打出的光泽。

第二组无界事件的例子是零标记的、非终结的、持续性的活动情状。见例[19i]和[19ii]。在[19i]中（该例句取自语料库，由J-S Wu提供），b和d中带“行”和“走”的事件就是这种类型，由右上角的小号大写字母标记。在[19ii]中，g和h的事件是零标记的、无界的。[19ii]中（该例来自一篇讲上海迪斯科舞蹈的文章），h句有带动词“摇摆”的零标记的活动事件。

[19i] 零标记活动情状
a. 那人当然大喜若狂[S]，以为找到了道路[E]
b. 跟着足迹而行但走到后来[E]
c. 这足迹原来是自己留下的[S]
d. 他走来走去，只是在绕圈子[E]。

[19ii] a. 熊的右腿支住地板[S]，
b. 左腿向前跨出一步[S]。
c. 熊的左手平伸向侧前方[S]，
d. 食指做钩状，挑逗状[S]，
e. 右臂曲起[S]，
f. 五指做开枪状[S]，
g. 在迪斯科节奏中[S]，
h. 熊狂放地前后摇摆[E]，
i. 熊沉浸在自己创造的舞蹈中[S]。

这样的例子在我们所考察的话语本文中非常少见。然而，零标记非终结事件的小句在对话中却是非常常见的，因为对话中人们通常都是在讨论进行中的事件。印刷本文自动地添加了一层认知——作者是在之前的某个时间写下它的，使得过去时的解读更被人们所青睐。在我们所考察的本文中，事件动词词组倾向于与指示过去时间的信息一起出现，如：RVC、过去时副词、“了”或“-过”。

下一个例子是零标记的状态情状。这个例子来自一篇报纸社评，讨论的是反对世贸组织的西雅图暴乱。表达状态的小句是零标记的，正如我们所预测的那样，时间定位是在现在。

[20] 动词词组为状态情状的零标记小句；时间定位在现在：
a. 不过，香港没有闭关自守的条件。[S]
b. 香港是世界上自由度最高的经济体系。[S]

c. 面对发达国家高科技产品，
d. 以及邻近地区低成本劳动，
e. 密集型产品的两面夹击，[S]
f. 香港的出路只有一条，[S]
g. 就是努力向发达国家看齐，[E]
h. 加速发展高科技与知识型经济。[E]

最后两个小句表达的是定位在将来的未实现的事件。语言线索是一个指向将来的表达——“努力向”。

零标记的一般性的状态是第三类例子。正如我们所预测的那样，它们也像其他状态动词一样，时间定位在现在。我们举三个例子来看。[21i] 包含一个显性的频率副词；小句 [21ii] 和 [21iii] 则对个体和实体的特点进行了描述，在这里分别是女人和发泡餐具。

[21i] 零标记一般性状态，时间定位在现在
a. 弗踏出罗湖关卡，
b. 在深圳火车站出口总会看见人头攒动，[GenS]
c. 其中不乏神情焦急的美艳女子翘首守候[GenS]
d. 自深圳河边前来的爱郎。[GenS]

[21ii] a. ……村中主要街道及市集看来很平静，[S]
b. 一些女子携同小童在路旁走过[GenS]
c. 或坐在公园聊天，[GenS]
e. 小孩则在毗邻的球场玩耍。[GenS]

[21iii] a. 发泡胶餐具方便，[GenS]
b. 成本低[GenS]
c. 但危害极大，[GenS]
d. 受热超过六十度就会[GenS]
e. 释放出有害致癌毒素，[GenS]
f. 又会造成温室效应，[GenS]
g. 破坏地球生态。[GenS]

尽管这些小句包含有事件动词词组，但它们在语义上都是状态的，因为它们所指涉的是一类事件，而不是一个特定的具体事件。不包含任何时间定位信息。和我们的预测一致，这些句子的时间解读都是现在。

我们现在转向表达有界事件的语言表达形式。指示模式预测这些事件应该定位在过去。在第一个例子中，小句被显性标记为完整体。由于例子来自真实本文，因此它们都包含有一系列不同类的信息。[22i] 既有 RVC，也有“了”；[22ii] 有一个过

去时副词，一个日期，一个RVC，和一个“了”；[22iii]有时间状语“后”，还有一个RVC。

[22i] 带有RVC和完整体标记“了”的小句
公安法失去了可信奉的契约精神。[E]
[22ii] a. 政府早在77年通过了顾问公司的环境报告。[E]
[22iii] a. 这是我和多位年轻学者交谈后[E]
b. 所得到的结论。[E]

在我们的本文中，很多事件小句都是零标记的：只有一小部分有体语素。我们无法在这里讨论这种变异的原因，但是我们注意到体视点语素的出现会使一个小句得到强调。Yang发现时间信息被冗余标记是很常见的：在他的研究中，在叙述文中67%的前景小句（foregrounded clauses）都或者被副词显性标记（51%），或者被副词和“了”共同标记（16%）。只有9%的小句是被“了”单独标记的（Yang, 2002: 162）。

下一个例子是动词词组为终结事件的零标记小句。我们的文本中有很多这样的例子，经常带有一个过去时间副词。我们将首先用不带副词的零标记事件小句来说明，如[23i]e和[23ii]b。

[23i] 零标记终结小句
a. 别有洞天的奉先寺大卢舍那像龛是[S]
b. 长安世纪寺善导禅师、法海寺主惠暕法师和大使司农寺卿韦机等人
c. 奉命
d. 主持
e. 开凿的露天摩岩像龛[E(E(E))]
[23ii] a. ……我非但心里赞成[S]
b. 而且也曾为文[E]
c. 想唤起香港各界人士[S[E]]
d. 对香港精神文明的注意

[23ii]中的副词“曾”加强了过去时解读。例[24]所展示的片段，包含一个论域覆盖了后续诸多小句的过去时间副词，是我们的本文中更典型的例子。

[24] 带有过去时间副词的零标记终结小句
a. ……在辉煌年代，王缉志发明的中文打字机[E]
b. 让四通风光无限…

例[23i]来自于洛阳佛教洞窟的导览手册；在这样的文本中，将事件定位在过去足够让人们理解文本内容。[24]出现在一篇新闻杂志文章中，在这样的文章中出现更多有关时间定位的信息很自然。在该例中，上下文将时间定位在了“那个辉煌的时代”。

最后，还有一些例子的时间解读和指示模式的预测相矛盾。它们或由过去或将来的无界情状构成，或由将来的有界情状构成。这些解读都是基于文本中显性的时间信息得出的，如：情态词、指向将来的表达，时间状语等。

我们在这里每种情况各举一个例子，按照情状类型的时间定位来排序；参看上面的例[13]—[16]。例[25]中的片段展示的是在时间状语“今年”的论域下被定位在近过去时的状态。[26]展示了一个过去的无界事件。该片段来自一篇小说，是我们的话语本文中出现频次很少的无界事件的例子。

[25] 过去的状态
- a. 今年，深圳经济极速发展，^{E}
- b. 香港和深圳两地交通方便，^{S}
- c. 人流日益频繁，^{S}
- d. 加上消费与生活指数水平差距……^{S}

[26] 过去的无界事件
- a. 我一头工作，^{E}
- b. 一头闻着一阵一阵锅里的鱼香，^{S}
- c. 黄鱼在我们安徽是没有的……^{S}

零标记形式“工作”和非完整体“闻着”都表达进行中的活动事件。这些小句也可以被理解成现在时，但是由于它们出现在基于回忆的小说里，因而按照习惯通常被看作是过去时。下一个例子展现的是将来的状态和事件，二者都有显性的将来时形式。将来情态词都是状态类型的。方括号里标出了它们的补足语的情状类型。

[27] 将来的有界事件
- a. 内地将于本周六全面禁用$^{S[E]}$
- b. 即用即弃的发泡餐具

[28] 将来的状态
- a. 不过在私人企业求存的压力下^{S}
- b. 这将是不可抗拒的大趋势$^{S[S[E]]}$

这些例子显示普通话有充分的语言资源来进行时间定位。

我们简单归纳一下在我们密集考察的六篇文本中体语素的出现率。这里是其中一部分：总字数7640中，只有49个字为体语素。其中一篇社评只有一个“了”，且没有其他体语素；另一篇有20个，占据了总体语素的40%。六篇文章加起来一共包含39个“了”，但只有2个进行体“在”，4个“-着”，5个经历体“-过”。平均来看，每14个小句有一个体标记，或者说7%的小句包含有体标记。这些文本比叙述文或其他类型的文本的体标记少很多，可能也比日常对话的少很多。[21] 我们强调默认解读具有这样的特性：默认，但可能会被上下文信息推翻。举例来看，考虑下面自己造的例句（可能并不太合适）。假定[29a]和[29b]都在现在时语境中被说出，注意[29a]表定指的“这个”和[29b]中的“每个”。

[29] a. 我吃这个苹果。
b. 每个中国人都戴毛主席像章。

[29a]中的事件是终结的；我们可能会把这个句子解读为将来情状，在这个情状中，某个特定的苹果会被吃掉。[29b]中的情状是一个一般性的状态；假定这句话所说的命题是真的，一个人可能会把它认为是指过去的某一段时间。众所周知，就像L. J. Xu教授（这些例子即来自于他）所指出的那样，是中国历史来决定这个解读。我们认为这些句子在文本中并不是莫名其妙突然出现，而是通常有上下文和时间信息支持。因此，它们不能削弱我们对默认解读做出的归纳。

我们在前文中展示了普通话中指示时间解读如何实现。现在，我们将把讨论扩展到其他情况上。

❹ 另外两种时间解读的模式

虽然指示模式在语言中是最基本的，但是完整的时间解读还包括指示模式以外的其他模式。至少有两种其他的模式是必要的，即“连续模式”（continuity）和“回指模式”（anaphora）。它们出现在某些特定的话语模式（discourse modes）的文本中。话语模式，由Smith（2000a）提出，Smith（2003）进一步发展，指的是基于某些语言学特征而确立下来的书面文本类型。五种模式分别是：叙述文（narrative）、报告文（report）、描写文（description）、信息文（information）、议论文（argument）。[22] 每种模式都会将特定类型的实体引入话语域，然后遵循时间推进的三原则之一。最主

㉑ 有很多研究关注体标记在文本中的出现率。在一个最近的研究中，该研究针对台湾机构研究员普通话文本语料库，Wu（2003）发现报告和小说比评论和其他文体有更多的体标记。一个针对北京和香港的汉语和英语报纸的修辞学比较也发现了大量的变异。（Scollon et al., 1994）。
Christensen（1994）发现在Chafe的实验电影《梨子的故事》的汉语书面语剧本中，只有36%的语调单位包含有体语素。语调单位大体等价于小句。Erbaugh（1990）基于《梨子的故事》，考察了普通话口语叙述的情况，在大部分口语表达中，只有26%的语调单位包含体语素。

㉒ 话语模式是为书面语文本提出来的。它们不包含对话和程序性材料，另外还有一些其他类型也不包含在内。

要的实体类型是广义事件（eventualities）（状态和事件），一般性的状态和抽象实体。

话语模式的分析最初是从对英语的分析上发展起来的；我们会展示出同样的时间原则也适用于普通话。这两种语言之间的相似性使得话语模式可以被应用在普通话中。我们无法在这一问题上继续深入。（对话语模式的详细解释参见Smith, 2003）

叙述文、描写文和报告文等不同时间模式，被不同的时间原则所推进，下文将详细讨论这一点。叙述文主要是将事件和状态实体引入话语。不同情状根据它们的体特性以及副词所表示的信息相互关联。在叙述文中，时是连续的。描写文主要将状态和进行中的事件引入话语，并将它们定位在一个已经确立的时间上。描写文中的时是回指之前已经确立的某个时间的。报告文主要引入事件、状态、和一般性状态，它们在时间上和说话时间相关联。在报告文中，时间是指示的；这是默认的，也出现在非时模式（atemporal modes）中。

普通话的指示模式上文已经讨论过了。现在，我们主要着眼于其他时间解读的模式。这些模式也能在普通话书面语本文中找到。在我们的非正式研究中，我们阅读了小说和一些短篇故事，以及旅行手册和博物馆导览一类的信息文。

我们将从叙述文开始。叙述文由连续的相关事件构成，按它们发生的先后顺序——故事主线，进行叙述（Labov & Waletzky 1968；Moens 1987）。叙述文最基本的特征是它的动态性：被叙述的事件连续展开，我们明白叙述时间在不断推移。叙述时间不断推移的动态性要基于体信息，和显性的时间状语以及推理。叙述文的时间通过有界的完整体事件和显性的时间状语来不断推移，但不能通过状态和进行中的事件来推移，除非有额外的信息保证人们能推理出时间在推移。

在叙述文中，情状是彼此相互关联的。时在叙述文第一句话之后一直是连续推移的。

叙述文的（时间）动态性由一种基于参照时间的机制来确立。叙述文中的时间在体标记和状语提供足够信息的前提下是不断推移的。一篇叙述文从一个给定的参照时间开始。随着连续一系列有界事件的推进，参照时间推移到那些事件之后。这一原则会导致一个结果，Klein等人（2000）也分析过，即有界事件总是刚好先于参照时间。如果叙述的是状态和进行中的事件，则参照时间不发生改变，情状被定位在当前参照时间。对于一个包含时间状语的小句，参照时间会推移到那个状语所表示的时间。额外的信息可以允准时间推移的推理发生。叙述文的时间解读规则由Kamp 和 Reyle（1993）和Smith（2003）在话语表征理论的框架下提出，二人的具体操作稍有不同。

同样的叙述文（时间）动态性的解读在普通话中也有，只是因语言资源的不同而稍有调整。这并不奇怪。叙述文毫无疑问是普遍存在的，叙述时间的推移依赖于体和时间副词，而这两种类型的信息当然在普通话中也都存在。

有界事件是叙述文时间推移的关键。但是和英语不一样，在普通话中，事件小句不需要被显性标记为完整体。叙述时间通过带完整体标记“了”和或RVC的小句，或零标记事件小句来推移，这一过程不需要新的机制。根据时间图示原则零标记事件小句被认为是有界的。再根据有界事件推进叙述时间的原则，我们就能预测到叙述文的动态解读。带“-过”的小句不能使时间推移，它们表达的是状态。带非完整体标记“在”和“-着”的小句，以及零标记的状态动词词组小句都不能使叙述时间发生推移。

我们将叙述文动态性解读总结为原则[30]：

[30] 叙述动态性原则（Narrative dynamism principle）：

a. 显性有界事件小句，和零标记事件小句可以使叙述时间发生推移；状态和无界事件小句不能使叙述时间发生推移。

b. 如果e是一个有界事件，RT_x刚好在它之前，则：$RT_x < RT_{y;e}$ at RT_y

这一表述预测了叙述文的动态性（Kamp & Rohrer, 1983；Partee, 1984）——由状语来标记的时间推移还需要补充说明。这一原则更形式化的版本谈到了叙述文的典型的实体类型（Smith, 2003）。像其他的语用原则一样，该原则也可以被显性时间信息所推翻。㉓

我们从一篇虚构的叙述文和一个出现在散文中的叙述段落中找到了例句。例[31]展示了一种没有时间状语辅助的叙述模式。时间定位按照习惯是过去。事件陈述的顺序和体信息传递出了解读情状间关系的必要信息。所有的小句都是零标记的，因此可以应用时间图示原则：终结事件小句表达有界事件，非终结的状态小句表达无界情状，除非有信息表明应当相反。事件依它们推进叙述时间的顺序排列。

[31] 虚构的叙述文：

a. 他好容易曲曲折折地汇出手来^{E1}，

b. 手里就有一个小小的长方包，葵绿色的^{S}，

c. 一径递给四太太^{E2}。

第一个事件，“汇手”，定位在一个由上下文允准的参照时间，RT_n。在当前语境中，这一RT紧跟着被前面事件所允准的RT_{n-1}。“手里有一个长方包”的状态，也定位在RT_n。第二个事件，“递出包裹”，紧随其后，定位在RT_{n+1}。

叙述文经常出现在非虚构类的散文中。下面的例子来自一篇关于上海酒店的文章。

[32] 非虚构类叙述文

a. 一个瘦男子来到“华庭”。^{E1}

㉓ 除了连续的有界事件，叙述文的默认解读还有其他可能性，这里没有考虑。事件可能在时间上有交叠，可能同时发生，细节层面也可能有其他变化。情状可能是在概念上相互联系，而非在时间上相互联系。对这些不同的时间关系、非时间关系的识解要基于语用。

b. 他多少有点惶恐不安地走进豪华的玻璃门，[E2]
c. 穿过水声淙淙的大堂，[E3]
d. 在P. R.侍应生、总台服务员的暧昧的注视下，[E4]
e. 踏进二楼的呈弧形的走廊。[E5]
f. 他看见了走廊上的一排照片[E6]……

在这些例子中，一个个事件依时间先后顺序相互关联。注意例[32]只有最后一个事件有体语素，即“看见”带了完整体标记“了”。

我们现在考虑另外一种既不是动态的也不是指示的时间模式。在该情况下，解读是静态的：情状是被定位在时间轴上的，但是并不发生改变。静态模式是描写型话语模式文本的典型。在描写文中，时间是静止的或者说暂停的，没有动态性。情状是被定位在一个本文中已经确立好的时间上，因此该文章的所有的小句都有相同的参照时间。描写文段会出现在小说中，旅行写作中，和对事态的说明解释中。在描写模式中，时回指前面话语已经确立好的一个时间。

描写文中的实体是无界事件和状态。处所副词或其他锚定信息通常出现在描写文的开头。同时不言而喻整篇文章都在持续的时间副词的论域之内。描写文中的事件动词词组是非终结的，这样的解读因为时间副词的存在有时是强制的。如果包含有位置移动，但没有明显的状态的改变就没有理由认为时间发生了推移。㉔ 该模式陈述如[33]：

[33] 静态解读原则（Static interpretation principle）
a. 状态和无界事件定位在一个已经确立好的时间上
b. 如果e是一个状态或无界事件，RTx刚好在它之前，则：$RT_y = RT_x$

我们用两个例子来说明这一原则。[34]中的片段从一个事件开始，该事件建立了一个稍早于它自身的参照时间，之后的描写均遵循该时间。回想一下前文提到的“状态是包围情状时间的”，因此状态所持续的时间段不是必须限制在给定的情状时间内。语用上，我们可以推理[34]中的状态在之前事件所建立的参照时间前后都一直在持续。

[34] 描写文
a. ……做中人的卫老婆子带她进来了，[E]
b. 头上扎着白头绳，乌裙，蓝夹袄，[S]
c. 年纪大约二十六七，脸色青黄，[S]

㉔ 终结动词词组偶尔也会出现在描写文中。这些句子会强制有非终结的解读。表持续的副词会触发向非终结情状的转变，如：*She wrote a letter for an hour.*（她写信写了一小时）。这对表持续的副词来说可能是默认的。具体讨论参见Smith（2003）。

d. 但两颊却还是红的。S

[35]中的描写来自于洛阳佛像洞窟的说明文章。参照时间是现在，和说话时间同时。

[35] a. 大卢舍那佛螺形发髻，S
b. 身披通肩式袈裟，
c. 他嘴巴稍翘，称为小妆。S

持续的参照时间可以是过去，或现在，或原则上也可以是将来——这需要根据本文的上下文语境来决定。在某种意义上，这种模式填补了叙述动态性留下的空缺：它应用在无界情状，并将它们定位在某一个时间上。

本节展示了时间解读的三种模式：指示模式、动态模式、静态模式。指示模式在报告文、信息文和议论文等话语模式中出现。报告文从报告者的时间立场对情状及它们的意义进行阐述。另外两种模式的文章基本上无时的，它们都遵循指示模式。话语表征理论下更详细的解释参见Smith（2003）。

❺ 结论

根据上文的分析，普通话的时间解读基于两种类型的信息：一是由体形式、词汇形式和时间状语所传递的语义信息；二是解读的语用原则。

时间解读最主要的模式是指示模式。语言所表达的情状通过和说话时间相关联来定位：有界事件早于说话时间，无界事件和状态等于说话时间。引导解读的语用原则有“有界事件限制”“解读简约性原则”和“时间图示原则”。词汇和时间状语信息可以决定不同于默认的时间解读。

视点体信息和情状类型体信息是时间定位解读的关键。体视点显性地编码了一个事件是有界的还是无界的。零标记小句非常常见，它们包含关于情状类型的信息，并且通过时间图示原则和其他原则的结合来进行时间解读。时间解读当然不只限于默认解读。上下文中的信息可以推翻默认解读，并根据需要提供灵活的解读。

普通话的时间解读需要三类时间。指示模式中，说话时间是最主要的时间导向点：所表达的情状的时间——情状时间——等于、早于或晚于说话时间。指定的视点时间，即参照时间，和情状时间之间的关系也有专门的语法形式来编码。这些形式包括体视点语素“了”和“-过”，副词如“已经”“才”等。和说话时间的关系也不只通过语言形式来编码，也可以通过语境来传达。我们因此可以将Reichenbach的方法应用到普通话的时间解读上去。

另外两种时间解读的模式也可以在普通话中找到：叙述文动态性和静态性描写。它们出现话语模式为叙述型和描写型的文本中。在叙述文中，时间是动态的，情状之间相互关联，而不是同说话时间关联。有界事件会使叙述时间发生推移。在描写文中，时间是静止的，情状是同一个早已确定好的时间相关联。指示时间模式也适用于其它话语模式的文本，包括报告文，信息文和议论文。文章会根据它们所引入的体实体的类型和各自的本文推进的原则，实现为不同的话语模式。

时态语言和非时态语言的语言资源不同，但本文的研究指出它们的时间解读及背后所遵循的原则还是有最基本的相似性。

附录：文本例句来源

来自英-汉双语出版物的例句在斜线之后列出英文题目，而不是在圆括号中。《明报》会将每天的中文社评在之后一天翻译为英文发表。

（9）（26）来自一本小说：周天籁（1997）《亭子间嫂嫂》（*Sister Next Door*）. 50，13. 合肥：安徽文艺出版社.

（14）（16）（24）杂志文章：陈立荣（2000）《风暴吹袭中关村》（Stormy personnel conflicts rock Beijing' s Silicon Valley）. 前哨月刊（*Frontline Monthly*）. 2月. 48-49.

（15i）（22i）社论：匿名（2000）《港府民间要再订公安契约/The Hong Kong government must renegotiate its regulations for public order》. 明报（*Ming Pao Daily News*）. 10月9、10日.

（15ii）社论：匿名（2001）《国泰机师威胁罢工不得人心/Cathay Pacific Pilots have alienated the public》. 明报（*Ming Pao Daily News*）. 6月29、30日.

（15iii）（20）（28）社论：佚名（1999a）《港府应吸取西雅图暴乱教训/Government should learn lesson from Seattle》. 明报（*Ming Pao Daily News*）. 12月12、13日.

（18i）（22iii）（23ii）杂志文章：李欧梵[Leo Lee]（2000）.《香港为何再出不了大学问者？》（Why can't Hong Kong produce great scholars again?）. 明报月刊（*Ming Pao Monthly*）. 8月. 21-22.

（18ii）书籍：林嘉书（1995）.《土楼与中国传统文化》（*Hakka Houses and Traditional Chinese Culture*）. 92. 上海：上海人民出版社.

（19ii）散文：王唯铭（1996）. 1990：走进新空间（Entering a new space in 1990）. 收于《欲望的城市》（*City of Longing*）. 33. 上海：文汇出版社.

（21i）（21ii）（25）杂志文章：王睿智（2000）《深圳"二奶村"情色诱惑》（Love and sex temptations of Shenzhen's 'Village of Concubines'）. 亚洲周刊（*Asiaweek*）. 8月28日—9月3日. 24-25.

（21iii）（22ii）（27）社评：匿名（1996b）《香港环保政策应大彻大悟/Hong Kong must revise its environmental policy》. 明报（*Ming Pao Daily News*）12月28日.

（31）短篇故事：鲁迅（1990 [1924]）肥皂（Soap）. [www.yifj.com.] 英文版本见鲁迅（1990）. 肥皂. 收于《狂人日记和其他故事（Diary of a Madman and Other

Stories)》(William A. Lyell翻译). 264. 檀香山(Honolulu):夏威夷大学出版社(University of Hawaii Press).

(32)散文:王唯铭(1996). 上海大饭店(The Shanghai Hotel). 收于《欲望的城市》(*City of Longing*). 60-61. 上海:文汇出版社.

(33)(35)旅行指南:龚大中(1986)《龙门石窟/*The Longmen Grottos*(由张林佳翻译)》42. 北京:中国旅游出版社.

(34)故事:鲁迅(1973 [1926])《祝福/*The New Year's Sacrifice*》20-23. 香港:朝阳出版公司.

参考文献

- Austin, John. 1961. *Philosophical Papers*. Oxford: Oxford University Press.
- Bach, Emmon. 1981. On time, tense, and aspect: An essay in English metaphysics. In Peter Cole (ed.), *Radical Pragmatics*. New York: Academic Press. 66-81.
- Bohnemeyer, Juergen, & Swift, Mary (i.p.). Event realization and default aspect. *Linguistics and Philosophy*.
- Chao, Yuen Ren. 1948. *Mandarin Primer: An Intensive Course in Spoken Chinese*. Cambridge, MA: Harvard University Press.
- Chao, Yuen Ren. 1968. *A Grammar of Spoken Chinese*. Berkeley and Los Angeles: University of California Press.
- Christensen, Matthew B. 1994. Variation in spoken and written Mandarin narrative discourse. Unpublished doctoral dissertation, Ohio State University.
- Depraetere, Ilse. 1995. On the necessity of distinguishing between (un)boundedness and (a)telicity. *Linguistics and Philosophy* 18: 1-19.
- Erbaugh, Mary. S. 1990. Mandarin oral narratives compared with English: The Pear/Guava Stories. *Journal of the Chinese Language Teachers Association* 25(2): 21-42.
- Giorgi, Alessandra & Pianesi, Fabio 1997. *Tense and Aspect*. Oxford: Oxford University Press.
- Grice, H.P. 1975. Logic and conversation. In Peter Cole and Jerry L. Morgan, (eds.), *Speech Acts*. New York: Academic Press. 41-58.
- Hinrichs, Erhard. 1986. Temporal anaphora in discourses of English. *Linguistics and Philosophy* 9: 63-82.
- Horn, Larry. 1984. Toward a new taxonomy for pragmatic inference: Q-based and R-based implicature. In Deborah Schiffrin (ed.), *Meaning, Form and Use in Context: Linguistic Applications*. Washington D.C.: Georgetown University Press. 11-42.

- Hu, Jianhua; Pan, Haihua, & Xu, Liejiong. 2001. Is there a finite-nonfinite distinction in Chinese? *Linguistics* 39(6): 1117-1148.
- Huang, C.T. James. 1984. On the distribution and reference of empty pronouns. *Linguistic Inquiry* 15: 531-574.
- Huang, L. Meei-jin. 1987. Aspect: A general system and its manifestation in Mandarin Chinese. Unpublished doctoral dissertation, Rice University.
- Jespersen, Otto. 1931. *A Modern English Grammar on Historical Principles. Book 4: Syntax*. London: George Allen and Unwin.
- Kamp, Hans & Reyle, Uwe. 1993. *From Discourse to Logic*. Dordrecht: Kluwer Academic Publishers.
- Kamp, Hans & Rohrer, Christian. 1983. Tense in texts. In R. Bauerle, R. Schwarze, & A. von Stechow (eds.), *Meaning, Use and Interpretation of Language*. Berlin and New York: Mouton de Gruyter. 250-269.
- Kanizsa, Gaetano. 1976. Subjective contours. *Scientific American* 234(4): 48-52.
- Klein, Wolfgang. 1994. *Time in Language*. London: Routledge.
- Klein, Wolfgang; Li, Ping, & Hendriks, Henriette. 2000. Aspect and assertion in Mandarin Chinese. *Natural Language and Linguistic Theory* 18: 723-770.
- Krifka, M., Pelletier, F. J., Carlson, G., Meulen, A. ter, Chierchia, G., & Link, G. 1995. Genericity: An introduction. In G. Carlson and F.J. Pelletier (eds.), *The Generic Book*. Chicago: University of Chicago Press. 1-124.
- Labov, William & Waletzky, Joshua. 1966. Narrative analysis: Oral versions of personal experience. In Jane Helm (ed.), *Essays on the Verbal and Visual Arts: Proceedings of the 1996 Annual Meeting, American Ethnological Society*. Seattle: University of Washington Press. 12-43.
- Levin, Beth. 1993. *English Verb Classes and Alternations*. Chicago: University of Chicago Press.
- Levinson, Stephen. 1983. *Pragmatics*. Cambridge: Cambridge University Press.
- Lin, Jo-Wang. 2003. Temporal reference in Mandarin Chinese. *Journal of East Asian Linguistics* 9: 259-311.
- Lyons, John. 1977. *Semantics*. Cambridge: Cambridge University Press.
- Mangione, L. & Li, Dingxuan 1993. A compositional analysis of *-guo* and *-le*. *Journal of Chinese Linguistics* 21: 65-122.
- Moens, Mark. 1987. Tense, aspect, and temporal reference. Unpublished doctoral dissertation, Centre for Cognitive Science, University of Edinburgh.
- Partee, Barbara. 1984. Nominal and temporal anaphora. *Linguistics and Philosophy* 7: 243-286.
- Reichenbach, Hans. 1947. *Elements of Symbolic Logic*. London: Macmillan.

- Scollon, R., Scollon, S. Wong, & Kirkpatrick, A. 1994. *Contrastive Discourse in Chinese and English (Han Ying Bian Zhang Duibi Yanjiu)*. Beijing: Foreign Language Teaching and Research Press.
- Shi, Zhiqiang. 1990. Decomposition of perfectivity and inchoativity and the meaning of the particle *le* in Mandarin Chinese. *Journal of Chinese Linguistics* 18: 95-124.
- Smith, Carlota S. 1997 [1991]. *The Parameter of Aspect*. Dordrecht: Kluwer Academic Publishers.
- Smith, Carlota S. 1994. Aspectual viewpoint and situation type in Mandarin Chinese. *Journal of East Asian Linguistics* 3: 107-146.
- Smith, Carlota S. 2000a. Temporal information in sentences. Paper presented for Linguistics in the Next Decade. Academia Sinica, Taipei, Taiwan, August 2000.
- Smith, Carlota S. 2000b. Discourse Mode: A linguistically interesting level of text structure. In *Proceedings, Third Workshop on Spoken and Written Texts*. Austin: Department of Linguistics, University of Texas. 12-34.
- Smith, Carlota S. 2003. *Modes of Discourse*. Cambridge: Cambridge University Press.
- Smith, Carlota S. & Erbaugh, Mary S. 2001. Temporal information in sentences of Mandarin. In K.K. Luke, Shao Jingmin, Shan Zhourao, & Xu Liejiong (eds.), *Hanyu Yufa Yanjiu de Xin Tuzhan — 21 Shiji Shaojie Xiandai Hanyu Yufa Guoji Yantao Hui* [New Views in Chinese Syntactic Research — International Symposium on Chinese Grammar for the New Millenium], Hangzhou: Zhejiang Jiaoyu Chubanshe. 514-542.
- Smith, Carlota S., Perkins, Ellavina, & Fernald, Theodore. 2003. Temporal interpretation in Navajo. In Jan Anderssen, Paula Menéndez-Benito, and Adam Werle (eds.), *Proceedings of the SULA Conference*. Amherst Working papers in Linguistics Amherst, MA: GLSA. 175-192.
- Stassen, Leon. 1997. *Intransitive Predication*. Oxford: Oxford University Press.
- Taylor, Barry. 1977. Tense and continuity. *Linguistics and Philosophy* 1: 199-220.
- Vendler, Zeno. 1957. Verbs and times. *The Philosophical Review* 66: 143-160. Reprinted in Zeno Vendler 1967. *Linguistics in Philosophy*. Ithaca, NY: Cornell University Press.
- Whorf, Benjamin L. 1956. Grammatical categories. In John B. Carroll (ed.), *Language, Thought and Reality: Selected Writings of Benjamin Lee Whorf*. New York: Wiley and Son. 87-111.
- Wu, Jiun-Shiung. 2003. Modeling temporal progression in Mandarin: Aspect markers and temporal relations. Unpublished doctoral dissertation, University of Texas.
- Yang, Jun. 2002. The acquisition of temporality by adult second language learners of Chinese. Unpublished doctoral dissertation, University of Arizona.
- Yeh, Meng. 1996. Analysis of experiential GUO in Mandarin Chinese: A temporal quantifier. *Journal of East Asian Linguistics* 5: 151-182.

Temporal Interpretation in Mandarin Chinese

Abstract: This article presents an account of temporal understanding in Mandarin Chinese. Aspectual, lexical, and adverbial information and pragmatic principles all contribute to the interpretation of temporal location. Aspectual viewpoint and situation type give information in the absence of explicit temporal forms. The main, default pattern of interpretation is deictic. The pragmatic principles are the bounded event constraint, the simplicity principle of interpretation, and the temporal schema principle. Lexical and adverbial information can lead to non-default interpretations. Two other temporal patterns — narrative dynamism and anaphora — appear in text passages that realize the "discourse modes" of narrative and description.

We state the semantic meaning of grammatical forms and explain the deictic pattern. Three times are needed to explain temporal interpretation, following Reichenbach (1947). Mandarin forms code the relation between a designated perspective time, or reference time, and situation time. These are typically marked redundantly in written texts. Relation to speech time is not coded linguistically, but conveyed by context.

（责任编辑：钱军）

书评

语用的人际维度考量
——《语用学诠释》评介

北京林业大学　姚晓东*

［提　要］　本文介绍并评述Gunter Senft的近著《语用学诠释》一书。本书涉及范围广泛，体现出一种整合视角，即采用跨学科路径，在宏观社会文化语境中理解意义，突出特定社群程式化规约的重要性以及语言使用的社会联结功能。这一路径在彰显跨文化视角语用学研究思路的同时，体现了作者的解放语用学立场。

［关键词］　跨学科视角；社会规约；社会联结；解放语用学

❶ 引言

Morris的符号学三分说以降，语用学沿英美哲学认知派、欧陆社会互动学派两大进路发展，大致经历了经典格赖斯理论（classical Gricean theory）、新/后格赖斯理论（neo-/post-Gricean theory）阶段。两条路径均强调理性主体这一基本认定，体现尊理抑情的态势。近年出现了两条主线合流的趋势，Kecskes (2014)兼顾交际的社会和个体特征，整合语言使用的认知和社会维度，力求呈现交际的整体图景。与此同时，语言使用中的情感因素和人际关系考量得以凸显（Haugh et al., 2013；姜望琪，2014；刘平，2017；冉永平、刘平，2015）。

作为荷兰奈梅亨马克斯·普朗克心理语言学研究所（Max Plank Institute for Psycholinguistics）高级研究员，Gunter Senft学术视域宽广，研究兴趣涵盖人类语言学、语用学和语义学。其近著《语用学诠释》① 具有浓重的跨学科和民族志特征，体现了语用研究的新动向：在强调语言使用的文化相对性，关注社区规约和语言社会

---

*　作者简介：姚晓东，北京林业大学外语学院副教授、博士。研究方向：语用学、语篇分析。Email：yaoxdd@126.com。通信地址：100083北京林业大学外语学院英语系。

*　本文是中央高校基本科研业务费专项资金项目“语用的人际情感维度研究”（编号：2018RW20）和教育部青年基金项目“基于语料库的情感表达型交际的人际语用学研究”（编号：16YJC740061）的阶段成果。

① Senft, G. 2014. *Understanding Pragmatics.* London/New York: Routledge.

联结功能的同时，突出语用的人际关系考量。与Verschueren (1999)的同名作相比，该书的聚焦视域不同。

❷ 内容简介

全书包括“绪论”和7章，最后一章是总结，其余6章分别涉及语用学与其他学科的交叉，这一编排充分体现了作者的跨学科视角。

在绪论部分，作者的田野调查经历表明文化差异对语言使用的影响，揭示社区规约对维系社群和谐人际关系的重要性。作者分析1970年代语言研究的语用转向及原因，采用欧陆学派的综观视角指出语用学的跨学科性，主张从使用者视角采用不同路径探讨语言使用。这一旨趣构成本书的基调，契合语用是描写“作为社会行动的语言”这一核心关注。贯穿全书的主线为：（1）语言互动的人际功能在于建立社会纽带和责任关系；（2）作为情景语境的一部分，话语的意义在于语用功能；（3）语用学是对不同文化中具体语言形式的跨学科研究。作者分章介绍语用学与其他学科的关联，从跨语言视角述评相关论题的主要内容和最新进展，凸显语言使用的文化差异，阐释文化、情境、规约对语言使用的影响。

第一章讨论语用学与哲学的关系，重点介绍言语行为和会话含义理论。引言部分交代两大理论的学术背景。在介绍言语行为理论和间接言语行为理论的基础上，Senft指出对言语行为的考察离不开文化考量，适切条件概念本身就蕴含了言语行为的文化相对性，对间接言语行为的解读依赖听者的社会能力而非语言能力。Searle的个体主义倾向、无视社会基础的文化内研究路径和普适性主张招致批评。Senft批评言语行为理论缺失“社会现实”概念，忽略话语的社会联结功能因而导致它凸显说话人的行为意向而非实际效果的同时，极力推重话语的社会契约功能。

Senft从人类语言学视角审视Grice的会话理论，指出会话准则无法揭示西方文化规约之外的语言事实，同时由于对“会话”的界定过窄使准则仅适用于日常话语而非程式话语、玩笑或谎言。不过这一理论为甄别文化差异及其背后的价值意识提供了参照，是民族志考察一般会话准则的出发点。结语部分重申Austin、Searle、Grice对语用学的奠基作用，强调言语行为实施的社会现实条件及关系联结作用，指出话语是建立责任关系的工具，语言所形成的社会契约基于规约和主体的社会能力。三位哲人的语言哲学基于欧美传统，但两大理论却为民族志研究提供了出发点。

第二章结合指称说明语用与心理学的关系。作者首先讨论指示现象，回顾前人对指示问题的经典论述及当代影响，然后分析特定语言中的空间指示，呈现Kilivila语的复杂指示系统。引言介绍Büler对指示概念的开创性研究以及Wundt对手势和手语研究的奠基作用。指示是语言学的重要领域，包括时间、空间、人称、篇章、社会指示等类型，指示语包括语词和手势，其解读需借助语境。第3节介绍语言中的相对、绝对和内在空间指称框架，空间指示的语言手段、功能和用法，分析不同语言的空间指示系统差异及原因，指示词的用法和受众设计，凸显指称的协作性。作者讨论了Kilivila语的空间指示语类型、特征与功能，空间指示参照方位词和定向词，指称框架的使用偏好等。

基于Wundt的研究，Senft探讨了手势的定义、分类、功能及其与心智、语言的关系。与传统定义不同，手势被看作语言及其使用的有机成分，是话语的显性身体行动和话语整体规划的一部分，表达不同的意义维度。作为心理结构要素，语言和手势协同表达统一的概念综合体。作者介绍了McNeill的5种手势类型：示意动作、类语言手势、表意动作、标志符、手语。伴随语言的手势是了解思维和在线言说过程的窗口，传递意义，反映并支持主体的思维活动。手势交际具有章法和文化相对性，建构社会关系，而常规语用手势只充当行事行为和语篇结构标记而不呈现话语的命题内容。

作者凸显了指示的语用学地位，突出其复杂性、语境依赖性及协作性，强调手势、语言和心智间的关系，凸显手势的社交功能与跨文化差异。手势遵循一定的语用规则，实施语用功能。指示和手势研究体现了交际的多模态性。

第三章讨论语用学和人类行为学的关系，揭示交际行为的生物学基础。第一部分介绍面部表情中具有重要交际功能的行为符号，如扬眉和身势距离。表意行为和信号的程式化过程提高了交谈的预见性，为人类互动提供秩序与安全感。Senft回顾了表情的情感表达研究及面部肌肉和表情之间的关联。作为复杂的互动模式，情感表达不限于面部表情，所有行为都为情感解读提供线索。身势语体现了互动的多模态性。第二部分讨论人类行为学对语用学的影响，重点介绍程式、程式化交际和互动策略。人类的行为模式程式化为交际符号，程式提高行为的可预测性并提供互动秩序；程式化交际利于社会联结，调整差异并消除不和谐因素；不同的行为模式、程式和符号是“基本互动策略”的跨文化变体。这些普遍策略包括：群体维系和联结策略，社会的教与学策略，地位争夺策略和斗争策略。Eipo语言社区中的小程式，Yanomamö人椰果节中的程式化交际体现了人类行为学对程式交际的解释力。作者指出，Levinson赞同普遍互动策略假设及其跨文化差异，提出“人类互动引擎”（human interaction engine）假设：人的社会性植根特定的社交能力，人的认知能力和行为倾向可以预测、解释他人的意向和行为，这是合作交际的前提。两大假说突出了语用研究的跨学科性和交际的多模态性，但需实证检验。

第四章涉及语用学和民族志的界面，重点介绍Malinowski的语言思想、萨丕尔–沃尔夫假说（Sapir-Whorf Hypothesis）以及民族志方法，借助对空间指称框架的跨文化研究探讨语言、文化和认知的关系，突出人种学对语用学的影响。引言部分指出，当前无法廓清语用学与人类语言学或社会语言学的界线。第一部分介绍Malinowski的语境和意义思想，述评“寒暄交谈”（phatic communion）概念，突出其语境功能意义观和语言的行动方式立场，强调寒暄的社会功能、话语力量与情感交流功能，它在维系关联纽带的同时表明社交网络的安全性。除了管理人际关系外，寒暄语具有指示功能，可以揭示主体的感知状态和身份地位，协助摸索互动共识。

认知科学尝试借助空间的概念化和指称方式差异来验证弱式萨丕尔–沃尔夫

假说，探究语言、文化和认知的关系，但仍无法确定语言是影响思维的唯一因素。Senft强调在社会语境中研究语言使用的重要性。他指出，了解社群及其建构现实的方式是研究语言、文化和认知在社会互动中作用的前提。Hymes提出的“言语民族志”（the ethnography of speakig）为此类研究提供了框架。言语的组织模式体现语言文化特性，只有在言语事件的相互关系中才能理解话语意义，对言语事件的分析要基于相关要素以及要素之间的关系。这些要素仅仅提供了研究特定社群言说方式中的初始问题和描写的可能性，而非描述对象的清单。这一范式描写“独特的语言和言语文化组织”，关注程式化场景而非日常言语，试图描写言语事件诸方面，强调语言使用的复杂性和文化相对性，重案例分析而轻理论抽象，忽视对言语和语境之间关系的普遍原则概括，具有反普适主义特征。结语部分重申Malinowski语言观的语用学启示，呼吁深入研究语言、文化和思维间的关系，强调社会语境对语言研究的重要性，倡导言语互动研究要植根于言说民族志框架。

第五章阐述语用学与社会学的交叉，重点介绍Goffman的互动秩序概念，Garfinkel的常人方法学以及Sacks等人的会话分析，聚焦规范指导下的社会互动。上述研究对理解交际行为产生了重要影响。Goffman认为，会话研究关注交际的发生条件和社会情境，属于“互动秩序”这一社会学分支。互动秩序揭示参与者身份和交谈内容的变化，对情境的界定包含了对参与者及其关系的宣认，话语体现参与者的结盟和站位，站位的改变意味着事件框架的改变，言说内容传递事态及其识解方式。参与者在交往中协商角色关系与互动情境，维持社会程式和道义秩序。对互动形式和行动序列的分析体现了人类互动的复杂结构特征。社会秩序（社会契约和共识）调整交际主体的权利义务，引导、控制社会互动并为其提供规则，互动的规范和道义责任借“自我扮演”（self-performance）和“面子工作”（facework）维持社会生活秩序。

Garfinkel采用常人方法学研究社会秩序，关注社会成员如何在实际参与中产生稳定可释的实践活动，如日常活动的社会结构。社群成员采用常识实践和共有解释规则进行实践推理，建构、理解和共享他们的社会世界：共同语境、具体情形以及社会秩序。这一研究主要依赖对社会事实和采用实践推理、常识来描写社会方式之间的反思性关系。Garfinkel认为日常生活中的有序、理性和责任是特定条件下的产物，是一种工作或行为。

Sacks等人利用自然语料揭示日常会话的有序性和结构性，聚焦其中的话轮转换、行动序列和活动，阐释会话的一般特征，并基于这一研究确立了会话分析的社会学分支地位。这一社会互动理论表明，会话由行动序列组成，语言关注意义更注重行动，人们借助规范体系生成和识别社会互动。说话人通过控制序列中的行动引发不同反应，实现特定目的。研究发现，会话是浮现性的有序活动，参与者在精心编排交际语步之时协同建构意义和社会行为。

第六章结合Bernstein的语码理论和Labov的变异概念阐释语言使用中的意识形态。语码是特定社会关系形态或社会结构的函数，这一理论意在揭示言语、社会化、阶层和学校之间的关系：地位指向的家庭生成限制语码，人本指向的家庭产制精致语码；两种语码的可预见性、普遍程度和语境依赖程度不同，影响儿童的交际和学业成败。语码论使人们关注宏观权力关系和微观实践之间的关系，以及实践所引发的立场和对立。变异理论倾向于充分描写语言变体，揭示语言差异与社会结构之间的关系，主张在社会语境中研究真实交往并发掘言说的规范，强调具体的言说情形、社会背景、交际的意义和参与者。Senft向我们表明，双方的论争围绕着社会阶层和言说形式之间的关系展开，前者失之于语料收集方法不当，研究者语言知识不足以及意识形态偏差；后者主张在社会语境下评价语言使用，获取充足的文化知识和语言数据并从中发现语法规则。这里，社会语言学和语用学的界线变得模糊。语言标记身份，语言使用体现特定的意识形态。

语言意识形态是使用者对语言的一般看法，可为特定的语言结构及其使用证当。社会现实中的意义模式或解释框架包含意识形态，意识形态框定话语态度、事态和行动，使之有效化与合法化。话语反映、建构和维持意识形态模式。Senft的案例分析表明，语言实践对社会文化身份建构和社会政治作用重大：语言选择表征说话人的身份和主体性，规范社会关系，分化与联结人际关系，并通过证当权力关系和权力分配来操控社群的政治状况和成员行为。语言意识形态无处不在，对正确解析社会互动和群体关系极其重要。

第七章总结全书，展望语用学的发展方向，明确语用学的核心关注是基于“语言社会行动观”这一论断，主张语用学研究摆脱欧美的主导研究范式，顺应Hanks等人倡导的“解放语用学”（Emancipatory Pragmatics）潮流。

❸ 特色述评

本书涉及范围广泛，体现出一种整合视角，即采用跨学科路径，在宏观社会文化语境中理解意义，突出特定社群程式化规约的重要性及其对人际关系的建构与维系作用，彰显跨文化的语用学研究思路和解放语用学的学术主张。Verschueren (1999)也提到语用研究的跨学科性，但重点倡导语言使用的认知、社会和文化综观与动态顺应，指出语用即选择：交际主体基于语言的变异性、商讨性和顺应性，结合语境有意识地动态选择语言结构并生成意义。

首先，全书突出了语用研究的跨学科性，论及哲学、社会学、心理学、人类行为学、语言文化与认知之间的关系、语言意识形态、民族志等诸多议题，编排体例也突出了这一特征：主体部分结合语用学最相关的学科展开，关注人类社会互动和意义的协同创造。作者认为当前很难明确划定语用学和人类语言学或社会语言学间的界线，人类语言学的发展史也表明其间的密切关系。这一特征贯穿全书，语码理论、变异理论涉及语言与社会的关系和语言意识形态，体现语言研究的政治意义；萨丕尔–沃尔夫假说、空间指示涉及语言、文化与认知的关系；程式性交际、寒暄语涉及人类学；言语行为理论和会话理论体现语言哲学对语用学的影响；互动秩序、民族志方法、会话分析则为语用学提供了社会学给养，即语言的社会行为观。

其次，本书强调语言使用中的社会规约秩序，凸显互动的社会联结功能和关系建构维度。作者多次提及言语行为的社会联结力和社会联结原则（principle of social binding）。这一原则对人类语言和其他符号交际具有“公理性”和“界定作用”，言语行为在主体之间建立责任关系。这一导向与新兴的人际语用学和语用研究的关系取向不谋而合，也和语用学研究“从主理抑情转向情理交融”的做法契合（姚晓东，2016）。社群的语言意识形态对调整群体关系具有规范作用，合法化权力关系和权力分配，标示身份地位、人际关系并承担联结作用。程式化行为受意识形态规范的调整，拉平主体的社会阶层并建立关系联结。交际主体通过日常互动检验特定群体意识形态的有效性，强化群体关系和身份，延续亲善关系，巩固社会和谐并增强社会关联。互动规则基于社会秩序，调节交际权利义务。参与者在互动中建构角色与互动情境，协商面子并维持社会生活程式和道义秩序。违反交际常规需要给出解释，维持互惠视角不仅是认知任务，更是一项信任对方且出于道义责任而必须去实现的任务，交际者彼此为“适应”负道义责任。

再者，Senft突出语用学研究的跨语言文化导向和语言使用的文化差异。如指示系统、手势的文化相对性，空间指示偏好，程式的跨文化差异和萨丕尔–沃尔夫假说等。在揭示会话相邻语对、话轮转换等所谓的普遍系统时，作者仍提请读者注意不同社群交际者目光注视的文化差异。作为角色扮演和生活方式，交谈激发主体各自的文化，理解话步需要借助文化知识，交谈的动机和意义暗含着社会机构和文化模式。文化语境及规约影响语言使用的方式也是语用学的关注重点。这一特点促发了作者的解放语用学主张：扩大语用研究的理论来源，把它从欧美语言观和言说方式的主导范式中解放出来。

最后，本书多次强调社会互动的多模态性。语言使用只是交际的一部分，伴随语言和思维的身势语（如面部表情、身势距离和身体接触）和程式化交际对人类交往具有重要意义。互动引擎假设和普遍互动策略假设研究须在“语言使用只是本质上多模态人类互动的一部分”这一洞见的指导下进行。作者强调话语发生的整体情境，即Austin的“全部言语情境下的整体言语行为”。先前研究未凸显这一概念的重要性。

该书视域宽广，涵盖了同类著作中没有涉及的诸多内容，且许多内容基于田野调查，与英美学派的分相论存在较大差异。这一取向在拓展视野和提供多角度批判的同时，难免使本书内容纷繁庞杂。另外，作者介绍了经典语用学理论而未涉及新格赖斯语用学和关联理论，这不利于初学者了解语用学基本理论的全貌。再者，本书各章节分布不均，基于自身学科背景和研究偏好，作者在讨论语用学和心理学之间关系时关注指称且聚焦空间指示，对其他指示类型着墨不多。最后要指出的是，作者认为当前很难明确划定语用学和人类语言学或社会语言学间的界线，这一主张表明他过于偏重语言使用的社会维度，没有真正做到“认知”“社会”并重（Jiang, 2017; Kecskes, 2014）。

本书特点鲜明，顺应当今语用学发展的趋势。作者在民族志视角观照下，打破欧美语用学的主导模式，从不同理论中营养考察交际的跨文化差异，突出语言使用的社会联结作用和人际关系取向，强调社会互动的多模态性，这一努力是对语用学研究的有益补充。

参考文献

- Haugh, M., Kádár, D. & Mills, S. 2013. Interpersonal pragmatics: Issues and debates. *Journal of Pragmatics* 58: 1-11.
- Jiang, W. 2017. A socio-cognitive approach to pragmatic inference. *Intercultural Pragmatics* 3: 421-451.
- Kecskes, I. 2014. *Intercultural Pragmatics*. New York: Oxford University Press.
- Verschueren, J. 1999. *Understanding Pragmatics*. London: Edward Arnold.
- 姜望琪，2014，语用推理之我见。《现代外语》(6)：293-302。
- 刘平，2017，语用学研究的关系转向。《外语学刊》(5)：20-25。
- 冉永平、刘平，2015，人际语用学视角下的关系研究。《外语教学》(4)：1-9。
- 姚晓东，2016，语用学中的“情”与“理”。《天津外国语大学学报》(1)：8-12。

An Interpersonal Perspective of Language Use: A Review of *Understanding Pragmatics*

Abstract: This paper presents a review of Senft's newly published monograph, *Understanding Pragmatics* (2014, Routledge). The book adopts an integrative perspective and a trans-disciplinary approach, emphasizing meaning making in sociocultural settings, and highlighting social rituals of the speech community as well as the social binding roles in language use. This approach, while stressing the intercultural perspective on pragmatic study, manifests the author's stance of Emancipatory Pragmatics.

Key words: transdisciplinary perspective; social conventions; social binding; Emancipatoray Pragmatics

（责任编辑：郝赟）

《书面纠正性反馈对二语发展的效应》介评

广州大学　梁凤娟*

［提　要］　本文旨在介评由John Bitchener和Neomy Storch合著、Multilingual Matters公司于2016年出版的《书面纠正性反馈对二语发展的效应》一书。该书结合理论和实证研究，从认知和社会文化两个理论视角探讨了书面纠正性反馈对二语发展的潜在效应。该书对两种范式未来的接口研究具有重要的示范作用和理论参考价值；突出学习者个体因素和语境因素，充分展示了书面纠正性反馈本质的复杂性和多面性。该书对二语习得研究和外语教学有重要的理论价值和实践指导价值。

［关键词］　书面纠正性反馈；二语发展；认知理论视角；社会文化理论视角

1 引言

因与二语习得理论、教学实践的高度相关性，及本身的可研究性，纠正性反馈（corrective feedback）已成为二语习得研究的热点（Ellis, 2010），在过去二十年催生了大量的实证研究和理论探索（如Bitchener & Ferris, 2012；Shintani & Ellis 2013；梁凤娟, 2018；苏建红，2014, 2015）。尽管有学者指出过度依赖单一理论必然无法描绘二语习得全景，社会文化理论应作为传统认知理论的有力补充（袁博平等，2016），但目前国内外大部分纠正性反馈研究均基于认知理论，对社会文化理论视角关注不足，且大多数研究仅关注具体反馈策略与学习效果的关系，忽略了学习者个体因素(邢加新、代尊峰，2014)，对于“书面纠正性反馈是否有效”“何种反馈方式(更)有效”等关键问题尚无明确答案（苏建红，2015），反馈促学机制也有待进一步

*　作者简介：梁凤娟，广州大学外国语学院讲师、博士。研究方向：二语习得、社会语言学、话语分析。Email：liangfj@gzhu.edu.cn。通信地址：510006广州市大学城外环西路230号广州大学外国语学院。

*　本项目受到教育部人文社会科学青年基金项目“粤港城市语言景观对比研究”（16YJC740023）、广州市教育科学规划2016年度课题“广州地区外语类大学生思辨能力现状及培养模式研究”（1201534233）、广州大学哲学社会科学青年博士项目“中美学术语篇中的作者身份对比研究”（201302QNBS）资助。

探讨（姜琳、陈锦，2014）。

在此背景下，Multilingual Matters公司于2016年出版了由书面纠正性反馈研究的国际知名学者John Bitchener和Neomy Storch合著的《书面纠正性反馈对二语发展的效应》（*Written Corrective Feedback for L2 Development*）[①]一书。该书结合理论和实证研究，从认知和社会文化两个理论视角探讨了书面纠正性反馈对二语发展的潜在效应，侧重探讨了学习者个体因素和语境因素对纠正性反馈促学效应的调节作用。该书的出版推动了书面纠正性反馈研究的理论发展，对从事二语习得，尤其是纠正性反馈研究的学者有重要启发。

❷ 内容概述

全书共六章。第一章首先介绍了研究目标和主要关注点，即从认知和社会文化两个理论视角，结合理论阐述和实证研究考察书面纠正性反馈对二语发展的潜在效应，并对研究目标中的两个重要概念"书面纠正性反馈"（written corrective feedback）与"二语发展"（L2 development）进行了界定，并在最后阐述了书面纠正性反馈对二语发展的效应这一议题的理论价值和实践指导意义。

第二章从认知理论视角探讨了书面纠正性反馈对二语发展的效应。为厘清二语显性知识、操练和二语隐性知识的习得之间的关系，作者首先回顾了与认知加工相关的二语习得理论与假设，重点介绍了Anderson和McLaughlin的技能习得理论（Skill Acquisition Theories）。作者结合Gass（1997）提出的理论框架，阐述了学习者对书面纠正性反馈进行加工的五个具体阶段，以及通过外在学习所获得的显性知识转化成内在习得的隐性知识的本质和条件。在谈到个体和语境因素的影响时，作者指出二语发展不是简单的直线过程，它不仅与书面纠正性反馈的方式有关，而且受到一系列学习者个体内部（认知、动机、情感）因素和外部因素的影响。作者随后将学习者个体因素和语境因素细分为学习者个体外部认知因素（如工作记忆、处理能力、语言天赋等）、学习者个体内部因素（如学习目标、兴趣、态度与信念）和学习者个体外部因素（如宏观和微观语境、教学因素、社会关系等），并逐一讨论了上述因素对书面纠正性反馈促学作用的影响。

第三章梳理了基于认知理论的书面纠正性反馈有效性实证研究，所讨论的研究问题包括：（1）书面纠正性反馈能否促进二语发展？（2）不同方式的书面纠正性反馈的促学效果是否有差异？（3）聚焦某些错误类型的书面纠正性反馈是否更有效？（4）聚焦书面纠正性反馈和非聚焦书面纠正性反馈的相对有效性如何？（5）学习者个体因素与语境因素的调节作用如何？作者指出，已有研究的问题在于仅关注书面纠正性反馈是否有效，忽视了导致书面纠正性反馈有效或无效的原因及其发生作用

---

① Bitchener, J. & Storch, N. 2016. *Written Corrective Feedback for L2 Development*. Bristol/ Buffalo: Multilingual Matters. viii+155 pp. ISBN: 978-1-78309-504-9.

的条件，即学习者加工书面纠正性反馈的过程，导致理论与实证脱节。在该章最后一节，作者梳理和评析了以个体认知因素、个体情感因素和语境因素对书面纠正性反馈促学作用的影响为研究目标的相关实证研究。

从社会文化理论（Sociocultural Theory of Mind, 简称SCT）的角度探讨了书面纠正性反馈对二语发展的效应。作者引用了Ellis（2010b：160）对二者关系的阐述来论证SCT对书面纠正性反馈研究的独特价值："纠正性反馈作为一种社会认知现象，SCT能为其提供最有力的解释"。SCT尤其强调人际互动的重要性，认为认知功能最先出现在人与人之间的社会互动，然后被个体内化。该章第二节介绍了与书面纠正性反馈研究最为相关的三组概念："最近发展区"（Zone of Proximal Development, ZPD）（Vygotsky, 1978）和"支架理论"（Scaffolding）有助于确定有效书面纠正性反馈的特征（Aljaafreh & Lantolf, 1994）；"调节"（`mediation）和"工具"（tools）两个概念可能会对书面纠正性反馈的提供方式和加工方式产生影响；活动理论（Activity Theory，AT）（Engeström, 2001）则指出学习者对反馈的参与度受到个体因素与语境因素交互的影响。作者最后指出SCT和AT这两个理论有助于解答为什么某些形式的书面纠正性反馈有效，而某些形式无效这个世纪难题。

第五章梳理了基于社会文化理论的书面纠正性反馈实证研究。与第四章的理论阐述相对应，该章分为三部分：（1）反馈作为最近发展区内的一种支架形式；（2）研究者提供反馈及学习者加工反馈过程中调节与工具的使用；（3）活动理论：反馈作为一种活动。SCT和AT理论视角下开展的反馈研究通常是质性个案研究，旨在详细深入地描述学习者对书面纠正性反馈的真实反应以及在真实课堂语境下书面纠正性反馈对二语发展的效应，如书面纠正性反馈加工过程中的学习者参与度等。这部分研究揭示了反馈活动的复杂性，有助于我们理解已有研究在研究结果上的矛盾性。

在最后一章，作者首先从认知理论视角和社会文化理论视角对"书面纠正性反馈对二语发展是否有效"和"有效或无效的原因"这两个问题的主要观点作了总结，随后指出了已有研究所存在的不足，同时指明了未来研究的方向。最后，作者鼓励该领域的研究者融合两个理论视角，开展更多相关研究以进一步加深我们对书面纠正性反馈促学作用的理解。

❸ 简要评价

该书从认知和社会文化两个理论视角考察了书面纠正性反馈对二语发展的效应，具有重要的理论价值和实践指导价值。相比已有的书面纠正性反馈研究如Bitchener和Ferris（2012），该书的贡献和特色主要体现在以下三个方面：

第一，推动了纠正性反馈研究的理论发展。该书将社会文化理论视角置于与认知理论视角同等的地位进行讨论，并创造性地提出两个范式可能在回答书面纠正性反馈对二语写作的效应这个问题上存在互补性的观点，对二者关系的讨论具有创新性。Bitchener与Ferris于2012年共同撰写出版的《第二语言习得与写作中的书面纠正性反馈》（*Written Corrective Feedback in Second Language Acquisition and Writing*）一书虽论及社会文化理论，但对于如何将社会文化理论应用于写作反馈研究的探讨欠深入，所提供的实证研究也不多（邢加新、代尊峰，2014），本书的出版弥补了这一缺陷。二语习得理论的认知派与社会文化派论战已久，在语言观、学习观等诸多问题上存在分歧（文秋芳，2008），前者以心理认知理论为基础，将语言习得看作信息处理过程，而后者以社会文化理论为基础，着重探讨社会互动等外部因素对语言习得的影响。如何开展认知机制与社会文化理论的接口性研究已成为国内外二语习得研究的热点，该书融合认知理论视角和社会文化理论视角对纠正性反馈促学作用的讨论具有示范作用，对两种范式未来的接口研究具有重要理论参考价值。

第二，突出反馈研究中的学习者个体因素和语境因素，充分展示了书面纠正性反馈本质的复杂性和多面性。学习者个体因素及外部语境因素对纠正性反馈的促学作用能产生重要影响，正如苏建红（2015）所指出，学习者个体因素如思维方式、规则推断能力、记忆能力等通过影响学习者对反馈的注意程度与加工深度，最终决定反馈的有效程度。然而，目前大部分反馈研究只关注具体反馈策略与学习效果的关系，忽略了学习者因素（邢加新、代尊峰，2014），对反馈的认知处理过程停留在猜测阶段，通过实证手段检验相关理论假设的研究可谓凤毛麟角。针对上述情况，该书在第二章和第五章对反馈研究中的学习者个体因素和语境因素进行了较为深入的讨论（见本文第二节“内容概述”）。事实上，已有纠正性反馈研究之所以无法得出统一结论的重要原因之一就是仅仅考虑了语言学习的部分外部因素（如反馈的认知特点，即显性程度），而忽略了内部因素（如学习者的认知方式与能力等）和其他外部因素（如语境因素）。将学习者个体因素和语境因素作为独立变量引入反馈研究，可以在微观上解释为何不同反馈方式或者同一反馈方式对不同受试效果不同，对反馈研究乃至语言习得研究均具有重要意义。

第三，理论与实证相结合，分析兼具全面性和思辨性。该书的另一个独特之处是融合了理论阐述和实证分析，在系统介绍认知或社会文化视角的相关理论假设后，作者在接下来一章对该理论视角下开展的相关实证研究进行梳理和评述，这样的安排便于纠正性反馈研究的入门者按照理论视角对已有研究进行分门别类，助其从整体把握现有文献的脉络和理论发展过程。该书的全面性和思辨性体现在实证研究的收集和评述上。书中第三章和第五章对相关实证研究的评述涵盖了认知和社会文化两大理论视角，不仅囊括了领域内的代表性著作，也不乏对发表在一些名气不大的刊物上的研究的关注。该书对已有研究的分析充满思辨性，作者对所介绍的每一项研究的优缺点都作了评述，帮助读者在今后的研究中避免现有研究中存在的一些问题，采用更恰当的研究方法。例如，在讨论“支架式反馈”（scaffolded feedback）这一概念时，作者指出一部分研究的问题在于过分注重描述，还有一部分研究因为没有收集和分析受试的新作文这部分数据而无法证明“最近发展区”内的书面纠正性反馈能促进二语发展。这种充满思辨性的文献分析和评述不仅有助于读者理解书面纠正性反馈相关研究结果的不确定性和矛盾性，其评析方式本身也值得有意开展该领域相关研究的学者借鉴。

该书仍存在一些可商榷之处。国内外书面纠正性反馈研究主要遵循两条路径：一是从二语习得的理论和假设出发，探讨书面纠正性反馈对学习者语言能力发展的效应；二是探讨书面纠正性反馈对二语写作能力发展的效应。该书从理论和实证两个方面探讨了纠正性反馈对二语能力发展的影响，并未涉及纠正性反馈与二语写作能力发展的关系。另外，该书对书面纠正性反馈促学机制的理论探讨还不够深入。书面纠正性反馈的促学机制受到国内外学者的广泛关注（姜琳、陈锦，2014；梁凤娟，2018），但相关理论探讨和实证研究还远远不足。到目前为止，我们尚无法为书面纠正性反馈发生作用的方式和机制提供系统解释。该书虽然在融合书面纠正性反馈研究的认知视角与社会文化视角方面作了尝试，但离建立书面纠正性反馈促学机制的理论框架还有一定距离。最后，该书虽然讨论了学习者个体因素和语境因素对书面纠正性反馈促学效应的调节作用，但忽略了教师对书面纠正性反馈的认知这一变量。探究教师对纠正性反馈的认知是纠正性反馈研究的一大趋势（范玉梅、徐锦芬，2016），早有研究者指出教师的“意识”“信念”“感知”和“态度”对纠正错误行为有重要影响（Junqueira & Kim，2013），但该书对这一因素未作任何讨论。

总体而言，该书从心理认知理论和社会文化理论出发，结合近年相关实证研究，探讨了书面纠正性反馈在学习者二语能力发展中所起的作用，创造性地提出书面纠正性反馈研究的认知视角与社会文化视角存在互补性的观点，突出反馈研究中的学习者个体因素和语境因素，充分展示了书面纠正性反馈本质的复杂性和多面性，全书将理论探讨与实证分析紧密结合，具有重要的理论价值和实践指导价值，对从事二语习得研究，尤其是纠正性反馈研究的学者大有裨益。

参考文献

- Aljaafreh, A. & Lantolf, J.P. 1994. Negative feedback as regulation and second language learning in the zone of proximal development. *Modern Language Journal* 78: 465-483.
- Bitchener, J. & Ferris, D. R. 2012. *Written Corrective Feedback in Second Language Acquisition and Writing*. New York: Routledge.
- Ellis, R. 2010a. Epilogue: A framework for investigating oral and written corrective feedback. *Studies in Second Language Acquisition 32* (2) : 335-349.
- Ellis, R. 2010b. Cognitive, social, and psychological dimensions corrective feedback. In R. Batstone (eds.), *Sociocognitive Perspectives on Language Use and Language Learning*. Oxford: Oxford University Press. 151-165.

❑ Engeström, Y. 2001. Expansive learning at work: Toward an activity theoretical reconceptualization. *Journal of Education and Work* 14: 133-156.

❑ Gass, S. 1997. *Input, Interaction, and the Second Language Learner*. Mahwah, NJ: Lawrence Erlbaum Associates.

❑ Junqueira, L. & Kim, Y. 2013. Exploring the relationship between training, beliefs, and teachers' corrective feedback practices: A case study of a novice and an experienced ESL teacher. *Canadian Modern Language Review* 69 (2): 181-206.

❑ Shintani, N. & Ellis, R. 2013. The comparative effect of direct written corrective feedback and metalinguistic explanation on learners' explicit and implicit knowledge of the English indefinite article. *Journal of Second Language Writing* 22(3): 286-306.

❑ Vygotsky, L.S. 1978. *Mind in Society: The Development of Higher Psychological Processes*. Cambridge, MA: Harvard University Press.

❑ 范玉梅、徐锦芬，2016，国外二语/外语课堂口头纠正性反馈研究综述。《解放军外国语学院学报》(5)：121-128。

❑ 姜琳、陈锦，2014，书面纠正性反馈对英语冠词显性、隐性知识发展的作用。《解放军外国语学院学报》(6)：48-56。

❑ 梁凤娟，2018，纠正性反馈、注意与二语显性知识发展的关联。《外语学刊》(4)：57-64。

❑ 苏建红，2014，认知因素、注意与书面纠正性反馈效果。《西安外国语大学学报》(1)：75-78。

❑ 苏建红，2015，国外书面纠正性反馈实证研究述评。《西安外国语大学学报》(3)：87-91。

❑ 文秋芳，2008，评析二语习得认知派与社会派20年的论战。《中国外语》(3)：13-20。

❑ 邢加新、代尊峰，2014，《第二语言习得与写作中的书面修正性反馈》介评。《现代外语》(1)：137-140。

❑ 袁博平等，2016，专家视点：语言习得研究前沿。《外语教学与研究》(3)：421-431。

A Review of *Written Corrective Feedback for L2 Development*

Abstract: This paper reviews the book *Written Corrective Feedback for L2 Development* written by John Bitchener and Neomy Storch and published by Multilingual Matters in 2016. By drawing on cognitive and sociocultural theories and empirical studies, the book examines the potential role of written corrective feedback for L2 development. It plays an exemplary role and has great theoretical value for future research that aims to integrate the two paradigms. It highlights the range of learner individual factors and contextual factors that might mediate the effect of written corrective feedback on L2 development, and thus demonstrates the complex and multifaceted nature of written corrective feedback. The book is of great theoretical and practical value for the study of second language acquisition and foreign language teaching.

Key words: written corrective feedback; L2 development; cognitive perspective; sociocultural perspective

（责任编辑：郝赟）

语言学沙龙

北京大学外国语学院语言学沙龙活动情况（2017 年秋至 2018 年春）

北京大学外国语学院语言学沙龙活动情况（2017年秋至2018年春）

期别	日期	主讲人	题目
549	2017年 9月21日	Professor Hagit Borer （Queen Mary, University of London 伦敦大学玛丽王后学院）	The Generative Word “词汇的语言学研究意义”
550	2017年 9月25日	Professor Hagit Borer （Queen Mary, University of London 伦敦大学玛丽王后学院）	Exoskeletal Explanations: The View from the Top “人类语言的架构模式” Seminar: Research on Syntax-morphology Interface “研讨：句法–形态界面研究”
551	2017年 10月20日	方志辉教授 （University of Florida 佛罗里达大学）	Teaching Writing in Science: Recontextualizing Genre Theory and Praxis in the Discipline “理科学术写作教学：语类理论与实践在学科中的重新定位”
552	2017年 10月23日	Dr. Edward McDonald	Reconciling Social Behaviour and Semiotic Patterning: The Paradox of a Socially Responsible Approach to Language “统合社会行为与符号模式：社会责任型语言研究路径的困境”
553	2017年 11月2日	王勇教授 （华中师范大学）	Functional Linguistics and Linguistic Typology “功能语言学与语言类型学”
554	2017年 11月21日	秦文娟 （Harvard University 哈佛大学博士生）	From Linguistic Complexity to Register Flexibility: Exploring Multidimensional Proficiencies in EFL Writing “从语言复杂性到语域灵活性：探索英语作为外语写作的多维度水平测量”
555	2017年 11月30日	陈新仁教授 （南京大学）	The Meme-Syntax Approach to Constructions: A Study on the Chinese “Eat +NP-f” Construction “构式的模因句法学视角：以‘吃 + NP-f’为例”

期别	日期	主讲人	题目
556	2017年 12月7日	黄芳 （北京大学外国语学院2016级博士生） 高一虹教授 （北京大学）	A Bibliometric Analysis of Death Discourse Research in SSCI Journals（1992—2016） “基于SSCI的国际期刊死亡话语研究文献计量分析（1992年—2016年）” Death Research: Exploring Activity and Discourse Type “死亡研究：活动与话语类型探索”
557	2017年 12月15日	胡壮麟教授 （北京大学）	My Understanding and Expectation on “Foreign Language Life” “我对‘外语生活’的认识和期待”
558	2017年 12月29日	Professor Jeffrey M. Zacks (Washington University 美国华盛顿大学) “第十七届中国认知语言学国际论坛（CIFCL）第十讲”	Event Representations from Cinema and Narrative Fiction “电影和叙事小说中的事件再现”
559	2018年 5月7日	彭馨葭 博士 （Brigham Young University 美国杨百翰大学讲师）	Exploring Linguistic Patterns through Corpus Data “基于语料库的语言模式研究”
560	2018年 5月14日	Dr. Peter I. De Costa (Assistant Professor, Michigan State University)	Advancing the Language Teacher Identity Agenda: Theoretical, Methodological and Pedagogical Considerations “语言教师认同研究的发展：理论、方法与教学实践”
561	2018年 6月13日	李晓婷 博士 （University of Alberta 加拿大阿尔伯塔大学副教授）	Some Interactional Functions of Yinwei ‘Because’ and Its Multimodal Production in Mandarin Conversation “‘因为’的一些互动用法及其多模态构建”
562	2018年 6月22日	张青 博士 （University of Arizona 亚利桑那大学副教授）	A Style-Based Approach to Sociolinguistic Change “基于文体的社会语言变迁研究”

（郝赟整理校对）

《语言学研究》征稿启事

《语言学研究》由北京大学外国语学院外国语言学及应用语言学研究所编辑、高等教育出版社出版发行。本刊创刊于2002年，2011年起改为半年刊，每年两辑，已被连续收录为中文社会科学索引（CSSCI）来源集刊（2014—2015，2017—2018）。

《语言学研究》旨在为广大语言学研究者提供发表见解、探讨各种学术问题的场所。来稿可对现有语言学研究进行梳理、评述，对学科发展提出设想，或者以理论为指导对某个文本/话语片断进行描述，展开实证研究等。我们特别希望投稿者能就各种学术问题展开争鸣，提出新的观点、新的理论模式，以进一步推动语言学科的健康发展。

本刊现有栏目包括语言学理论研究、具体语言研究、语言对比研究、语言应用研究、书评等，欢迎广大语言研究者踊跃投稿。

本刊的审稿期为三个月。请登录以下网址投稿：

http://yuya.cbpt.cnki.net/WKE/WebPublication/index.aspx?mid=yuya

本刊拒绝一稿多投。如有发现一稿多投的情况，将不再接受投稿人的任何稿件，并通告有关期刊。本刊工作邮箱是：ling_research@126.com。

附：《语言学研究》体例

1. 首页：中、英文题目，作者姓名、单位、学历、职称、研究方向、通讯地址、电话、电邮。

2. 次页仍以中、英文题目开始，下接“提要”（中文200字左右，英文100词左右）；“关键词”（3—5个），以分号隔开。

3. “关键词”后开始“正文”（论文一般不超过10 000字；书评5 000字）

  a. 正文章节标题或小标题独占一行，且一律用阿拉伯数字（从1开始）表示，形式为：1 1.1 1.2 …… 2 2.1 2.2 ……

  b. 正文一律采用脚注；

  c. 正文行文中非汉语姓氏一律使用外文原文；

  d. 例句编号用[1]的形式；

  e. 重要术语如果首次在国内语言学期刊上出现，请随后附上外文原文。

  f. 文内夹注的文献放在括号内，如（Chomsky, 1965: 12）。

4. 参考文献：只列引用文献，先外文后中文，按作者姓氏（中文姓氏按其拼音）字母序排。文献依次为作者姓名、出版年、文献题名、书/刊名、版次、出版地、出版者（或期数）及起止页码。外文书/刊名以斜体书写，实词首字母大写；外文论文篇名以正体书写，仅篇名首字母大写。例：

Halliday, M. A. K. & Hasan, R. 1985. *Language, Context, and Text: Aspects of Language in a Social-Semiotic Perspective.* Victoria: Deakin University Press.

Harris, Zellig. S. 1952. Discourse analysis: A sample text. *Language* 28: 474-494.

Coupland, N. 2014. Social context, style, and identity in sociolinguistics. In J. Holmes and K. Hazen (eds.), *Research Methods in Sociolinguistics: A Practical Guide.* West Sussex: Wiley Blackwell. 290-303.

胡壮麟，2013，超学科研究与学科发展。《中国外语》(6)：16-22。

克里斯特尔（David Crystal）(编)，沈家煊（译），2004，《现代语言学词典》。北京：商务印书馆。

朱瑞熙，1990，宋元的时文——八股文的雏形。《历史研究》(3)：29-43。2001年收录于《嘐城集》：1-22。上海：华东师范大学出版社。

郑重声明

反盗版举报电话 (010) 58581999 58582371 58582488

反盗版举报传真 (010) 82086060

反盗版举报邮箱 dd@hep.com.cn

通信地址 北京市西城区德外大街4号

高等教育出版社法律事务与版权管理部

邮政编码 100120